일본인의 행동패턴

Nihonjin no Kodo Patan(Japanese Behavior Patterns)
(일본인의 행동패턴)
Original Japanese Language edition published
by NHK Publishing(Japan Broadcast Publishing Co., Ltd.), Tokyo
Copyright © 1997 by Nanako Fukui, Pauline Kent, Tetsuo Yamaori

한림신서 일본학총서 57

일본인의 행동패턴

루스 베네딕트 지음

후쿠이 나나코 일본어판 옮김

서정완 한글판 옮김

小花

한림신서 일본학총서 57
일본인의 행동패턴

초판 1쇄 ▪ 2000년 12월 30일
초판 2쇄 ▪ 2002년 10월 30일

지 은 이 ▪ 루스 베네딕트
옮 긴 이 ▪ 서정완(한글판)
          후쿠이 나나코(일본어판)
발 행 인 ▪ 고회숙
발 행 처 ▪ 도서출판 소화
등   록 ▪ 제13-412호
주   소 ▪ 서울시 영등포구 영등포동 94-97
전   화 ▪ 677-5890(대표)
팩   스 ▪ 2636-6393
홈페이지 ▪ www.sowha.com

ISBN 89-8410-167-2
ISBN 89-8410-105-2 (세트)

잘못된 책은 언제나 바꾸어 드립니다.

값 6,500원

【일러두기】

1944년 12월에 미국의 『해외전의분석과(海外戰意分析課)』의 요구에 따라 1945년에 루스 베네딕트(Ruth F. Benedict)가 작성한 「Report 25 : Japanese Behavior Patterns」를 후쿠이 나나코(福井七子)가 일본어로 번역하여 1997년 4월 25일에 일본방송출판협회(日本放送出版協會)에서 출판한 것이 『日本人の行動パターン』이다.

이 책은 『日本人の行動パターン』을 한글로 옮긴 것이다. 결과적으로 이 책이 이렇게 모습을 보이기까지 '영어-일어-한글'이라는 번역과정을 거치게 된 셈이다. 다시 말해서 일어판 역자와 한글판 역자가 각각 존재한다는 뜻이며, 이런 복잡한 과정은 실제로 한글로 옮기는 작업에서 많은 어려움으로 작용했다. 이미 번역과정을 거친 『日本人の行動パターン』이기에 한글판 역자가 충실하게 번역을 수행하더라도 과연 그 결과물이 베네딕트의 의도나 생각을 얼마나 충실하게 재현할 수 있느냐 하는 점에 대한 어려움이었다. 실제로 『日本人の行動パターン』을 읽어 보면, 일본어답지 않은 문맥을 군데군데 찾아볼 수 있으며, 그런 문장을 한글로 옮기는 일은 매우 신중하지 않을 수 없었다. 후쿠이가 일본어로 번역하는 과정에서 많은 어려움을 느꼈을 것이라고 생각되는 부분들이기도 하다. 동작의 주체와 대상, 목적이 분명한 언어를 수동적 표현, 회유적 표현이 많은 언어로 옮기는 과정에서 필연적으로 발생하는 문제들이다.

이렇게 어렵게 번역된 『日本人の行動パターン』을 다시 일본어보다는 동작의 주체와 대상, 목적을 분명히 명시하는 한글로 되돌리는 작업을 했으니, 사람에 따라서는 매우 비효율적인 작업이라고 느낄 것이다. 당연히 처음부터 「Report 25 : Japanese Behavior Patterns」를 한글로 옮기면 되지 않느냐는 생각을 모두가 할 것이다. 한글판 역자 또한 그런 생각을 안 한 것은 아니다. 그렇다면 「Report 25 : Japanese Behavior Patterns」가 아닌 『日本人の行動パターン』을 번역한 이유는 무엇인가? 그것은 바로 '일본학총서' 라는 성격 때문이었다.

이 책의 목차를 보면 알 수 있듯이, 『日本人の行動パターン』은 단순히 베네딕트의 「Report 25 : Japanese Behavior Patterns」만을 옮겨 놓은 책이 아니다. 세 편의 해설이 함께 수록되어 있다. 두 사람은 베네딕트를 연구하는 전문가이고 또 한 사람은 일본 문화의 전문가이다. 굳이 『日本人の行動パターン』을 번역하기로 한 까닭이 바로 여기에 있다. 한국에서 발간되는 '일본학총서' 이기에 일본인 연구의 선구자라고 할 수 있는 베네딕트의 분석과 주장을 일차적으로 소개하고 싶었다. 더군다나 『국화와 칼』의 원형인 「Report 25 : Japanese Behavior Patterns」이기에 기대도 컸다. 그리고 이차적으로는 이 「Report 25 : Japanese Behavior Patterns」에 대한 베네딕트를 연구하는 일본인, 서구인의 해석, 생각, 입장을 우리가 접하고 소화함으로써 우리의 일본학 연구에 참고가 될 것이라고 생각했던 것이다.

이러한 의도를 가지고 굳이 어려움을 무릅쓰고 강행한 번역이다 보니, 군데군데 한글로서 문맥이 약간 애매한 곳이 있다. 이는 되도록 『日本人の行動パターン』의 분위기를 살리기 위해서 한글 문장으로서의 정연함과 타협한 결과이니, 양해하기 바란다. 후쿠이도 말미에 역자의 말에서 다음과 같이 말했다. "이 보고서는 원래가 출판을 염두에 두

고 쓰인 것이 아니다. 둘이서 같이 내용을 음미하고 베네딕트가 의도하는 뉘앙스를 살리기 위해서 몇 번이고 토론을 거듭했다." 한글판도 한글로서의 이해 자체를 불가능하게 만들지 않는 범위에서 원작자와 일어판 역자의 입장을 존중하는 방향으로 번역작업을 했다.

그리고 실제 번역작업에서 다음과 같은 기준을 적용했다.

(1) 각주

일본어판에 있는 각주는 특별한 표시 없이 한글로 번역을 했고, 한글로 옮기는 과정에서 한글판 역자가 단 주는 주 번호 옆에 * 표시를 했다.

(2) 서명, 논문명

책 이름(書名) 등에 대해서는 연구 목적으로 추적이 가능케 하기 위해서 되도록 원문 이름을 그대로 남겨 두었으며, 필요에 따라서 각주 또는 괄호 안에 책 이름을 한글로 옮겼다.

(3) 강조, 인용 등의 표기

키워드(개념어)는〈 〉, 강조는 ' ', 인용은 " ", 책 이름 및 잡지 명은 『 』, 논문명 등은 「 」로 각각 표기하였다.

(4) 키워드의 번역

베네딕트가 일본, 일본인을 분석, 규정하면서 키워드로 쓰고 있는 용어인 경우, 그것을 번역할 때 한일 양국어간의 의미범주 및 대상 등의 호환성을 숙고하였다.

예를 들어 '義理' 와 같은 경우, 한자표기 '義理' 는 한일 공통이지만, 그 음은 각각 '의리' 와 'ぎり(기리)' 이다. 그런데 문제는 엄밀히 말하면 '의리' 와 'ぎり(기리)' 는 그 의미와 쓰임새에 반드시 상호 호환되지 않는다는 점이다. 즉 한글에서 일반적으로 쓰이는 '의리' 와 일본, 일본인의 한 면을 규정하는 일본어 'ぎり(기리)' 의 의미범주가 반드시 일치하지 않고 오히려 많은 차이가 있다는 것이다. 한 예로 '彼に 義理がある' 의 경우 여기서의 '義理' 는 결코 '의리' 가 아니다. '그에게 갚아야 할 빚(책무)이 있다' 고 해석해야 한다. 이러한 까닭으로 일본어 '義理(ぎり)' 를 단순히 '의리' 로 번역하지는 않았다. '의리' 와 'ぎり(기리)' 의 공통분모인 한자 표기 '義理' 를 택하여 실제 번역에서도 한자로 〈義理〉라고 표기하였다. 이와 같은 방침으로 번역을 했다는 점은 그때그때의 '義理' 가 '의리' 인지 아니면 'ぎり(기리)' 인지의 판단을 독자에게 부과하는 셈이 된다. 무책임한 번역이라고 생각될지도 모르겠다. 그러나 이렇게 '음미' 하고 '판단' 하는 과정을 통해서만 일본인의 '義理(ぎり)' 를 보다 정확하게 파악, 이해할 수 있다고 생각한다.

'忠', '恩', '孝', '恩義', '信義', '義務' 등도 〈義理〉에 준해서 〈忠〉, 〈恩〉, 〈孝〉, 〈恩義〉, 〈信義〉, 〈義務〉 등으로 표기하였다. 물론 '忠' 이나 '義務' 등은 '충', '의무' 등으로 해석하여도 별 문제는 없다고 생각된다. 그러나 표기의 번잡함을 피하기 위해서 〈義理〉와 동일한 규칙을 적용하였다.

한편 '恥' 의 경우는 〈義理〉나 〈信義〉의 경우와는 달리, 한글에서는 단독으로 명사로 쓰이는 경우는 드물며, '수치' 나 '치욕' 처럼 다른 한자와 결합하여 쓰이는 것이 보통이다. 그렇다고 일본, 일본인을 규정하는 '하지(恥)'의 의미범주 내지는 대상이 한글에서의 '수치' 등과 완전히 합치한다고도 볼 수 없기 때문에 '수치'로 번역할 수도 없었다. 이러한 까닭으로 '恥'의 경우는 〈하지(恥)〉로 표기하였다.

그리고 '진실, 진실됨', '성실, 성실함', '진지함', '진짜, 사실' 등 매우 넓은 의미범주를 지니는 '마코도(誠)'는 우리말에 이에 대응하는 적절한 어휘를 찾지 못한 까닭으로 그 어휘의 특성을 인정,〈마코도(誠)〉로 표기했다.

서정완

머리말

　일본인의 윤리에 관한 이 연구보고서는 일본이 항복하기 전에 타자기 원고로 작성하여 배포한 것이다. 이번 등사판은 지난 초여름에 정리한 원고를 그대로 복사한 것이다.

　이 연구는 전시 일본인의 행동을 보다 깊이 있게 이해하기 위한 것이나, 그중에서도 특별히 중요시하는 부분은 일본군의 행동에 관한 부분이다. 일본군이 포로가 되었을 때에 취하는 그들의 언행에는 서양인의 관점에서 보면 분명히 모순이 있었다. 그래서 일본인들의 다양한 행동기준에 대해서 보다 자세한 데이터를 수집할 필요를 느꼈던 것이다.

　일본의 윤리적인 기준이나 교의(敎義)에 관한 정보를 얻으려고 할 경우, 일본인 및 구미인(歐美人)에 의한 일본 관련 문헌에서는 단편적인 정보밖에 입수할 수 없기 때문에 주로 정보는 일본에서 체류한 경험이 있는 사람들을 통해서 얻었다. 필자는 일본에서 성장한 일본인을 상대로 영화나 교재, 일본인 작가가 쓴 소설 등에 관해서 이야기를 나누었으며, 실제 체험담을 듣기도 하고, 칭찬이나 비난을 뜻하는 일본어 표현 또는 일본인이 보이는 다양한 행위와 그 결말 등에 대해서 정보를 얻었다. 또한 일본에서 생활한 경험이 있는 서양인에게도 소견을 부탁했다.

이 보고서는 어디까지나 일본에서 받아들이고 또 동시에 뿌리 내리고 있는 윤리의 '형(型)'에 관한 연구이며, 그 윤리기준에 대한 개개인의 다양한 반응을 상세히 연구한 것은 아니다. 그런 연구는 일본에서의 현지조사를 통해서 비로소 실현되는 것이다. 그러나 이 보고서와 같은 연구를 통해서도 (1) 일본의 도덕은 무엇이며, 무엇이 그렇지 않은가는 나타나며, (2) 일본에서 받아들여지는 규범이나 습관에 관한 지식을 개인 행동에 관한 앞으로의 연구에 활용할 수는 있다고 생각한다.

로버트 하시마(Robert Hashima) 씨의 협조에는 각별한 사의를 표하고 싶다. 하시마 씨의 세밀한 기술(記述)과 번역은 크나큰 힘이 되었다.

루스 베네딕트

차례

시작하는 말

미국이 일본과의 관계에서 직면하는 어려움에 비하면, 서구 제국(西歐諸國)[1]을 상대로 했을 때에 생기는 문제는 아무것도 아니다. 서양 문명권 내에서 대중감정은 아무리 미국과 거리가 있다 하더라도 결국은 우리 미국인에게 친숙한 테마의 변형에 불과하기 때문이다. 우리 미국인이 서구인의 사고를 이해하는 데 어려움은 없다. 서구인이 기독교나 민주주의, 계급투쟁 등과 관련된 말을 이해하고 있다는 점도 나는 알고 있다. 물론 각각의 윤리체계에 차이는 있겠지만 서양 제국의 윤리체계는 우리도 공유하고 있는 전통의 일부인 것이다.

'이해 불가능한' 국민

그런데 일본의 경우는 전혀 별개의 문제가 발생한다. 일본에서는 인간 관계의 기준이 극히 형식화되어 있다. 이는 미국과는 다른,

---

1) *유럽을 뜻한다. 미국인 베네딕트가 본 '유럽, 유럽인'이기 때문에 '서구'에서 미국은 제외하고 생각해야 한다. 바로 아래의 '서구인'도 미국인을 제외한 '유럽인'이란 뜻이다.

일본의 과거나 현재의 상황을 반영한 것이며, 자기 자신에 대한 — 그리고 명예나 수치심, 양심에 대한 — 그 극단적인 자세는 미국인에게는 이해할 수 없는 전제에 입각한 것이다. 따라서 당연한 일이지만 서양인들은 자신들과는 이질적인 문화의식이나 감정 또는 생활양식에 위화감을 느끼게 되는 것이다. 그 결과, 서양인들은 일본인은 효행심이라는 의무감을 강하게 가지고 있기 때문에 개인의 자발성이 억제되어 있다고 주장한다. 또한 그러한 윤리체계하에서 받는 frustration(욕구불만 · 억압)의 크기를 추측하고 조상 숭배 때문에 일본인은 frustration(욕구불만 · 억압)을 느낀다고 판단한다. 뿐만 아니라, 일본인들이 기꺼이 수용하는 처벌의 무거움에 주목하여, 일본인은 그것 또한 숙명으로 받아들인다고 결론짓고 있다. 일본인들이 일상생활에서 적용하는 엄격한 규율이라든지 '사치금지령'[2]의 역사를 나열한다. 신도(神道) 신자임과 동시에 불교도이기도 한 일본인이 있다는 점에 착안한다. 천황 숭배에 대해서 이야기한다. 그리고 이런 점들이 그 어느것 할 것 없이 서양인에게는 이해가 불가능하다는 점을 들어, 일본의 모든 제도가 일본인을 '이해 불가능한' 국민으로 만들고 있다는 결론에 도달한다.

---

2) *에도(江戶) 시대에 막부는 농민에 대해서 많은 제약과 엄격한 규율을 적용하여 통제했다. 농민들의 의복은 면 등 검소한 소재여야 하며 비단 등의 고급스러운 소재는 사용할 수 없었다. 옷감의 염색도 보라색, 분홍색 등의 화려한 색상은 사치를 유발한다고 금지되었으며, 무늬를 넣어서도 안 되며 식사도 잡곡만 먹어야 하며 함부로 백미를 먹을 수 없었다. 막부가 이런 세세한 곳까지 통제하고 있었다는 이야기이며 이러한 통제와 순종이 일본인을 통해서 쉽게 엿볼 수 있다는 뜻이다.

그러나, 서양인들이 보이는 위와 같은 반응은, 일본인의 행동을 예측하거나 그들에 대한 정책을 세우기 위한 타당한 근거가 되지는 못한다. 비교문화를 공부하는 우리는 지금까지 일본이 비록 '이해 불가능한' 사회적 규범이나 관습에 기초한 사회일지라도, 그 구성원들은 서로 우호적이고 행복한 생활을 영위하고 있으며, 이웃을 파괴적인 행위로 위협하는 일도 없다는 점을 인정하지 않을 수 없는 경우를 보아 왔다. 따라서 문화인류학자 입장에서 일본인의 행동기준을 보다 깊이 있게 파헤쳐서 일본인의 생활양식을 일본인의 언어로 분석하지 않으면 안 되는 책임이 있다.

문화인류학적 방법

이 연구에서는 문화인류학의 방법을 사용하고 있다. 문화인류학에서는 어떤 지역에 사는 사람이든 인간은 모두 기본적으로 유사한 잠재능력을 가지고 있다고 보는데, 특히 적응성이야말로 인간이 획득한 가장 뛰어난 특질이라는 점을 중요시한다. 사람은 아주 어릴 때부터 주변사람들이나 생활의 기초가 되는 사회제도가 미치는 힘에 반응함으로써 살아가는 방법을 체득해 간다. 그리고 이러한 힘의 크기나 종류에 따라서 종족이나 국가, 혹은 지구상의 보다 넓은 지역에 걸친 국가나 지역의 독자적인 자기의식이나 세계관, 나아가서는 동료들과의 관계에 대한 생각이 형성되어 가는 것이다. 또한 그러한 평가기준과 관련된 독자적인 행동양식을 각각의 국민들은 가지게 된다.

이런 점을 생각해 보면, 이번 연구는 일본 문화에 대한 완전한 보고라고는 할 수 없다.

조사는 부득이하게 일본 현지답사 없이 이루어졌으며, 이 보고서에 제시되는 내용은 일본의 서적이나 미국에 거주하는 이민 1세, 그리고 일본에 다녀온 사람들의 경험과 습관에 대한 담화(談話) 및 행동에 대한 코멘트에 기초한 것들이다. 또한 일본의 어린이들이 어떻게 양육되어 문화의 전승자가 되어가는가, 등과 같은 기본적인 문제도 언급하지 않고 있다. 이 문제는 이미 제프리 고러(Geoffrey Gorer)의 저명한 연구에서 언급되어 있기 때문이다.[3]

이와 같은 발전적인 연구는 어떤 문화의 행동패턴을 판단하는 데에도 기초가 되는 것들이지만, 이런 연구를 실행하기 위해서는, 사람들이 체득하는 행동패턴을 세대별로 설명해야만 한다. 이번 연구에서는 일본과의 관계 중에서 특히 프로퍼갠더(propaganda), 통치, 무력투쟁 중의 어느 하나와 관련된 문제 중에서 중요하다고 판단되는 것을 그 대상으로 삼고 있다.

---

3) *Japanese Character Structure*, 1942. Distributed by the Institute for Intercultural Studies.

I. 일본인은 숙명론자인가?

외국의 문화를 논할 때는 그 나라의 절대적인 윤리규범을 그 나라의 언어로 이해하는 일이 필요하지만, 일본을 논할 경우는 특히 이 점이 중요하다.

일반적으로 다른 나라에 대해서 언급하는 전문가들은 어떤 특성을 둘러싸고 찬성하거나 반대한다는 입장에 따라서 대립하는 두 그룹으로 나누어지는 것이 보통인데, 유독 일본인에 대해 언급하는 경우는 그 언급하는 사람이 일본인의 행동에 대해서 이해를 보이든 아니면 심한 편견을 가지고 있든 그와는 관계없이 일본인의 행동에 대해서 서로 대극적(對極的)인 면을 함께 기술하게 된다.

예를 들면 이런 식이다. 일본인은 행동에 관해서는 아주 완고하지만, 순응성은 아주 높다. 일본인은 유순하지만, 위로부터의 통제에는 잘 따르지 않는다. 일본인은 무서울 정도로 예의가 바르지만, 오만하고 거만하기도 하다. 일본인은 충실하지만 성실성이 부족하고 집념이 강하다. 일본인은 자제할 줄 알고 소박한 생활을 하지만, 쾌락이나 평온함을 선호한다. 일본인은 타인의 시선에 신경을 쓰면서 행동하지만, 그 내면에는 실로 놀라울 정도의 양심을 가지고 있다. 일본인은 극단적일 정도로 용감하지만, 겁이 많은 국민이기도 하다. 일본의 군대는 광신적이라고도 할 수 있을 정도로 규율이 엄하지만, 병사들은 각자의 판단에 의해서 명령에 복종하지 않는 경우조차 있다. 일본인은 보수적이지만, 미지의 서양 학문에 열중한다.

숙명관(宿命觀)의 결여

일본의 경우, 이러한 기술(記述)이 단순한 수사적(修辭的)인 기교로 끝나는 것이 아니라, 실제로도 그러한 모습을 보인다. 따라서 일본인은 숙명론자라고 하는, 자주 되풀이되는 견해는 당연히 의심스러워진다. 물론 숙명론이라는 말이 다양한 뜻을 가질 수 있다. 그러나 엄밀히 말하면, 이 숙명론이라는 말은 모든 것이 이미 정해진 운명대로 된다는 교의(敎義)를 뜻한다. 여기서 말하는 운명이란 이슬람교에서의 알라의 의지나, 퓨리턴(청교도)의 하느님 뜻이나 가르침처럼 바꾸거나 변경할 수 없는 것이다. 이러한 일본인에 관한 숙명론이 문제가 되는 것은, 개인의 자발성을 살릴 수 있는 여지가 아주 조금밖에 주어지지 않는다는 점과, 어떤 특정 국면에서는 숙명론에 따르도록 유순한 행동이 요구된다는 경우이다. 그러나 그런 의미에서 보면 일본인은 결코 숙명론자가 아니다.

일본인은 온갖 돌발적 사태에 대해서 '해야 할' 일이 있다고 생각하는 경우가 보통이며, 경우에 따라서는 과격한 행동을 취하기도 한다. 이번 조사 대상인 일본의 윤리체계의 근저(根底)에는 인간이라는 존재는 언젠가 진로의 분기점에 서게 되고, 그때는 스스로의 책임하에 각자가 가야 할 길을 선택해야 한다는 독단적인 사고방식이 존재한다. 이것이 예로부터 내려오는 일본인 심리의 기본인 것은 명백하다. 그 이유는 이슬람교에서의 '알라의 뜻'과 같은 생각을 10세기 일본의 고전작품인 『겐지모노가타리(源氏物語)』에서는 찾아볼 수 없는데, 마찬가지로, 요즘의 '암살에 의한 통치'나 전시선전원(戰時宣傳員)들이 주장하는 국민을 향한 권고에서도 그러한 숙명관은 찾아볼 수 없기 때문이다. 선전원들은 일본 본토에서 '자폭도 마다하지 않고 적에 돌격'하는 '중대한 결단'이 전쟁의 흐름을 '바꾼다'고 호소하며, 그러한 노력에 의해서 '상식적으로는 인간의 능력을 초월한다고 생각되는 일을 실현할 수 있다'고 주장한다.

이미 정해진 피할 수 없는 미래라는 숙명관을 일본인이 인정하지 않는다는 것은 일상의 사회적 관행을 통해서도 알 수 있다. 예를 들면, 점(占)이 그렇다. 일본에는 다양한 종류의 점이 있다. 그중 하나는 종교적인 색채를 띠는 것으로, 예를 들어 노동자가 신도(神道)의 주지(住持)에게 상담하거나, 불교 신자가 직관(直觀)을 위해서 명상에 들어가곤 하는데, 문제는 어느 경우에도 무엇을 하면 더 나쁜 결과를 초래하는가가 아니라, 어떻게 하면 더 좋은 결과를 보장받는가,라는 식의 대답이 돌아온다는 점이다. 조사자료 제공자에 의하면, 지위가 낮은 주지조차도 "나는 계속 살 수 있는가, 아니면 죽게 되는가"라는 질문에 대해서 '그건 의사 하기 나름'이라고 받아넘기면서, 오래 살 수 있는 가능성을 높이기 위해서 '마음을 평온하게 갖는' 방법을 알려준다고 한다. 또한 상류층에 신자가 많은 선종(禪宗)에서는 자기단련에 의해서 스스로의 미래를 형성할 수 있다는 가르침을 강조하고 있다. 일본에는 길거리에도 점쟁이들이 많은데, 이들이 미래를 예언할 때도 본인의 노력이 중요하다고 일러준다. 원래 이런 점쟁이들은 고객의 과거를 정확하게 알아맞추어 좋은 평판을 얻는 것이 보통이다. 일본에서 가장 뛰어난 점(占)술에서는 별자리나 생일, 상담자와 관련있는 해, 방향 등을 사용하여, 결혼이나 가옥의 신축, 여행 등에 관한 상담을 하는데, 이러한 점(占)도 일본인은 숙명으로 받아들이지는 않는다.

정말로 숙명을 믿는 동양의 나라에서는 이러한 점(占)을 아주 진지하게 받아들이며, 예로부터 내려오는 유명한 일화에 의하면, 예언되었다는 이유 하나만으로 화요일에 엎드린 채로 죽는 사람이 있었다고 한다. 이러한 이야기는 미국인과 마찬가지로, 일본인에게도 믿기지 않는 일인데, 일본인의 경우는 더 나아가서 사소한 일에서도 교활한 국민으로 악명이 높다. 丙午年(말띠)에 태어난 여아는 큰 결함이 있다고 믿는 까닭에 일본에서는 재수가 나빠지는 것을 피하기 위해서 인구조사원들이 丙午年(말띠)에 태어난 여아의 출생기록을 수정하는 일조차 있다. 여아 신생아에게는 다른 생년(生年)이 할당되는 것이다.[4] 또한 결혼에 관한 점(占)에서 방향이 나쁘다고 나오면, "결혼식 전날에 신부가 모든 소지품을 가지고 친정에

---

4) Ishii, Ryouichi. *Population Pressure and Economic Life in Japan*, London, 1937.

서 숙부집으로 보내지고, 결혼식 아침에는 신랑 운세에 아주 좋은 방향에서 시집으로 간다"[5]고 한다.

개인이 책임을 진다는 의식이 뿌리를 내리고 있기 때문에 과거의 판례에 따르는 경우는 최소한으로 억제된다. 일본인 일본사 연구자에 의하면, 전례(前例)를 편찬하려 한 자는 장군이나 다이묘(大名)[6]로부터 질책을 당했다고 한다. 지금 살아 있는 자가 최선을 다해서 개개의 사례를 그때그때 해결하는 것이 바람직하지, 과거의 사례는 적절한 본보기가 되지 못한다는 것이 그 이유였다.[7]

또한 종교적인 측면에서 보면, 예로부터 일본인 중에는 '예언자'가 다수 있었으며 현재도 그 상황에는 변함이 없다. 일본인은 '새로운' 교의(敎義)를 기꺼이 받아들인다. "중국에 예언자는 없지만"[8] 일본에는 매일 새로운 컬트(cult)가 탄생하고 있다고 한다. 물론 그 대부분은 그다지 신봉자를 확보하지 못하지만, 많이 확보하는 컬트도 있고 그중에는 500만 명이나 되는 신봉자를 가진 집단도 있다. 평범한 농촌 여성을 예언자로 내세워서 시선을 끄는 컬트가 있는가 하면, 세속을 등진 사람을 성인(聖人) 취급하는 컬트도 있다고

---

5) Bacon, Alice Mabel. *Japanese Girls and Women*, 1902, p.233. 이 세상에 남겨진 자들의 마음 정리가 끝날 때까지 죽음이 공개되지 않은 경우(pp.155~156)에 대해서도 참조.

6) *중앙의 도쿠가와 막부 때 지방 각국의 영주. 현재의 행정단위로 말하면 도지사 정도에 해당함.

7) Asakawa, K. Notes on Village Government in Japan since 1600, *Journal of the American Oriental Society*, 31(1911), p.171.

8) Close, Upton. *Behind the Face of Japan*, 1942, p.334.

한다. D. C. 홀튼에 의하면 "섹트(sect)를 만드는 경향은 일본의 역사를 관철하는 하나의 흐름"[9] 이라고 한다. 불교와 신도(神道)에도 이러한 컬트나 섹트가 존재한다.

180도 방향 전환

일본인에게도 인간에게 주어진 자발성을 발휘할 수 있는 기회는 충분히 있다. 이 점이 특히 현저하게 나타나는 것은 그들이 180도 방향 전환을 하려고 할 때이다. 이에 관해서는 초기의 일본 외교와 관련한 역사상의 결정적 사례가 있다. 1868년에 메이지(明治) 신체제가 확립될 때까지의 혼란기에 일어난 일로, 강력한 세력을 자랑하던 사쓰마(薩摩)번이 있었던 가고시마(鹿兒島)시와, 역시 유력한 조슈(長州)번이 있었던 시모노세키(下關)시가 1863년에 서양의 함대에 의해 공격을 받았다. 이때의 가고시마시에 대한 포격에 대해서 E. H. 노먼이 다음과 같이 기술하였다.

유럽제 무기의 우월성을 보여 준 이번 실지교육(實地敎育)은 예기치 못한 효과를 낳았다. 그것은 바로 봉건국가인 일본, 그중에서도 가장 호전적이고 자존심이 강한 사쓰마인으로 하여금 자신들에게 가치있고 도움이 되는 일을 가르쳐 줄 수 있는 능력을 가진 사람에

---

9) Holtom, D. C. *The National Faith of Japan*, 1938, p.68.

게는 적의(敵意)가 아닌 우정을 나타내야 한다는 점을 깨닫게 한 점이다.

계속해서 노먼은 두 번(藩)에 대해서 다음과 같이 기술하고 있다.

이 배타적인 주요 두 번(藩)이 방향을 전환하게 된 배후에 또 다른 어떤 복잡한 동기가 있다 하더라도, 이번 행동에 의해서 입증된 그들의 현실주의와 냉정함에는 존경을 금할 길이 없다.[10]

가고시마 포격의 원인이 된 것은 사쓰마 번사(藩士)가 영국인 리처드슨을 살해한 사건, 소위 말하는 나마무기(生麥) 사건[11]이었다. 당시 사쓰마번의 기록에서 노먼은 다음과 같은 구절을 인용하고

10) Norman, E. H. *Japan's Emergence as a Modern State*, New York, Institute of Pacific Relations, 1940, pp.44~45.

11) *1862년 8월에 요코하마(横浜) 교외의 '나마무기(生麥)'에서 사쓰마(薩摩) 번사가 영국인 3명을 살상한 사건. 사쓰마번은 '양이운동(攘夷運動)'의 중심지로서, 사쓰마의 '사무라이(武士)'들은 가장 호전적이라고 알려지고 있었다. 이 사건에 대한 보복으로 영국은 원정군까지 파견하여 사쓰마의 중요한 항구의 하나인 가고시마(鹿兒島)에 집중포격을 가하였다. 일본 또한 화기를 제작하고는 있었으나, 구식 대포밖에 가지지 못한 그들은 최신형 대포를 가진 영국 함대의 상대가 되지 못했다. 그런데 이 집중포격의 결과는 의외로, 사쓰마번은 영국에 대한 복수를 맹세하기는커녕, 영국과의 교류하기를 청한 것이다. 일본은 결국 영국과의 통상 관계를 수립하고 그 다음해에는 사쓰마에 학교를 건립하여 '서양의 과학과 지식의 신비'를 배웠다.

있다.

'나마무기(生麥)' 사건을 계기로 싹튼 우정은 더욱 깊어갔다. 나
가사키(長崎)를 경유한 상호교류가 활성화되고, 1864년에는 가고시
마(鹿兒島)에 개성소(開成所)라는 학교가 설치되어, 신비에 가려져
있던 서구과학과 학문을 가르치게 되었다.

요컨대 가장 호전적인 두 번이 180도 방향 전환을 한 것이다. 명
예를 지키는 일이나 외국인으로부터 승리를 얻는 일에 모든 것을
거는 것이 아니라, 그들은 외국의 뛰어난 지식이나 능력을 받아들
이고, 그 지식과 능력의 습득을 명예로 삼았던 것이다.

메이지(明治) 시대에 이러한 자세는 국정(國情)이 안정된 일본에
서 일반화되어 갔다. '외국인 배척'이라는 구호가 없어진 것은 아
니지만, 이 나라 사람들은 외국인을 스승으로 삼고 학문과 과학기
술을 배웠던 것이다.

예정된 세계를 받아들이지 않으면 안 된다고 믿는 종족이나 국
민과 일본인의 행동에 차이가 있다는 것은, 일본의 문화를 보면 쉽
게 확인할 수 있다. 그러나 그럼에도 불구하고 일본인이 이상할 정
도로 유순한 국민이라는 점을 강조하기 위해서 '숙명론'이라는
말이 때때로 사용되곤 한다. 일본인을 '숙명론자'로 보는 것은, 대
충 다음과 같은 이유 때문인 것 같다.

"봉건적인 국민치고는 의외로 통제하기 쉽다." 그들의 문화에
는 "그들 사이에 복잡한 인간 관계는 존재하지 않는다. 유순하기만

하다고는 말할 수 없더라도, 본질은 거기에 있다." "명령하는 자가 있고, 따르는 자가 있다. 사람과 사람 사이에는 이런 관계밖에 없다. 일본인은 유순한 국민이며, 억압적이고 확고한 규칙을 항시 필요로 한다." [12]

대중을 장악하는 방법

만약 이것이 사실이라면, 이러한 국민성은 극히 중요하며, 일본과 적대 관계에 있는 반추축연합국(反樞軸連合國)은 반드시 이 점을 인식해야 할 것이다. 그러나 사실은 비교문화 연구자들은 이러한 견해와 상치되는 자료더미에 쌓여 있다. 일본의 정체(政體) 시스템에서 윤리체계에 이르기까지 모든 분야에서 그렇지 않다는 증거가 확인된다.

구미(歐美) 연구자들은 일본의 정치가 '불투명하고 교묘하다'는 점을 이구동성으로 지적한다. 책임의 구분, 정기적으로 교체되는 관리직, 익명으로 모습을 드러내지 않은 숨은 권력자를 대신해서 직무를 수행하는 '표면상'의 관리라는 특성 때문에 서양인이 일본의 지휘방법을 이해하기란 사실상 불가능하다. 그래도 다수결에 익숙한 미국인이나 혁명이라는 개념에 익숙한 유럽인은 자기들

---

12) Peffer, Nathaniel. Fatalism, their Strength and their Weakness, *New York Times Magazine*, December 17, 1941.

에게 친숙한 언어를 구사하며 지금도 일본을 해석하려 한다. 그러나 일본의 정체(政體)는 그와 같은 관념체계에 입각하고 있지 않다. 일본인은 전통적인 의미에서 구미의 억압적이고 확고한 규칙을 동원하지 않고, 당국에 의한 철저한 캠페인을 전개해서 행동지침을 국민에게 심고 있다. 일본인은 마음으로부터 납득하지 않으면 의욕을 품지 못하는 국민임에 틀림없는 것 같다. 이 점에 대해서는 언제나 감명을 받게 되는데, 정부조차도 전제적으로 국민을 억압하는 것은 불가능하다고 실감하고 있는 것이다. 정강(政綱)의 모든 항목을 국민에게 '심기' 위해서 라디오에서 쉴새없이 시끄러운 소리가 흘러나오며, "빵과 전시물"[13]이라는 대중의 심리를 장악하는 방법이 동원되어, 관헌(官憲)은 노력을 아끼지 않고 정(町)[14]의 의원과 회견을 가지며 온갖 종류의 국가조직이 소중히 육성되고 있는 것이다.

이러한 일본 사회를 가장 정확하게 표현한 것은 지하의 애국적 조직인 흑룡회(黑龍會)의 지도자였다. 도쿄의 어느 영자신문 기자와의 인터뷰에서 그 지도자는 "사회란", 말할 것도 없이 일본 사회를 가리키며, "한 모서리에 꽂힌 못을 중심으로 좌로 우로 흔들리는 삼각형이다"[15]라고 말했다.

바꾸어 말하면 이 삼각형은 누구나가 그 전체 모습을 바라볼 수

---

13) 이러한 회합에 관한 흥미있는 기술에 대해서는 존 F. 엠블리의 Japanese Administration at the Local Level, *Applied Anthropology*, vol.3(1944) pp.11~18 참조.
14) *일본의 행정 단위. 한국의 동(洞)에 해당.
15) Close, Upton. *Behind the Face of Japan*, 1934, p.136에서 인용.

있는 위치에 있는데, 못은 볼 수 없다. 그 삼각형은 오른쪽으로 기울 때가 있는가 하면, 왼쪽으로 기울 때도 있다. 그 이유는 무엇인가? 삼각형은 어떤 꼭지점을 중심으로 흔들리기 때문이다. 그 꼭지점은 결코 스스로의 존재를 나타내지 않으며, 직접 명령을 내리는 것이 아니라, 삼각형 주위를 떠도는 공기의 흐름을 이용한다. 일본에서는 지배자의 전제적인 권력이 최소한으로 억제되어 있으며, 정부는 국민의 동원뿐만이 아니라, 제지(制止)도 빈번히 해야만 했다. 정부가 바라는 이상으로 애국주의로 치닫기 쉬운 국민에 대한 대응도 필요했던 것이다. 지배층도 대중의 의지를 억제할 수 없는 경우가 때때로 발생한다.

군대에서도 이런 상황은 마찬가지다. 정열적인 애국주의는 최고 사령부의 요구를 훨씬 능가한다. 장교들은 공식적인 권한이 없는 경우에도 스스로의 책임하에 결단을 내리곤 한다.

이전부터 지적되어 온 일이지만, 가장 하층 계급인 병졸조차도 전쟁터에서는 개인의 판단에 의해서 '규율을 흐트리는 행동'[16]을 취하게 된다 — 그렇다고 해서 직무를 유기하는 것이 아니라, 냉정을 잃고 스스로의 목숨을 희생시키는 것이지만. "중국인 같으면 시간을 끌 곳에서 일본인은 '경솔한 짓'[17]을 저지르곤 한다"고 한다. 일본인에게 전투시의 기본방침이란, 단순히 위로부터 강요받는

---

16) *Infantry Journal* 편집위원에 의한 How the Jap. Army Fights, 1942, p.16 및 각 항목 참조.

17) McNair, Harley Farnsworth, *The Real Conflict between China and Japan*, 1938, p.92.

것은 아니며, 그렇다고 개인의 노력으로는 어찌할 수 없다고 해서, 그걸 가만히 앉아서 수용하는 것 또한 아닌 것이다.

호랑이 굴에 들어가지 않고서는 호랑이 새끼를 잡을 수 없다

일본인이 유순하고 솔직하다는 견해는 수세기에 걸쳐 전개된 농민봉기의 유형 분석을 통해서도 부정할 수 있다. 일본에서는 몇 세기 전부터 농민봉기가 계속해서 많이 일어나고 있다. 기존의 법이 정한 조세나 과부금 자체가 과다하게 무거운 것은 사실이지만, 그러나 봉기는 이에 대항하기 위한 행동은 아니었다. 도쿠가와(德川) 시대에 농민은 전체 수확의 40%를 영주나 막부(幕府)에게 지불하는 중과세를 받아들이고 있었는데(삼〈현재의 태국〉에서는 수입에 대해서 평균 10%를 조세로 지정하고 있었다), 그 이상의 추가 과세에 대해서는 단호하게 거부하고 나섰다. 압정이 너무 혹독하자, 농민들은 봉기했던 것이다. 촌장이 공식 소장(訴狀)을 직접 작성하여 고위관리에게 전달했다. 그리고 마지막으로 마을주민들이 지주(地主)에 항의하기 위해서 폭동을 일으킨 것이다. 지주가 다이묘(大名)든 절이든 마찬가지였다. 기록에 의하면, 12,000명이 넘는 사람이 참가한 봉기도 있었다고 한다. 도쿠가와 시대에는 1,000건이 넘는 농민봉기가 발생했으며[18] 그중에 약 반은 이러한 항의 결과, 중

---

18) Borton, Hugh. Tokugawa Uprising, *The Asiatic Society Journal*, Second

과세를 취소한다는 공식적인 조치가 취해졌다.

그러나 서양인에게 놀라운 사실은 관리측이 농민들의 요구를 수용한다는 판단을 내렸음에도 불구하고, 법과 질서를 어지럽혔다는 이유로 촌장이나 봉기 지도자들을 책형(磔刑)[19]이라든지 정확(鼎鑊)의 형(刑)[20]에 처했다는 점이다. 게다가 그들의 처자도 함께 처형되는 경우도 적지 않았다고 한다.

이러한 봉기를 그리는 설화[21]에서는 봉기를 일으키기 전에 주도자들은 그들에게 처형이라는 미래가 기다린다는 점을 진지하게 토의하지만, 그들은 결코 주저하지 않는다. 현존하는 사료에 농민들이 지주에게 보낸 진정서가 있는데 거기엔 다음과 같은 기술이 있다. "쌀, 곡물이 부족하여 굶주림이라는 당면 문제가 해결되지 않기 때문에 조세담당 관리에게 가기로 했다. 만약에 필요하다면 이 목숨을 거기서 바치겠다."[22] 착취라고 생각되는 부분을 되찾기 위해서 일련의 행동을 일으키는 그들의 능력은, 그에 대한 대가가 비싼 만큼 한층 더 가치가 있다고 할 수 있다. 근래 수십 년 사이에 일어난 지주에 대한 소작인들의 행동에는 농민봉기의 전통이 면면히 흐르고 있는 것이다. 1925년 2,206건이던 이런 항의는 1934년에는 5,828건으로 증가하였다. "이러한 행동은 특정 지역에 한정

Series, 16, (1938).

19) *죄인을 나무 기둥에 묶어 놓고 찔러 죽이는 처형 방법.

20) *죄인을 가마솥에 넣고 삶아 죽이는 처형 방법.

21) Mitford, A. B. *Tales of Old Japan*, London, 1901, pp.193~228.

22) Borton, 앞의 책, p.89.

된 것이 아니라, 일본 전국에서 볼 수 있는 현상"[23]이라고 한다.

주지하는 바와 같이, 일본사에서는 '암살에 의한 통치'[24]라는 유형이 반복되어 왔다. 그것도 일반인들이 암살자를 영웅으로 만들어 왔던 것이다. 통제하기 쉬운 유순함은, 상상도 할 수 없다. 일본인은 유순함을 보이기는커녕, 오히려 "호랑이 굴에 들어가지 않고서는 호랑이 새끼를 잡을 수 없다"는 일본의 격언대로 행동하고 있다고 생각된다.

카스트 사회

그러나 일본인은 숙명론자이며 유순하다고 구미인이 생각하는 것도 전혀 근거 없는 것은 아니다. 여러 측면에서 일본인이 보이는 행동과 동일한 행동을 미국인이 보였다면, 그것은 바로 유순하기 때문이라고 생각할 것이기 때문이다. 일본 문화의 특징에는 우리들이 가지고 있는 문화패턴과는 서로 상치하는 것들이 있는데, 이 부분이 구미인 입장에서 봤을 때 무저항의 유순함에 대한 증거로 보이는 것이다.

그 하나가 카스트(신분 사회)이다. 예로부터 일본은 분명한 카스트 사회였으며, 이 점에서 중국과 좋은 대조를 이룬다. 서양인들이

---

23) Ishii, Ryoichi. *Population Pressure and Economic Life in Japan*, London, 1937, p.155.

24) Byas, Hugh. *Government by Assassination*, 1943.

카스트 사회를 연구하면서 느끼는 것은, 신분이 낮은 사람이 높은 사람에게 경의를 표하는 것은 지위가 낮은 자에게 굴욕적인 행위일 것이라는 생각이다. 일본 사회에서의 극단적으로 예의 바른 인사는 서양인의 눈에는 지배와 복종의 구도로 보이며, 이러한 모든 신분제도로 인해서 더할 나위 없이 frustration(욕구불만 · 억압)이 축적되는 사회로 보일 것이다.

도쿠가와 시대의 극단적인 사치 금지령을 알게 되자, 우리 미국인은 커다란 충격을 느꼈다. 식기부터 여인의 비녀, 어린이 완구, 그리고 식염에 이르기까지, 모든 것이 계층이나 신분에 따라서 구분되어 있었다. 구미인의 생각으로는 이런 문제는 어디까지나 가문(家門)의 문제가 아니라 수입의 문제이기 때문이다.

신분이 세습되는 사회에서도 다른 조건만 괜찮다면 그 체제 안에서 주어진 지위를 모욕이라고 생각하지 않고 받아들일 수 있는 자존심과 독창성을 지닌 사람이 자란다. 1830년대의 미합중국의 평등주의에 의구심을 품은 토크빌(Alexis Tocqueville)[25]을 생각하면 된다. 관용을 알며 매우 총명한 관찰자이면서도 프랑스의 귀족적인 문화에 익숙해 있던 토크빌은 다음과 같이 믿고 있었다. 일정한 지위 같은 것이 없이, 가족이나 커뮤니티에 대해서 져야 마땅한 책임을 개인주의가 대신하게 되는 사회에서는 사람들의 행동을 공공의 이익과 일치하게끔 제한하는 일은 극히 어려워진다. "진실한

---

25) *Alexis Charles Henri Maurice Clerel de Tocqueville(1805~1859). 프랑스 정치가 · 정치학자 · 역사학자 · 저술가.

존엄은, 자기 자신에게 어울리는 지위를 얻는 것이다. 그 지위는 너무 높아도, 또한 너무 낮아도 안 된다. 농민에서부터 왕자에 이르기까지, 그 누구에게도 적용된다"[26]라고 그는 말한다.

일본의 경우, 다른 조건들은 특출날 정도로 바람직하다. 일본 인구의 대부분은 농민인데, 가장 빈곤하며, 그리고 가장 많이 착취당하는 계층임에도 불구하고, 그들은 히에라르키(Hierarchie) 안에서는 지위가 높은 士(사무라이) 바로 아래인 직인(職人)이나 상인(商人) 위에 자리잡고 있었다. 신분 사회라는 틀 안에서라고는 하지만, 농민들에게는 자존심을 가지고도 남을 사회적 기반이 주어졌던 것이다.[27]

어떻게 해서 훌륭한 죽음을 택할 것인가?

일본 문화 중에서 구미인에게는 유순함으로 보이는 두 번째 특징은, 죽음에 대한 그들의 태도이다. 물론 일본인이 죽음을 숙명으로 받아들인다는 이야기는 결코 아니다. 우리 구미인이 갖는 죽음에 대한 태도가 훨씬 숙명론적이라고 할 수 있다. 왜냐하면, 우리는

---

26) *Democracy in America*, 1835.

27) *에도(江戶) 시대의 신분제도는 현실에서의 실제 관계는 어떻든 士農工商이었다. 즉 '사무라이(武士)' – 농민 – 기술자 – 상인 순이었다. 그러나 그 실제로는 경제가 발달하면서 경제력이 있는 상인들의 발언권과 입지가 강화되는 등의 상황이 전개되었다.

죽음의 순간이 오기까지는 매사를 스스로의 의사대로 실행하려 하지만, 죽음에 대해서는 극히 유순하기 때문이다. 우리들에게 죽음이란, 스스로에게 다가오는 운명인 것이다. 일본 영화에서는 빠짐없이 볼 수 있는 죽음에 대한 과장된 태도도 우리는 가지고 있지 않다.

미국인도 일본인도 '개죽음한다'는 표현을 사용하지만, 미국에서는 밑바닥 생활을 하다가 비참하게 죽는 것을 뜻하는데, 일본의 경우는 "죽음으로써 무엇인가를 이루는 것도 아니고, 그저 개가 죽듯이 무의미하게 죽는 것"을 뜻한다. 사람은 의미 있는 죽음을 택해야 한다는 것이다.[28]

이와 같은 일본인의 입장을 명확하게 나타내는 내용이 『同盟』(1944년 12월 2일호)에 게재되어 있다. "오늘날의 일본인은 모두 사무라이(武士)의 후계자이다"라는 말을 강조하며, 다음과 같이 주장하고 있다. "사무라이는 생(生)을 생각할 때와 똑같이 사(死)를 바라보도록 단련되어 있었다. 훌륭하게 산다는 것과 마찬가지로, 어떻게 훌륭한 죽음을 택할 것인가가 사무라이가 행하는 수행 중에서도 가장 긴요한 부분을 이루고 있었다."

---

28) '무엇인가를 이루기 위해서' 스스로 선택하는 죽음에 관해서 가장 잘 알려진 이야기로는 Sidney Carton의 *Tale of Two Cities*가 있다. 이 작품에서는 어떤 영웅이 다른 사람을 대신하여 참수대(斬首臺)에 올라가서 죽음을 택하는 이야기가 전개된다. 부모가 자기 자신의 아이를 주군(主君)의 아이 대신에 희생시키는 이야기는 있지만, 일본에서는 이런 식의 '대신으로'라는 일은 극히 찾아보기 힘들다.

당연한 일이지만, "어떻게 훌륭한 죽음을 택한 것인가"라는 문제는 정신 상태와는 거의, 아니 전혀 관계가 없다. 그 유명한 일본인의 자살을 생각해 보면 명백하다. 구미에서는 자살은 절망이나 고독 또는 좌절에 의한, 불안정한 정신 상태가 만들어 내는 것으로 생각한다.

그러나 일본에서는 "자결(自決)하는 것은 불행한 인생을 끝내기 위해서가 아니라" [29], '유익한' 죽음을 얻기 위해서라고 생각한다. '유익'하고 '품격 있는' 죽음은 (육체적으로) '약한' 죽음과 구별된다. 그 기준이 되는 것은 선택한 장면이나 방법(투신자살이면 '약하다', 신체를 칼날로 벤다면 '강하다') 또는 본인의 지위나 실행 시기 등이다.

가장 엄밀한 규칙이나 약속사항을 잘 지켜야 하는 것이 셋부쿠 (切腹 : 하라키리〈腹切り〉: 갓푸쿠〈割腹〉)인 것은 말할 나위도 없지만, 모든 자살은 그 행위에 의해서 적절한 목적을 달성할 수 있는가, 라는 척도에 의해서 판단된다. 책임이나 결백, 항의, 사죄, 간언 (諫言) 등의 명예로운 마지막 표명인 경우도 있을 것이다. 스스로의 죽음이 '품격 있는' 죽음으로 인정받기 위해서 자살과 자살이 아닌 다른 방법을 잘 비교한 다음, 어느 한쪽을 적극적으로 선택했던 것이다.

내란으로 적에게 쫓기거나 재판에서 형을 선고받은 경우는 다르지만, 자살은 가혹한 상황에 대처하기 위한 하나의 방법에 불과

---

29) Eckstein, G. *In Peace Japan Breeds War*, 1936, p.49.

했던 것이다. 자살이라는 방법이 어느 정도 긍정적으로 보인다 해도, 자살 외에도 명예를 지킬 수 있는 방법은 있었다. 예를 들면 파산한 채무자라면 변제기일인 정월에 자살할 것이 아니라, 지위는 상실하겠지만 자기 소유의 물건을 모두 매각하고 열심히 일해서 빚을 갚는 명예로운 방법을 택할 수도 있었을 것이다. 또한 내란에서 패배한 병사는 도주하여 마지막 성공을 향해서 재차 노력할 수도 있었을 것이다. 적에게 쫓겨 어찌할 수 없게 된 상황에서만 잡히기 전에 자결하여 적의 전리품이 되는 불명예를 피하면 되는 것이다. 모욕을 당한 자가 자살하는 경우도 있겠지만, 자살보다는 훨씬 일반적인 선택이 보복을 하는 일이다. 일본인이 선호하는 문학이나 연극에서도 모욕당한 자가 격정에 못 이겨서 복수한다는 줄거리는 흔하다.

또한 자살 중에서도 잘못(임무의 실패나 친구에게 상처를 주는 일 등)에 대한 사죄를 의도한 것이 일본에서는 긍정적으로 평가받는데, 이는 자살이 개인에 의한 궁극적인 선택이기 때문이다. 이에 해당되는 것이 배일이민법(排日移民法)이나 군축조약 등의 국가적인 모욕에 대한 항의의 뜻으로서 자살이나 동반자살을 하는 것이다.

다시 말해서 일본의 경우, 스스로 목숨을 끊는 것은 적의에 찬 세계에 의해서 압사당하게 된 자가 마지막으로 선택하는 항복이 아니라, 주변으로부터 인정받으려는 목적으로 개인이 선택하는 용의 주도하게 계산된 행동이다. 노하라 고마키치(野原駒吉)도 언급한 것처럼, 자살은 일본인에게 최고의 '주장'이다.[30] 많은 구미인들이

---

30) Nohara, Komakichi. *True Face of Japan*, 1936, p.49.

품고 있는 인상과는 달리, 일본에서는 자살은 그렇게 일반화되지는 않았다. 서구 제국, 그중에서도 나치(Nazis) 이전의 독일이 훨씬 자살률은 높았다. 일본인이 자살을 긍정적으로 바라보는 까닭은 그들의 자살관 때문이다. 일본인에게 자살이란 유순함이나 비굴함에서 비롯된 행동이 아니다. 스스로 일을 처리하고 여러 선택 중에서 가장 과감한 수단을 선택하여 바라는 성과를 올리는 개인의 적극적인 행위인 것이다.

구미인에게 일본인은 유순하다고 생각하게 하는 일본 문화와 관련한 세 번째 특징은, 일본의 윤리체계 전체에 볼 수 있는 구속력을 우리가 오해하고 있다는 점이다. 의무나 자기단련과 같은 일본의 체계에 대해서 어느 정도의 지식이 없으면 일본인 사이에서 볼 수 있는 높은 정신적 긴장이나 '일본 남성의 아주 성질 급한 호전적인 성격'[31], 구미인들이 때때로 느끼는 일본인의 성격적 모순 등은 설명할 수 없을 것이다.

일본인의 윤리는 미국과는 다른 전제에 입각해 있는데도 그 윤리를 느끼는 일본인의 말을 사용해서 체계적으로 설명된 적은 한 번도 없다. 일본인의 윤리는 복잡하지만 우리는 무슨 수를 써서라도 이를 이해해야만 한다. 이는 지금 서술하고 있는 유순함에 그치지 않고, 많은 의문점을 풀어 줄 것이기 때문이다. 다음 장에서는 이 문제를 중심으로 서술하고자 한다.

---

31) Saisho, F. *Cultural Nippon*, V(1937), p.83.

II. 일본인의 책무체계(責務體系)

7세기 이래, 일본은 줄곧 중국의 윤리체계를 수입해 왔다. 그 과정에서 중시한 점은 시대에 따라 다소 변화는 있었으나, 도덕적인 선악을 나타내기 위해서 중국에서 사용된 한자와 그와 관련된 개념은 일본 전통 문화에서 빼놓을 수 없는 요소가 되었다. 그런 의미에서 특히 중요하다고 생각되는 것은 중국에서 기본적 개념인 '젠(仁)' 32)이 일본에서 어떻게 변화하였는가, 하는 점이다. 중국에서 모든 윤리의 절대적인 규범인 '젠'은 'benevolence(선의)'로 번역되는 경우가 많은데, 이 말은 구미인이 양호한 대인 관계라는 뜻으로 사용하는 거의 모든 상황을 말한다.

---

32) *웨이드식 중국어 발음 기호로 'jen'은 '런'으로 발음된다. 그러나 『日本人の行動パターン』에는 'ジェン(젠)'이라고 음을 표기하고 중국의 '仁'을 모두 '젠'으로 읽고 있기에 한글역도 중국의 '仁'을 언급하는 부분에 대해서는 모두 '젠'으로 옮겼다. 단, 베네딕트는 'jen'이라는 표기(단어)를 '젠'으로 읽지 않고 '런'으로 읽고 있었는지 모른다. 한편 일본의 '仁'에 대해서는 언급하는 부분은 일러두기에서 말한 것처럼 개념어로 보고 〈仁〉으로 표기한다.

중국의 윤리에서는 우선 그들의 윤리체계에서 근본적인 시금석이 된 '젠'을 실천하지 못하는 한, 어떠한 행동이나 주장도 정당화되지 못한다. 황제의 재위기간조차도 '젠'을 제대로 실천하고 있는가, 아닌가에 따라서 결정되었으며, 황제나 그 아래의 대신들이 '젠'을 실천하지 못하는 경우에는 파면하는 것이 신민(臣民)의 의무였다.

〈仁〉

아사가와 간이치(朝河貫一)[33]는 고대중국에서 '젠'이 지닌 정치철학적 의미를 일본의 경우와 비교하면서, 다음과 같이 논하고 있다. "이러한 사상은 일본의 천황제와 정면으로 충돌하기 때문에 학설로서도 여과 없이 그대로 수용된 적은 한 번도 없었다." 또한 이 사상은 일본 사회의 신분제도 전체와도 충돌하는 것이었다. 일본에서는 '진(ジン)'이라고 발음되는 이 개념은, 중국에서처럼 황제나 대신에게 따라붙는 구속력을 가지지 않는다는 차이만 있는 것이 아니다. 일본에서는 〈仁〉을 행한다'라는 말은 공덕을 쌓는다는 뜻을 강조한다. 다시 말해서, 어떤 일을 의무 이상으로 실행한다는 뜻인데, 이 경우 두 가지 뜻을 생각할 수 있다.

(1) 기부(寄附)를 자청하거나, 알지 못하는 사람에게 자비를 베

---

33) *Documents of Iriki*, 1929, p.380, n.19.

풀거나, 범죄자를 용서하거나 하는 일.

(2) 폭력단 등, 법의 바깥에 있는 사람들이 가지는 미덕.

두 번째의 뜻은, 봉건 시대의 무뢰한(無賴漢)이 자기와 비슷한 처지의 사람이기는 하지만 전혀 알지 못하는 사람을 숨겨줌으로써 〈仁〉을 베푼 경우 등이 그렇다. 첫 번째 경우로서 일본인이 자주 드는 예가 플로렌스 나이팅게일, 두 번째 경우가 도쿠가와 시대의 '로빈 후드들'이다. 이 두 번째 경우는 오늘날에도 남아 있으며, 현대 일본의 비열한 노무 청부업자들을 지칭하는 경우가 있다.

미국에서는 19세기 말에 이탈리아계 노동자들의 두목이 항구에서 막 도착한 이민자들과 서면계약을 맺었는데, 그와 마찬가지로 일본의 청부업자들도 노동자를 불법으로 송출하면서 사리사욕을 채우고 있다. 이러한 비열한 이기주의자들은 '〈仁義〉를 다하여' 내기 도박이나 주사위 도박에 열중한다.

일본에서는 〈仁義〉라는 말이 아주 타락한 의미로 사용되며, "〈仁義〉를 내세우지 말라"는 표현이 "간섭하지 말라"라는 뜻의 관용구로 쓰인다. 이러한 뜻으로 쓰이는 "〈仁〉을 행한다"라는 말은 무법자 세계에서나 어울리는 말이다. 일본인은 이 '〈仁〉을 행하는 일'과 '〈仁〉을 아는 일'을 따로 구분하고 있으며, 후자는 불교 설법에서 덕이 많은 사람의 마음 상태를 가리키는 경우에 많이 쓰인다. 중국의 개념과 유사한 점이 인정되는 〈仁〉의 용법은 이 "〈仁〉을 알다"의 경우뿐이다. 일본의 사전에는 "'〈仁〉을 알다'는 표현은 행위라기보다는 이상적인 인간을 가리키는 경우에 사용된다"고 적혀 있다.

이상에서 본 것처럼, '젠'을 행하는 일은, 중국의 윤리체계에서는 지고한 자리를 차지하지만, 이에 반해 일본에서는 그 자리에서 퇴출되고 말았다.

〈恩〉

일본인도 중국인과 마찬가지로 '입은/받은 恩義' [34]를 매우 중요시한다. 일본인은 이 '恩義'를 '온(恩)'이라고 부르며, 영어로는 'obligation'부터 'kindness', 'love'에 이르기까지 다양한 말로 번역되는데 실제로는 '책무에 대한 무거운 짐', '부담' 정도의 의미로밖에 쓰이지 않는다. 일본어로 '〈恩〉을 받는다'는 말은 '빚이 있다' 또는 '신세진 일이 있다' 정도의 뜻이고, 〈恩〉을 베푼다/준다 라는 말은 '(내가) 남에게 책무/채무를 지게 한다'는 뜻이다.

---

34) *『우리말 큰사전』에서 '은의(恩義)'를 찾아보면, '은혜와 의리'로 나와 있다. 일본인이 말하는 '온(恩)'에는 첫째는 '은혜'라는 뜻이 있다. 그러나 둘째로는 '의무, 책임'이라는 의미를 내포하는 일본의 '기리(義理)'라는 뜻을 지니고 있다. 즉 일본인에게 '온(恩)'은, 단순한 '은혜'가 아니라 이 두 가지 뜻에 걸친 윤리관이자 행동의 실천규정이라고 생각하면 그 핵심에 다가설 수 있다. 바꾸어 말하면 '온(恩)'에는 경우에 따라서 강제력 내지는 구속력이 수반된다고 할 수 있다. 여기에 '온(恩)'을 쉽게 '은혜'로 번역하지 않고 〈恩〉으로 한자 표기한 이유가 있다. 은의(恩義)의 일본어 음은 '온기(おんぎ)'임.

〈恩〉이라는 말은 사람이 받을 수 있는 모든 '恩義'에 적용되며, 그 내용의 대소는 문제되지 않는다. 형용할 수 없는 감사의 마음으로 받는 '皇恩', 즉 '천황의 은혜'라든지, 사전에서는 '부모의 사랑'으로 번역되어 있는 '親の〈恩〉(부모의 은혜)', 주군으로부터 받는 '主の〈恩〉(주군으로부터의 은혜)', 선생님으로부터 받는 '師의 〈恩〉(스승의 은혜)' 등, 예를 들자면 끝이 없다. 이처럼 '〈恩〉의 힘'은 예외 없이 모든 곳에 존재한다.

일본인의 표현을 빌리자면 누구나 '恩に着る : 은혜를 입게' 되며, 일본 국민으로 태어나서 어릴 때 부모가 돌봐준 이상, 그리고 특히 한평생을 통해서 남보다 더 활발하지는 못했다고 하더라도 일단 인간 관계를 형성하고 살아온 이상, 이를 피할 수는 없는 것이다. 이 〈恩〉은 매우 무거운 부담이며, '받은 〈恩〉의 1만분의 1도 갚지 못한다'라는 말을 자주 할 정도다.

일본인의 책무에 관한 한 고찰

1. 〈恩〉

〈恩〉을 받았기 때문에 갚아야 하는 책무 또는 채무. 사람은 〈恩〉을 '받는다' 혹은 '입는다'. 〈恩〉이란 받는 쪽에서 본 책무/채무이다.

    皇恩. 천황으로부터 받는 〈恩〉

    親恩. 부모로부터 받는 〈恩〉

主恩. 주군으로부터 받는 〈恩〉

師恩. 스승으로부터 받는 〈恩〉

한평생을 통해서 나와 관계있는 사람으로부터 받는 〈恩〉

※ 내가 〈恩〉을 받은 상대는 모두 나에게 '恩人'이 된다.

2. 〈恩〉의 반대책무

사람들은 이러한 부채를 '갚는다'. 혹은 이러한 책무를 은인에게 '돌려준다'. 이는 능동적인 변제(辨濟)라는 견지에서 본 책무임.

A. 義務 : 이 책무는 충분히 갚았다고 생각해도 갚은 것은 일부에 지나지 않는다.

　　忠 : 천황, 법률, 일본국에 대한 책무 또는 채무.

　　孝 : 부모나 조상(자손도 암묵적으로 포함)에 대한 책무 또는 채무.

　　任務 : 자기가 맡은 일에 대한 책무 또는 채무.

B. 義理 : 이에 대해서는 받은 호의에 상응하는 만큼만 갚으면 된다고 생각함.

　　1. 세간(世間)에 대한 〈義理〉

　　　- 주군에 대한.

　　　- 근친에 대한.

　　　- 다른 사람에게서 받은 〈恩〉에 대한.

　　　- 금전을 받거나 호의를 받거나 일하면서 도움을 받았을 때(협동노동) 등.

　　　- 먼 친척(백부, 백모, 생질)에 대한 것.

2. 이름에 대한 〈義理〉. 독일어 'die Ehre(명예)'에 상
   당하는 것.
   – 모욕이나 실패에 대한 비난을 받았을 때, 그 오명
   (汚名)을 '씻는' 일. 즉 보복이나 복수에 대한 것.
   ※ 이렇게 되갚는 것은 공격으로 간주하지 않는다.
   – (자기 전문 분야에서의) 실패나 무지를 인정하지
   않으려는 노력.
   – 일본인으로서 예절을 지키기 위한 노력. 모든 행
   의 규범(行儀規範)에 따른다, 주제에 상응하는 생
   활을 한다, 불필요하게 자기 감정을 표출하지 않
   는다 등.

현재 사용하는 2학년 수신(修身)[35]독본에, "〈恩〉잊지 말아라"
라는 제목이 붙은 다음과 같은 이야기가 실려 있다. 여기서 내세우
는 교훈은, 일본, 중국 할 것 없이 공통적으로 뿌리내리고 있는 그
런 마음가짐이다.

'하치'는 귀여운 강아지입니다. 태어난 지 얼마 안 되어, 갈 곳이
없어 길가에서 방황하던 '하치'를 어떤 모르는 사람이 데리고 갔습
니다. '하치'는 그 집에서 그 집 아이처럼 귀여움을 받고 무럭무럭
자랐습니다. 덕분에 약했던 몸도 아주 건강해졌습니다. 주인님이 매
일 아침 출근할 때는 '하치'도 전철역까지 주인님을 따라갔고, 주인

---

35) *지금의 '도덕'이나 '윤리'에 해당하는 교과목.

님께서 귀가할 시간이 되면 역까지 마중 나가곤 했습니다.

그러다가 어느 날 주인님께서 돌아가셨습니다. '하치'는 그 사실을 모르는지, 매일 주인님을 찾곤 했습니다. 언제나 역에 가서는 전철이 역에 도착할 때마다 전철에서 내리는 많은 사람들 중에 주인님은 안 계신지 찾곤 했습니다.[36]

그러는 사이 많은 세월이 흘렀습니다. 1년이 지나고 2년, 3년…그리고 10년이 지나도 늙은 '하치'의 모습을 매일 역 앞에서 볼 수 있었습니다. 그때까지 주인님을 찾고 있었던 것입니다.

이 이야기가 주는 교훈은 친절한 행위에 대해서 충절을 다해서 보답한다는 것이다.

〈恩〉의 힘'은 사랑이 필요할 때 사랑을 줄 수 있다는 점일 것이다. 이 힘을 결정하는 것은 과거에 윗사람으로부터 받은 헌신적인 정(情)이라고 할 수 있다. 실생활에서도, 또한 입신출세를 위한 스트레스나 긴장 속에서도 일본인은 은혜나 호의를 받으면, 인간관계에 대한 계산을 시작한다. 은혜나 호의를 받아도 모욕당했다는 생각이 들지 않을 때, 받은 쪽은 보답을 하려고 하는데, 일본의 모든 윤리체계가 여기에 뿌리를 둔다.

반면에 구미의 윤리체계에서는 자기희생이나 무사(無私) 정신이 찬양되고, 그에 따라서 구제받을 수 있는 길이 열려 있다고 생각한다. 우리 미국인은 한마음으로 정성을 다해서 책무를 완수함으로

---

36) *An Analysis of Japanese Ethics Textbooks* by Lt. Paul D. Ehret and Capt. E. N. Lockard, Civil Affairs Training School, University of Chicago (mimeographed).

써 충족감을 얻을 수 있다고 교육받는다. 그러나 일본인에게 책무를 다하는 것, 즉 '〈恩〉을 입는 것'은 자신의 충족을 영원히 포기하는 것을 뜻한다. 일본인의 사고방식에 의하면, 〈恩〉을 입었는가는, 과거에 〈恩義〉를 받았는가, 안 받았는가는 사실에 의해서 결정되며, 이에 보답하기 위해서는 무한한 노력이 필요하다.

일본의 윤리체계가 선의에 의해서 받은 〈恩〉을 헌신적으로 갚는다는 근본원리에 입각하고 있는 것은 사실이나, 그렇다고 해서 〈恩〉을 받았을 때 기분이 상하는 사람이 없다는 뜻은 결코 아니다. 그러나 일본에는 윗사람이 아랫사람을 쉽게 여기며 냉대하지 않는다는 점을 나타내는 아주 흥미로운 언어상의 증거가 있다.[37] 일본어에는 '아이(愛)'[38]라는 '윗사람이 아랫사람을 귀여워하고 위하

---

37) 상하 관계는 어떤 사물을 결정하는 책임이라든지 징벌을 줄 때는 영향을 미친다. 만약에 상위자(上位者)가 하위자(下位者)를 때렸다면, 이는 상위자의 하위자에 대한 책임을 수행하기 위한 것이며, 그렇기 때문에 하위자는 상위자에 대항해서 같이 때리거나 할 수 없다. 아무리 자기 편에 있는 사람들의 바람을 무시하는 경우라고 하더라도, 일단 결정에 이르면, 내 편에 있던 사람들은 그 문제에 대해서는 이미 이야기가 끝났다고 이해해야 한다. 어떤 일을 처리하거나 징벌을 주거나 하는 이런 권리는 전통적으로 일본에서는 전제적(專制的)이라고는 보지 않고, 상위자의 의무이며, 덕이라고 여긴다.

38) *일본 고어에서의 '아이(愛)'의 의미 및 용법은 대략 아래와 같다.
　　① 사람이나 동물을 귀여워하다. ② 어떤 일을 아주 좋아하다.
　　③ 훌륭하다고 생각하다. 　　　　 ④ 애석하게 생각하다. 아이를 달래다.
즉, 주로 연애감정을 표현하는 현대어 '愛(아이):사랑', '愛する:사랑하다'와는 달리, 강자가 약자를 '귀여워하다, 가까이하다, 위하다, 보호하다' 등의 의미로 쓰이는 것이 일본어 고어(古語)에서의 '아이(愛)', '아이스(愛

는 마음'을 지칭하는 말이 있는데, 19세기에 선교사들이 성경을 번역하는 과정에서 기독교의 개념인 'love'를 번역할 어휘를 찾고 있던 중에 가장 그 목적에 합당하다고 선정한 것이 이 '아이(愛)'였다. 이렇게 해서 기독교에서 사용하게 되었기 때문에, 그리고 아마도 신분에 따른 격차를 없애려고 하는 관리들의 노력의 결과, 오늘날 '위에서 아래로'라는 본래의 어의(語義)에 맞지 않는 경우에도 이 '아이(愛)'를 사용하게 되었다. 물론 엄밀한 의미에서의 원래의 용법도 아직 일반적으로 사용되고 있다.

ナ'이다. 베네딕트가 말하는 '언어상의 증거'는 이 고어 '아이(愛)'를 두고 하는 말이다.

본문에서 "물론 엄밀한 의미에서의 원래의 용법도 아직 일반적으로 사용되고 있다"는 언급에 대해서는 베네딕트가 이 보고서를 작성한 당시는 그렇다고도 할 수 있으나, 현재는 이성에 대한 감정을 뜻하는 'Love : 아이(愛)'라는 의미로 쓰이는 경우가 대부분이다.

참고로 한국사람이 이성에게 좋은 감정을 표현할 때 쓰는 '사랑한다'와 '좋아한다'에는 분명히 차이가 있으며, 단적으로 말하면 '좋아한다'는 '사랑'의 감정이 아니라고도 할 수 있다. 그런데 흥미로운 것은 일본인이 이성에게 사랑을 고백할 때 '愛してる'보다 '好きだ'(한국어로 옮기면 '좋아한다')를 더 자연스럽게 사용하고 있다는 점이다. 물론 '好きだ'가 한국어 '좋아한다'와 동일한 용법, 의미범주로 쓰이기도 하지만, 적어도 이성에 대한 감정표현일 경우, 일본에서는 이 두 표현 사이에는 감정적인 강약의 차이는 거의 없다. 이런 용법 또한 '아이(愛)'의 의미적 변천과 관계가 있다고 생각한다.

도련님이 받은 〈恩義〉

다른 사람에게 호의를 받으려면 그 호의는 친절한 마음에서 나오는 것이어야 한다. 두 사람의 입장이 대등하더라도, 서로가 선의로 맺어져 있다면, 존경할 수 있는 사람으로부터 〈恩〉을 받을 수도 있다. 물론 그러기 위해서는 위의 전제조건이 충족되어야 한다. 그러나 실제로는 악의를 품고 있는 경우도 꽤 많으며, 일본의 유명한 소설인 나쓰메 소세키(夏目漱石)[39]의 『坊っちゃん(도련님)』에는 이러한 상황 때문에 일어나는 반목이 선명하게 묘사되어 있다. 도쿄 출신의 젊은 교사인 주인공 도련님은 지방의 한 작은 동네에서 처음으로 교단에 섰다. 일본의 평론가에 의하면 도련님은 '성질이 급하고 수정과 같은 순수한 정의의 수호자'(『坊っちゃん』의 영어판 역자의 첫머리에서)라고 한다. 이 도련님이 처음 부임했을 때, 야마아라시(山嵐)라는 별명을 가진 동료 교사에게 빙수를 한 그릇 얻어먹는다. 빙수값인 1전 5리를 야마아라시가 지불했는데, 후에 도련님은 야마아라시가 자기를 모욕하는 듯한 발언을 했다는 소문을 접하게 된다. 그때 도련님이 보인 반응은, 야마아라시한테서 빙수를 얻어먹은 결과, 자기가 입은 〈恩〉에 대한 것이었다. 미국인이라면 야마아라시를 소문대로 '비열한 놈'으로 알고 끝을 냈을 텐데, 도련님은 자기 자신의 전인격과 관련되는 문제로 인식한다.

---

39) *1867～1916. 영문학자이자 소설가. 1900년에 영국으로 유학. 귀국 후 도쿄대학 강사를 거쳐 아사히신문사에 입사. 대표작에 『吾輩は猫である』, 『こころ』, 『草枕』, 『道草』, 『明暗』 등.

그런 표리(表裏)가 다른 놈이기 때문에 아무리 빙수 한 그릇이라고는 하지만 나의 체면과 관계된다. 나는 한 그릇밖에 먹지 않았기 때문에 1전 5리만 빚졌을 뿐이야. 그렇지만 1전이든 5리든 사기꾼에게 〈恩〉을 입어서는 죽을 때까지 뒷맛이 좋지 않아 ··· 다른 사람으로부터 〈恩〉(소설의 원문은 「惠」)을 받으면서도 가만히 있는 건 내가 상대방을 제대로 된 한 사람으로 인정하고 그 사람에 대한 배려의 결과야. 내 몫을 내기만 하면 되는 것을 마음속에서 고맙다고 생각하는 〈恩〉은 돈으로 살 수 있는 것이 아니야. 아무리 무위무관(無位武官)일지라도, 하나의 독립된 인격체란 말이야. 독립된 한 인격체가 머리를 숙이는 건 백만량보다도 더 존엄한 답례라고 생각해야 한다.

야마아라시는 1전 5리라는 돈을 냈지만 나는 그 대신에 백만량보다도 더 존엄한 답례를 해 줬다고 생각하고 있었단 말이다.

그 다음날 도련님은 야마아라시 책상 위에 1전 5리를 내던진다. 왜냐면 한 그릇의 빙수에 관한 〈恩〉을 입는 것을 그만두지 않고서는 두 사람 사이에 발생한 문제를 해결할 수 없기 때문이다. 즉 야마아라시의 모욕적인 언행에 대해 결판을 낼 수 없기 때문이다. 이미 친구가 아닌 두 사람 사이에 〈恩〉이 존재할 리는 없기 때문에 설령 주먹다짐이 일어난다고 해도 우선은 문제의 〈恩〉부터 정산해야 하는 것이다.

받은 〈恩義〉라고 하는, 그 해석에 깊이가 있는 '〈恩〉의 힘'을 명확하게 파악하기 위해서는 추상적인 논의를 계속하는 것보다 위 사건과 같은 일상적인 일화를 접하는 것이 좋다.

"〈恩〉을 받기 위해서는 (상상할 수 없을 정도의) 타고난 아량이 필요하다"고 일본인들이 말하는 것도 놀랄 일은 아니다. 그런데 일상생활에서는 '다른 사람의 〈恩〉을 입는' 결과를 초래하는 일들이 계속 반복해서 일어나는 법이다. 〈恩〉을 입는 쪽에서 보면 이는 아주 골치아픈 일이기 때문에 남의 일에 끼여들거나 끼이는 일을 피하는 것이 당연한 행동이 된다.

일본인의 생각은, 상대와의 관계가 명확하지 않는 한, 그 사람에게 간섭해서는 안 된다는 것이 기본이다. 도쿠가와 시대에 줄곧 유지된 법령에 '다툼이나 말싸움이 발생해도 쓸데없는 간섭을 해서는 안 된다'는 것이 있는데, 이는 분명한 권한도 없는데 불필요한 간섭을 하려는 자에 대한 경고이며, 지금도 그런 사람에 대해서는 '〈恩〉을 입히려 한다'고 의심하게 되며, 주위의 노여움을 사게 된다. 그렇기 때문에 어떤 일에 직접 관계없는 사람은 오히려 이런 의혹을 사지 않으려 조심한다.

일본에서 생활한 경험이 있는 중국인은 흔히 다음과 같은 이야기를 하곤 한다. 일본에서는 말다툼이나 싸움이 일어나도 외부인은 말리려 하지 않지만, 중국에서는 적어도 자기가 살고 있는 곳에서는 신망있는 사람이 책임지고 중재를 하는 것이 자연스러운 일이라고. 또한 구미인들도, 일본에서는 말이나 개가 학대받는 등의 아주 빈번히 볼 수 있는 장면은 물론이고, 사람이 익사하기 직전인 경우에도 간섭하는 사람은 아무도 없다는 이야기를 자주 한다.

받은 〈恩〉에 대해서 갚아야 하는 것에 〈義務〉와 〈義理〉[40]가 있

---

40) *일본어로 'ぎり(기리)', 한국어로 '의리'인 '義理'를 【일러두기】에서 언

으며, 그리고 특별한 경우에 〈仁〉이 있다. 이 세 가지의 구별이 아마도 일본의 윤리를 이해하거나 논하는 데에 가장 큰 문제가 될 것이다. 이들은 모두 〈恩〉의 경우와 마찬가지로 'obligation'과 같은 단어로 번역되는데 그 차이점을 명확하게 이해하지 못하면 일본인의 생활역학을 이해할 수 없을 것이다.

급한 것처럼 〈義理〉로 표기했다. 그 이유는 다음과 같다.

일본어의 'ぎり'와 한국어의 '의리' 사이에는 그 의미의 범주라는 면에서 차이가 있다. 한 예를 들면, 한국어에서 '의리'라는 말은 일본어에서의 'ぎり'만큼 일상에서 많이 사용되는 단어가 아니며, 주된 용법은 '의리없이…'라든지 '의리없는 사람' 정도에 한정된다. 즉 여기서의 '의리'라는 말은 '인정없이', '냉정하게'라든지 아니면 '상대방을 염려, 생각하는 마음이 없다 또는 적다'는 정도의 뜻이다. 게다가 바로 이 예에서 보듯이 '의리'와 '인정'이 거의 같은 뜻으로 쓰이는 경우가 많다. 그런데 일본 · 일본어에서는 '義理と人情'처럼 조사 'と(와)'로 연결되는 동일하지 않는 개념어이다. 그리고 더 중요한 문제는 만약에 역자가 일본어의 'ぎり(기리)'를 일괄적으로 '의리'라고 번역하면 독자들은 당연히 'ぎり(기리)'를 '의리'로 이해하고 그 개념을 한국 · 한국어 '의리'와 동일하게 인식할 것이다. 그렇게 되면 '일본인의 의리'라고 했을 때 표현은 일본인의 '의리'지만 그 개념 및 의미범주는 사실은 '한국인의 의리'로 대체되는 위험이 생긴다. 그 결과 한국과 일본의 '의리'는 똑같다는 오해가 발생하게 된다. 이러한 오버랩(overlap)이야말로 잘못된 인식 내지는 오해를 낳을 수 있는 씨앗이 되며, 이문화를 제대로 바라보기 위해서는 반드시 피해야만 하는 오류라고 생각한다. 일본 사회를 논할 때 종종 키워드가 되는 '이에(家)'의 경우도 마찬가지다. '이에(家)'를 아무 생각없이 '집'이라고 번역하게 되면 독자는 당연히 자기 주변에 존재하는 '집' 또는 한국 사회에서의 '집'이라는 사회적 조직, 운영, 규모, 도덕 등을 연상하게 될 것이다. 이미 그때는 '일본 사회에서 집'은 '한국 사회의 집'과 동일하다는 이해가 독자의

〈義務〉

〈義務〉란 천황의 신민(臣民)으로서, 또는 가족의 일원으로서 태어났기에, 혹은 '야마토다마시(大和魂)'[41]를 지닌 한 개인으로 존재하기 위해 사람이 자동적으로 지게 되는 책무이다. 어느 정도의 〈義務〉를 다하는 것이 적절한가를 인식하는 일은 개인의 판단에 맡겨져 있지 않다. 이는 강제되는 것이다.[42] 예를 들면, 'compulsory education(강제적인 교육)'이라는 표현은 언제나 '의무교육'으로 변역되는데 이는 이 말만큼 '필수'라는 의미를 적절하게 나타내는

머리속에 형성되어, 더 이상 '일본 사회의 집'을 이해하고 파악할 수 없게 된다.

그런데 실제로 번역을 해 보면 'ぎり(기리)'를 '의리'라는 한글로 대체해도 전혀 무방한 곳이 있는가 하면, 아주 일본적인 의미범주로 쓰인 경우도 있고 해서 어떤 기준을 마련하기가 현실적으로 불가능했다. 그래서 【일러두기】에서 밝힌 표기 방침이 나온 것이다. 이 책에서는 기본적으로 베네딕트가 논하는 일본인, 일본 문화와 관련되는 개념어는 〈義理〉처럼 표기한다. 독자가 그때그때 문맥을 통해서 그 해당 어휘의 의미범주를 설정해 주기 바란다. 그렇게 함으로써 아무 비판도 없이, 또는 무의식적으로 '한국인, 한국 사회'에서의 개념으로 대체해서 생각해 버리는 문제를 피할 수 있다고 생각한다. 베네딕트가 어떤 사회를 바라볼 때, 그 사회 안으로 들어가서 그 사회의 입장에서 그 문화를 응시할 필요가 있다고 한 말을 염두에 두기 바란다.

41) *일본인들이 말하는 일본 민족 고유의 정신. 용맹하고 결백한 것을 그 내용으로 하고 있으며, 군국주의자들에 의해서 많이 선전되고 강조되었다.

42) 이는 각각의 경우에 요구되는 〈義務〉가 무엇인지 스스로 결정할 필요가 있다는 뜻이다.

말이 따로 없기 때문이다. 이러한 〈義務〉를 구분하기 위해서 다양한 말이 사용되고 있다.

〈忠〉

〈忠義〉의 〈忠〉은 신민이 천황에게 지는 '해야 할 의무' [43]이다(앞에서 말한 '皇恩'에 보답하는 것). 이는 완전히 갚을 수는 없는 것이다. 〈忠〉에는 평상시든 전시든 관계없이 병역의 의무를 지는 것이 포함된다. 또한 평상시에는 가족이나 '오인조(五人組)' [44] 안에 있는 범죄자를 경찰에 인도해야 한다는 의무도 국가에 대해서 진다(〈孝〉나 〈義理〉와 아무리 모순된다고 하더라도 그렇다. 이에 대해서는 후술하겠다).

〈忠義〉를 이루는 요소의 하나인 애국주의는 메이지 이후, '아이·고쿠·신(愛國心)'이라고 불린다. 이는 '사랑·나라·느끼는 것'을 의미한다. 오늘날[45], 시험 등에서 〈忠〉을 '애국심'에 수반하는 것이라고 대답하면 그 학생은 낙제한다. 왜냐면 천황에 대한 충성을 뜻하는 〈忠〉이 '애국심'보다 우선하기 때문이다.

메이지 이전에는 애국주의를 지칭하기 위해서 '보국(報國)'이라

---

43) *『日本人の行動パターン』에서는 '務め'라고 되어 있다. '務め'라는 말은 한국어로 옮기면 '의무, 임무, 해야 할 일, 책임' 등이 된다. 이 경우, 일반적인 의미로서의 '의무', '책무' 등과의 구별이 어렵다는 문제에 직면한다. 일단 해석은 '해야 할 의무'로 했다.

44) * '고닌구미'. 에도막부(江戸幕府)가 촌락의 백성, 도시의 지주 등에 명해서 만든 조직. 이웃한 5호(戸)를 한 조로 화재, 도둑, 부랑인, 기독교 신자의 단속을 담당케 했다. 또한 혼인, 상속, 출원(出願), 대차(貸借) 등의 입회나 연서(連書)의 의무, 그리고 납세, 범죄행위에 대한 연대책임을 물었다.

45) *당연히 이 「리포트 25」가 작성된 시점을 말한다.

는 매우 분명한 말이 사용되고 있었다. 이는 "나라에 보답한다"는 뜻
이다.

〈孝〉

조상이나 부친에 대한 책무. 그들에게서 받은 〈恩〉에 보답하는 일.
조상의 위패를 모시는 일이나, 성묘, 노부모를 돌보는 일, 부친에 대
한 복종 등이 여기에는 포함된다. 가장(家長)은 가족을 먹여 살리고,
아들과 자기 동생을 교육하고, 또한 '冷飯親類'46)로 불리는 과부가
된 딸이나 여동생 그리고 손녀, 그 외 아이들을 보호하는 등, 아주 많
은 책임을 지게 되는데, 이러한 〈孝〉는 양육되는 가족을 향한 것이
아니라, 앞세대에 대한 것이다. 다음 세대를 부양함으로써 조상에 대
해서 〈孝〉를 다하고 조상의 〈恩〉에 보답하는 것이다. 이러한 일을 자
식을 위해서 하는 것도 〈義務〉이기는 하지만, 일본어에는 '자식에
대한 아버지의 책무'를 뜻하는 말이 없기 때문에 이는 가계(家系)에
대한 〈孝〉에 포함된다. 그러나 아이 입장에서는 〈恩〉을 받게 된다. 그
것도 그 〈恩〉은 완전히 갚을 수 없는 〈恩〉인 것이다.

〈任務〉

일에 대한 책무. 〈忠〉이나 〈孝〉에 속하는 책무의 특별한 경우라고
할 수 있다. 즉 성실하게 맡은 일을 다하는 것은 '〈忠〉(국가)을 위해
서 일하는 일'이거나, '〈孝〉(一族)를 위해서 하는 일'이기 때문이다.
예를 들자면 가족을 부양하지 않는 것은(부양이라는 〈任務〉를 게을
리하는 것), 〈孝〉를 저버리는 일이며, 육군사관 생도가 신병이 괴롭

---

46) *말 그대로 '찬밥' 신세인 친족 또는 찬밥만 주어도 되는 친족이라는 뜻
으로 과부의 지위를 비유한 말.

힘 당하는 것을 막는 것은(그런 괴롭힘이 눈에 띄었을 때는 〈任務〉가 되기 때문에) 〈忠〉을 위해서 일하는 것'이 된다. 근면하고 성실하게 맡은 일에 종사함으로써, 사람은 신민으로서의 〈恩〉이나 가계에 대한 〈恩〉을 갚으려고 노력한다. 군인칙유(軍人勅諭)에는 "祖宗의 〈恩〉에 보답하고 보답하지 못하는 것도 너희들 군인이 맡은 바임무(일, 직무 등의 〈任務〉)를 다하고 다하지 못하고에 달려 있다"고 적혀 있다.

〈義務〉의 체계는 역사적으로는 유교에 그 뿌리를 찾을 수 있으나, 중국에서 전래된 이 체계에 세 가지 중요한 문화적인 변화가 가해졌다. (1) 중국에서는 그들의 윤리체계의 시금석인 '젠(仁)'이 일본에서는 격하되어 무엇보다도 우선해서 지켜야 할 '황금률(黃金律 : The Golden Rule)'이나 그에 버금가는 성격이 일본의 〈義務〉에는 결여되어 있다. (2) 과거 10년간, 〈忠〉은 군국주의자들의 중요한 무기가 되어 왔다. (3) 〈孝〉는 중국보다도 좁은 범위에 한정된다. 이는 중국의 거대한 종족과 비교해서 일본의 경우는 주거나 생계를 같이하는 실생활의 단위로서 혈연에 의한 세대가 일반화되어 있다는 점에 기인한다고 볼 수 있다. 예를 들면, 일본에서는 과부와 그 아이들을 조부나 부친 또는 형제와 같은 혈연자가 맡아서 부양하는 책무는 〈孝〉에 포함되지만, 백모나 백부가 맡는 것은 〈義務〉의 범주를 넘어선다. 이것은 〈義理〉(이에 대해서는 후술함)이며, 이보다 더 연고가 먼 사람이 맡는 경우는 〈仁〉이 된다.

한편 〈忠〉의 경우는 또다른 방법을 적용하여 국수주의를 위해서 헌신하도록 만들었다. 구미인들 입장에서 생각하면, 〈忠〉은 죽음에서 납세까지의 모든 것을 포함하는 것으로 생각하지만, 지금의 일본인은 메이지 이후의 사상교화 결과, 국민 개개인에 의한 국가에 대한 보답이나 군무(軍務)는 천황에게만 향하는 것이라고 믿고 있다. 시험에서 〈忠〉보다도 '애국심'을 우위에 두는 학생을 낙제시키는 것은 바로 이 점을 강조하기 때문인데, 이는 아래와 같은 군인칙유를 통해서도 확인할 수 있다. "(군대에서) 하급에 위치한 자가 상관의 명령을 받드는 것은 바로 짐(천황)의 명령을 받드는 뜻이라는 점을 명심하여라", "군인은 '충절'(〈忠〉이라는 책무를 다하는 것)을 다하는 것을 그 본분으로 삼을 것." 이 충절이 평시에 어느 정도로 실행되는가를 힐리스 로리[47]가 아주 적절하게 언급하고 있다.

어느 사관이 연대를 이끌고 여름의 기동훈련을 위해서 후지산 산록으로 향했다. 사병들은 사령관의 명령 없이는 수통의 물을 마시면 안 된다는 명령을 받았다. 그 훈련 과정에, 20명이 갈증과 피로로 쓰러졌고, 그중 5명이 숨졌다. 수통을 조사해 보니, 전혀 손을 대지 않았다는 사실이 판명했다. 사관이 그렇게 명령했기 때문이다. 사관의 명령은 곧 천황의 명령이었던 것이다.

---

47) Lory, Hillis. *Japan's Military Masters,* 1943, p.40. 방점은 필자에 의함.

권력의 이중제도(二重制度)

이상과 같은 맥락에서 생각하면 쉽게 알 수 있듯이, 중요한 것은 납세나 가족 및 '오인조' 안에 있는 범죄자에 대한 보고, 경찰에 인도하는 일, 그리고 징병에 응하는 일 등, 모든 것을 개개의 신민에게서 곧바로 천황을 향한 〈義務〉로 메이지 이후의 국민의 교화(敎化)가 만들어 놓았다는 점이다.

일본 정계에서 볼 수 있는 아주 특이한 양상에 소위 말하는 이중권력제도를 시행함으로써 가능해진 것들이 몇 있다. 하나는 천황의 대변자로서 그 권위를 주무른 많은 조언자나 부하들이 존재한다는 점이다. 그러나 또 다른 한편에는 모든 신민이 천황에 대해서 직접 〈忠〉을 느끼기 때문에, 만약에 천황과 자기들 사이에서 중개역을 하는 중간 권력자들의 주장과 자기들이 믿는 천황에 대한 〈忠〉을 둘러싼 해석에 차이가 날 때는 모든 중간 권력자들의 명령을 거부하고 그 인격 자체를 의문시해도 된다고 확신한다.[48]

일본의 관습에 의하면 성실함을 위해서 목숨을 걸 각오를 하지

---

48) *신민이 직접 천황에게 〈忠〉을 주고 '恩'을 입을 수 있는 구조 아래에서, 본인의 확고한 천황에 대한 〈忠〉과 중간 권력자가 요구하거나 말하는 내용 사이에 괴리가 있을 때, 신민은 그 확고하고 확실하고 직접적인 〈忠〉을 다하기 위해서 중간권력자를 무시해도 된다는 뜻이다. 이 경우, 중간권력자를 신민의 천황에 대한 〈忠〉을 왜곡하거나 중간에서 사리사욕을 챙기는 무리로 간주하고 그 무리들을 무시함으로써 천황에 대한 〈忠〉을 완수한다는 신념이 작용하고 있다고 보면 된다. 물론 이러한 신념은 메이지 이후의 군국주의자들에 의한 교화작업의 결과로 보아야 할 것이다.

않으면 안 되는데, 어떤 사람이 천황이 임명한 관리를 암살했을 경우, 재판을 받는 과정에서 법정을 모욕하고 퇴정해 버리면 민중의 위대한 영웅이 되는 수가 있다.[49] 그 사람은 이렇게 말한다. 자기가 적대시하고 혹은 살해하기까지 한 중간 권력자들은 "폐하의 뜻에 따르지 않았던" 것이며, 강력하고 올바른 〈忠〉의 정신을 가진 자기는 부득이하게 폐하에 의해서 임명된 대리인들로부터 폐하를 구하지 않으면 안 되었다고. '암살에 의한 통치'라는 일본의 특징은 이러한 권력의 이중제도에 의한 것이다. 일본인은 정부의 주요 정책에 반대를 표할 수 있다. 그러나 그것은 자신의 애국주의(〈忠〉)가 매우 강하다는 표명인 것이다. 당사자는 자기 자신을 혁명가라고 생각하지도 않으며, 다소나마 여론의 지지를 받은 경우에도 주변에서 그 사람을 혁명가라고 생각하지 않는다.

〈忠〉은 지상(至上)의 책무이며, 〈孝〉와 충돌할 때는 〈孝〉가 길을 양보해야만 한다. 오늘날 군국주의자들이 〈忠〉을 중시하는데, 이 〈忠〉은 예로부터 일본에 존재하는 도덕률이다. 12세기의 '겐지(源氏)'와 '헤이지(平氏)'의 싸움을 그린 모노가타리(物語)[50] 중에서 많은 사람들의 입에 오르내리는 일화에 위대한 영웅 다이라 시게모리(平重盛)[51]에 관한 이야기가 있다. 시게모리는 천황을 추방

---

49) 예를 들면, 1936년에 일어난 암살 사건 후에 청년장교들이 받은 재판에서 그 예를 찾을 수 있다.

50) * '소설' 정도로 이해하면 됨. 일본 고전문학에서의 산문의 장르 이름. 여기서의 '겐지'와 '헤이지'의 모노가타리는 『헤이케모노가타리(平家物語)』를 뜻한다.

51) *막강한 군사력과 정치적 발언권을 등에 업고 여식들을 천황가와 혼인 관

하려는 자기의 부친과 대립한 결과, 일본에는 동시에 두 사람의 천황이 존재하는 일이 벌어졌다. 이 전투에서 부친의 적군인 관군(官軍)[52]에 가세한 시게모리의 대사는, 지금도 빈번히 인용된다. "〈忠〉을 세우면 〈孝〉를 행할 수 없으며 〈孝〉를 세우면 〈忠〉을 행할 수 없다." 이 유명한 사건에 관한 주석서(註釋書)에 의하면, 〈忠〉을 선택함으로써 시게모리는 〈孝〉까지도 다했다는 것이다. 즉 비록 부친과 무력충돌은 하였으나, 보다 높은 충성을 수행함으로써 그는 〈孝〉를 다한 것이다.

이 윤리적인 표현은 지금도 자기 아들을 경찰에 인도할 때처럼, 〈忠〉과 〈孝〉가 충돌하는 입장에서 가족의 이익을 희생하지 않으면 안 되는 개인을 두고 쓰인다.

〈義理〉

〈義理〉는 〈義務〉와는 다른 특색을 지닌 일련의 책무이다. 〈義務〉와 유사한 것들은 일본에 유입된 다음에 변질은 했지만, 원래는 중국의 오랜 윤리기준이었다. 그러나 〈義理〉는 일본 고유의 것이다. 일본의 역사에서 〈義理〉가 가장 먼저 등장하는 것은 혼인에 의

계를 맺게 함으로써 한때 천황을 능가하는 실질적인 권력을 장악한 '기요모리(淸盛)'의 장남. 小松殿 · 小松內府라고도 불림.

52) *천황의 칙령에 의하여 움직이는 군대. 여기서는 주군에 대한 〈忠〉을 위해서 부친의 적군편에 합류했다는 뜻.

한 가족간의 계약 관계에서 발생하는 것으로, 그 후에 주군이나 전투에서 동지에 대한 충성으로 쓰이게 되었다. 이 두 가지 외에도 〈義理〉에는 다양한 요소가 가미되어 왔지만, 받은 〈恩〉을 갚는다는 충성에 대한 맹세가 그 근본에 있다는 점은 예로부터 변함이 없다.

봉건 시대 일본에서는 이 〈義理〉야말로 가장 존중받는 미덕이었으며, 〈義務〉는 주로 장군이나 막부를 지지하는 것을 뜻하는 매우 냉철한 것에 불과했다.

'겐지(源氏)'에 의한 초대 장군이 통치하던 시대인 12세기의 문헌을 세세히 연구한 아사가와 간이치(朝河貫一)에 의하면, '겐지' 진영에서 싸운 어느 다이묘는 숨겨 주었던 적 진영의 영주를 인도할 것을 요구받자, 자기의 명예가 손상되었다면서 매우 분노했다고 한다. "공사(公事)는 어찌할 수 없는 일이지만, 명예를 존중하는 같은 무사로서 믿음(〈義理〉)은", 장군의 권력보다도 우선하는 '영원한 덕'이었다고 아사가와는 말하고 있다. 이 다이묘는 "존경하는 친구에게 신의를 저버리는 행위를 거절"하였다(즉 〈義理〉에 어긋나는 일을 거절했던 것이다).

막부가 일본을 통치하던 700년 동안, 〈義理〉와 〈義務〉의 상극은 분권적인 봉건주의와 국가 통일의 상극이라는 모습으로 나타났다. 이러한 일본의 역사가 오늘날의 연극이나 영화 속에서 서로 대립하는 미덕의 충돌을 통해서 묘사되고 있으며, 예를 들면 도쿠가와 3대 장군[53]의 이야기를 소재로 한 유명한 영화에서는 장군의

---

53) *도쿠가와의 征夷大將軍. 지방의 각 오랑캐 무리를 평정하여 일본국을 통

목숨을 노리는 어느 다이묘의 음모가 그려지고 있다.

장군과 그 측근을 자기 성에 모셔서 향응을 베풀고 있을 때, 이 다이묘는 한 가신에게 창을 가지고 장군 앞에서 춤을 추고 그 창으로 장군을 살해하라고 명령한다. 가신은 주인에 대한 〈義理〉 때문에 장군 앞에서 춤을 추지만, 장군에 대한 〈義務〉도 있기 때문에 명령을 실행할 수가 없었다. 그뿐 아니라, 다이묘가 성을 파괴하면서까지 장군을 살해하려 하자, 그 가신은 〈義務〉감 때문에 떨어지는 돌이나 나무를 피하면서 장군과 그 측근들을 안전한 곳으로 유도하는 행동까지 보인다. 그러나 함께 도망가자는 장군의 권유에 대해서는 "아닙니다. 저는 주인님 곁으로 돌아가겠습니다. 그것이 저의 〈義務〉이며 또한 〈義理〉인 것입니다." 무너져 내리는 건물 속에서 주인과 함께 죽는 것이 일본 국민으로서의, 또 동시에 자기 주군에 대한 도리였던 것이다. "죽음을 선택함으로써 드디어 〈義理〉와 〈義務〉는 하나가 된 것이다"라는 말은 이 영화를 평한 어느 일본인의 말이다.

‘四十七士’의 〈義理〉와 〈마코도(誠)〉

장대한 ‘四十七士’의 서사시(敍事詩)[54]도 마찬가지 결말을 맞

일한 대장군이라는 뜻. 즉 도쿠가와 막부의 최고사령관이자 최고 통치자이며 일본의 통치자임. 3대 장군은 이에미쓰(家光).

54) *에도 시대에 주군의 원수를 갚은 47명의 의사(義士) 이야기. 일명 ‘아코기

이하게 된다. 이는 봉건주의하에서 〈義理〉를 제일로 여기는 사무라이들이 억울하게 목숨을 끊어야 했던 주군의 원수를 갚는 경위를 그린 처절한 장편으로, 일본인은 이 이야기에 깊은 감동을 받는다. 일본인의 관점에 의하면, 이 작품은 전편을 통해서 일관된 사무라이들의 〈義理〉가 그려지고 있으며, 원수를 갚는 사무라이들이 〈義務〉를 느끼는 일은 없다. 이 사무라이들에게 억울했던 것은 살해하려고 한 상대가 요직에 있는 매우 지위가 높은 다이묘였기 때문에, 원수를 갚기 위한 허가를 막부에 요구할 수 없었던 점이다.

막부의 법령에 의하면, 원수를 갚기 위한 계획적인 복수는, 부친이 살해당했기 때문에, 즉 〈孝〉를 위한 것이거나 〈義理〉를 위한 것일 경우, 신고를 하면 원수를 갚을 수 있는 실행기한을 명시한 허가서를 받을 수 있었다. 이런 절차를 밟고 복수를 하게 되면, 〈義務〉와 〈義理〉 양쪽을 모두 충족시킬 수 있었던 것이다. 그런데 四十七士는 경계가 삼엄한 저택에 침입하여 원수를 살해함으로써, 법과 질서와 장군을 배반한 꼴이 되었다. 이처럼 〈義務〉에 반하는 죄를 범한 경우 처벌은 죽음이었다. 그러나 소학교 5학년 『표준국어독본』에는 다음과 같이 설명되어 있다. "그들의 의도는 주군의 원수를 갚기 위한 것이었기 때문에, 그 확고한 〈義理〉는 영구불멸의 모범으로 삼지 않으면 안 되었다…그래서 막부는 숙고한 끝에 (사무라이들에게) '할복'을 명하기로 결정했다… 이는 그야말로

시(赤穗義士)'. 이 이야기를 소재로 만든 조루리(淨瑠璃), 가부키(歌舞伎)를 『주신구라(忠臣藏)』라고 한다.

일석이조의 묘안이었다." 앞에서 언급한 3대 장군에 관한 이야기와 마찬가지로, 여기서도 자기희생이라는 행위를 통해서 〈義務〉와 〈義理〉의 일치를 본 것이다.

옛 일본에서는 영주나 전쟁터의 동지에게 무조건적인 충성을 다하는 것은 물론, 배우자 가족에 대한 다양한 책무도 〈義理〉에 포함되어 있었다.

일본에서는 이러한 친족 관계를 나타낼 때, 배우자의 부모라는 뜻으로 '義理の親(〈義理〉에 의한 부모)', 배우자의 형제자매나 형제자매의 배우자라는 뜻으로 '義理の兄弟(〈義理〉에 의한 형제)', '義理の姉妹(〈義理〉에 의한 자매)'와 같은 표현이 사용된다.

봉건 시대하의 일본에서는 일족(一族)이나 확대 해석된 가족 내부에서 제정된 '가훈'에 의해서 혈족의 권리와 책무를 정하는 것이 보통이었으나, 혼인에 의해서 맺어진 양쪽 집안이 서로 지는 책무와 표해야 할 경의는 '〈義理〉를 다하는 일'이었다. 혼인에 의해서 맺어진 형제자매에 대한 책무는 그 다음 세대에는 미치지 않는다. 책무를 지는 것은 두 세대에 한정된다. 즉 바로 윗세대인 부모 대(이에 대한 義理가 '가장 무겁다')와 본인의 대뿐이다. 인척(姻族)에 대한 이러한 〈義理〉를 일본인은 '무거운(번거로운)' 짐으로 느끼고 있다. "어머니에 대한 사랑이 있기 때문에 〈義理〉가 아니다. 마음속으로부터 우러나는 행위는 '〈義理〉를 다하는' 일이 아니다"는 자식과 어머니의 관계와는 너무나 대조적이다.

이상과 마찬가지로, 양자(엄밀히 말하면 딸의 '데릴사위'. 처의 성을 가지게 되고 생가(生家)의 호적에서 그 이름이 말소된다)가 지는

〈義理〉는 필연적으로 무겁다. 〈義理〉를 받아들이고 있다는 증거로서 한때는 전쟁터에서 설령 자기 아버지를 죽이는 일이 있더라도 분쟁이 일어났을 때는 양부(養父) 쪽에 서지 않으면 안 되었을 정도다. 속담이 될 정도의 분만(憤懣)[55]을 데릴사위는 새집에서 느끼게 되는데, 이는 '〈義理〉 때문에'라고 이해한다. 이 말은 본의 아니게 책무를 지게 되었다는 점을 의미한다.

그야말로 너무나도 일본적인 이 표현은 앞에서 언급한 봉건 시대의 〈義理〉와는 언뜻 보기엔 모순되는 것처럼 보이나, 실질적으로는 그다지 차이는 없다. 예를 들면 『四十七士物語』에는 지도자 격인 '오이시(大石)'가 사무라이들을 시험하면서 그중에서 47명을 선별하는 장면이 있는데, 거기서 충실하지 못한 자를 제외시키는 긴 이야기가 전개된다. 일본인은 이 부분을 '한순간의 〈義理〉' 밖에 가지지 못한 자(도중에서 탈락하는 무리)와 마음속으로부터의 충성을 뜻하는 〈마코도(誠)〉를 겸비한 자를 분별하는 이야기로 이해한다. 47명의 영웅은 '한순간의 〈義理〉' 밖에 가지지 못한 자가 아니라, '〈義理〉와 〈마코도(誠)〉'를 가진 자들이며, 또한 〈마코도(誠)〉가 있기에 그들은 힘든 역경 속에서 밀계(密計)를 실행하여 국가 요직에 있는 다이묘에 복수를 할 수 있었던 것이다.

---

55) *분울(憤鬱)함. 분하고 답답함 또는 그러한 심정.

〈義理〉만큼 힘든 것은 없다

예로부터 전하는 이러한 〈義理〉의 사례를 통해서도 알 수 있듯이, '성의 없는 〈義理〉'는 형식적인 요건으로 간주되기에, 거기에 〈마코도(誠)〉가 없는 한, 결코 전력투구하지는 않는다. 요컨대 〈義理〉는 번거로운 것이라는 생각이 있는 것이다. 현대 일본인은 〈義理〉라는 말을 이런 뜻으로 사용하고 있다. 아네사키 마사하루(姉崎正治)[56]는 개인을 억누르는 세간이나 가족의 중압에 대해서 언급한 후에 다음과 같이 말하였다.

이 외부로부터의 구속력은 〈義理〉라는 한 단어에 집약되었다. 글자 자체는 '義務와 道理'를 뜻하는 이 단어는, 일반인에게는 관습적인 것으로 이해되었던 것이다. (현대의 일본에서는) 〈義理〉와 인간 본능의 갈등이라는 양상이 눈에 띈다.

니무라 이즈루(新村出)의 『辭苑』에는 다음과 같은 〈義理〉에 대한 해석마저 실려 있다. "세상 사람들에 대한 변명을 위해서 싫어하면서 억지로 참고하는 일", "올바른 정도. 사람이 걸어야 할 길." (방점, 필자)

일본인은 "이렇게 하는 것은 단순히 〈義理〉 때문입니다" 같은 말을 자주 한다. '단순히 체면을 지키기 위해서 하는' 일임을 뜻하

---

56) Anesaki, Masaharu, *History of Japanese Religion, London*, 1930, p.288.

는 이 말을 할 때, 이 말을 듣는 사람과 하는 사람은 외부로부터 강제당하기 때문에 이 행위를 하는 것이지, 마음속으로부터, 즉 '성의'를 가지고 하는 행동이 아니라는 점을 서로 이해하고 있다.

- "그 사람을 만나는 건 그저 〈義理〉를 위해서입니다."
- "〈義理〉만으로 이 혼담을 진행시키고 있다."
- "〈義理〉가 있다는 사실만으로 이 돈을 받을 수는 없습니다." 바꾸어 말하면, "그 돈을 받을 입장이 아닙니다." 혹은 研究社에서 간행한 사전에 있는 영역에 의하면 "이 돈을 받을 수 있는 그런 관계가 아닙니다."
- "꼭 그렇게 하지 않으면 안 되는 까닭"은 거기엔 "〈義理〉가 얽혀 있기 때문에."
- "그 사람이 〈義理〉를 앞세워 나에게 강요했다." 과거에 어떤 관계가 있었기 때문에 (꼭 〈恩〉이 얽힌 관계일 필요는 없다) 하기 싫은 혹은 할 생각이 없는 일을 하게 되었다는 뜻. 이런 예는 농촌을 비롯해서 내각이나 재벌계에 이르기까지 모든 국면에서 볼 수 있다.
- "그 남자가 〈義理〉를 앞세워 막무가내로 밀어붙였다" 상대방의 요구에 응하지 않으려 했으나, 상대는 〈義理〉를 앞세워 강요했다는 뜻. 전에 돈을 빌려주었다는 점을 내세워 딸을 달라고 딸 아버지에게 밀어붙이는 구혼자가 있거나, 같은 수단으로 농민의 땅을 가로채려 하는 자가 있다.
- "신세진 사람 쪽에 붙을 수밖에 없다"는 말은 "은인(恩人) 편을 들지 않으면 〈義理〉를 알지 못한다는 나쁜 평판이 난다."이는 그런 평판이 소문이 되어 퍼지면 창피하다는 뜻이다.

위와 같은 인간 관계에서의 〈義理〉의 용례를 통해서 알 수 있는 사실은 〈義理〉는 본래의 개개인의 희망과 대립하는 것으로 일본인이 통감하고 있다는 점이다. 또한 이는 〈義理〉만큼 '귀찮은' 책무나 덕은 없다는 뜻이기도 하다.

언제나 '무거운' 책무 뒤에 있는 〈義理〉라고 하는 구속력에 대해서 일본인은 극히 적나라하게 말을 한다. 예를 들면 이런 식이다. "〈義理〉를 다하지 않으면 안 되는 것은 자존심을 위해서, 아니면 자기 자신의 평판에 흠집이 생기는 것을 내심 걱정하기 때문에. 〈義理〉를 무시하면, '義理知らず'라는 소리를 듣게 된다."[57] 이 말의 핵심에는 〈하지(恥)〉[58]가 가지는 구속력— 즉 '나에 대한 평판'—이 자리잡고 있는데, 그와 동시에 자기 내면에 있는 구속력도 여기서는 표출되고 있다고 봐야 한다. 좋은 평판을 유지할 수 있도록 행동하여야 하는 책임을 본인 스스로도 느끼지만, 구속력

---

57) '〈義理〉を知らない人(〈義理〉를 모르는 사람)' 또는 '〈恩〉を知らない人(〈恩〉을 모르는 사람)' 은 영어로는 'Ungrateful wretch(恩知らずの淺ましい人 : 〈恩〉을 모르는 비열한 자, 배은망덕한 비열한 자)' 라고 번역되는 경우가 많다.

58) *일본어 '하지' 를 한국어로 옮기면 '수치, 부끄러움, 창피함' 등이 된다. 【일러두기】에서 지적한 것처럼 일본, 일본인을 규정하는 '하지(恥)' 의 의미범주 내지는 대상이 한국 또는 한국어에서의 '수치', '창피함' 등과 완전히 합치하지 않기 때문에 '수치' 등으로 번역하지 않고, 〈義理〉등의 경우와 마찬가지로 일본 또는 일본인을 이해하기 위한 개념어의 하나로 간주하여 〈하지(恥)〉로 표기하였다. 단, 한국어에서 한자 '恥' 는 한자 '義理' 처럼 단독으로 명사로 쓰이지 않기 때문에 〈義理〉처럼 한자로 표기하지 않고 '하지' 라는 명사에 고유명사적인 성격을 인정, 〈하지(恥)〉로 표기하였다.

이 있는 것은 역시 세간의 눈이다. 실제에 있었던 예를 보면, '세간에 대한 〈義理〉'라는 일반적인 표현은, 명확하게 말하면, 여론에 따라 한다는 책무를 뜻한다. '세간에 대한 〈義理〉이기 때문에 할 수 없다'고 말하면, '세간 사람들은 다른 선택을 인정하지 않을 것이다'는 뜻이며, '세간에 대한 〈義理〉를 잊지 말도록' 이라는 말뜻은 '(네가 그런 행동을 취하면) 다른 사람이 무슨 말을 할지 잘 생각해 봐라' 라는 뜻이 된다.

영어로 번역하면 일본어의 정감이 어느 정도 변해 버리는지, 신뢰할 수 있는 번역문 중에서 이 점을 잘 나타내고 있는 경우를 보자. 예를 들면, '이렇게 된 이상, 세간에 대한 〈義理〉에 얽매여 있을 순 없다'는 말은, 세간에 대한 체면을 지키려는 의식은 완전히 없으며 〈義理〉마저 신경쓰지 않겠다는 뜻인데, 영어로 번역하면 다음과 같이 된다. "There is no room to consider social courtesy (사회적인 의례에 대해서 생각할 여유는 없다)." 硏究社의 사전에서는 '세간에 대한 〈義理〉'가 'social courtesy, demands of custom, shackles of convention (사회적인 의례, 관습의 요청, 인습에 의한 속박)'으로 번역되어 있다. 이런 번역으로는 일본인이 보이는 〈義理〉에 대한 그들의 반응의 강약을 미국인은 결코 간파할 수 없을 것이다.

단, 이러한 번역일지라도, 〈義理〉가 일련의 규칙(rule)이나 인습에 따른다는 점은 강조된다. 일본인이 가끔 말하는 것처럼, 〈義理〉란 '완전히 작법(作法 : 지켜야 할 규범)에 따르는 것' — 일본 정원처럼 세세하게 손질된 세계 안에 안주하는 것— 인 것이다. 〈義理〉에 의해서 강요된 행위가 도덕에 반한다고 하더라도, 역시 〈義理〉

라는 규칙에는 따르지 않을 수 없기 때문에 일본인은 흔히 "〈義理〉를 위해서 정의를 행할 수 없었다"는 말을 한다.

일반적인 표현으로는 이 외에 〈義理〉의 틀을 넘어서면 용서할 필요가 없다는 관례에 입각한 것들이 있다. "저 남자 부탁을 들어 줄 〈義理〉 같은 건 없다"는 경우가 좋은 예인데, 이는 일영사전에서는 "He has no claim on my compassion(그에게는 나의 동정을 받을 자격이 없다)"라고 번역하고 있다.

실제로는 〈義理〉는 무한한 책무라고 여겨지지는 않는다. 받은 만큼 정확히 같은 분량을 갚는 것이라고 이해해야 한다. 이 점에서 〈義務〉와는 현저한 대조를 이루고 있다. 〈義務〉라는 것은 그 〈義務〉를 다하기 위해서 아무리 노력하더라도 결코 충분하다는 정도에 도달하지는 못한다.

미국인의 사고방식으로 생각하면, 일본인은 〈義理〉라는 책무를 다하기 위해서 믿을 수 없을 정도의 고통조차도 감수하는데, 일본인의 시각에서 바라보면 받은 만큼만 갚는 것에 불과하다고 생각한다는 점을 간과해서는 안 된다. 일본인은 선물을 할 때, 〈義理〉가 얽혀 있다고 하더라도 그 부채에 이자를 덧붙여서 갚아야 한다고는 생각하지 않는다. 선물과 관련된 말 중에서 가장 비난색이 짙은 것 중에 "잡어(雜魚)를 주었더니 도미를 돌려보냈다"라는 말이 있다. 이렇게 받은 만큼만 갚아야 한다는 사고는 〈義理〉에 관한 일본인의 언행에 자주 등장하는데 이런 점을 구미인의 입장에서는 이해하기 어렵다. 왜냐하면, 그들에게는 책무를 변제할 때까지 기간이 길어지면 길어질수록 갚지 않고 있다는 〈하지(恥)〉는 커지기 때문에 갚을 때도 많이 갚는 것이 좋다는 가르침도 있기 때문이다. 후자의 원리가 적용되는 것은 그 답례가 선물에 대한 경우라든지,[59] 모욕에 대한 경우(후술함), 어릴 적의 은사(恩師)에 대한 '〈義理〉를 다하는' 경우 등이다.

면목을 지키기 위한 〈義理〉

그런데 다른 사람에 대한 책무만이 〈義理〉인 것은 아니다. 독일어 'Ehre'와 비슷한 의미를 가지는 '명예'를 지키는 것도 〈義理〉이며, 일본의 경우는 '얼굴'과 관계되는 온갖 문제가 여기에 맞물려 있다. '얼굴'을 보전하기 위해서는 중상을 당하면 되갚는 것도 〈義理〉인 것이다. 이 경우에, 독일어 'Ehre'에 상당하는 명예는 더욱 중요하다. ㉠〈恩〉을 뜻하는 〈義理〉와 ㉡모욕에 대한 보복이나 '얼굴', 즉 '면목(面目)'을 뜻하는 〈義理〉를 일본어에서는 명확하게 구별하지 않는다. 명쾌함을 기하기 위해서 후자에 속하는 명예와 관련된 〈義理〉를 지칭할 때는 '이름에 대한 〈義理〉'라는 말을

---

59) 중요한 사안에 대한 Eckstein의 편지에는 일절 답장을 하지 않고 있다가, 4년이 지난 후에 감사의 표시로 일본의 벚나무 12그루를 미국까지 가지고 온 일본의 공장주(工場主)에 관해서는 Eckstein, G. *In Peace Japan Breeds War*, p.269를 참조. Eckstein 박사는 "당신은 아마도 전에는 나에게 〈恩〉을 갚고 싶지 않았던 것 같네요"라고 말한다. 이는 바꾸어 말하면, '이 벚꽃이 이렇게 성장할 때까지는,'이라는 뜻이다.

본 보고서에서 사용하겠다.

명예를 지키기 위해서는 패배나 불리한 입장을 인정해서는 안 된
다. "어떤 다이묘(大名)가… 그들에게 명령했다. 그것(훌륭한 일본
도)을 보고 어느 대장장이가 만든 것인지 답하여라, 라고. 나고야 산
조(名古屋山三)는 무라마사(村正)의 칼이라고 단언하고, 나머지 두
사람은 다르게 답하였다. 저명한 감정가를 불러 감정한 결과, 산조
(山三)가 옳다는 것이 증명되었다. 두 가신은 의기소침해졌다… 반
자에몬(틀린 대답을 말한 한 사람)은 산조에게 창피를 줄 기회를 엿
보고 있었다." 결국 그는 산조의 칼을 빼앗아서 산조가 잠든 사이에
그 칼로 베어 죽이려 했다. 그때는 실패하였으나, 그는 후에 산조를
실제로 찔러 죽였다.[60]

불리한 입장에 놓이는 것에 대한 이 신경질적인 자세는 오늘날
일본의 초등교육의 방침에서도 확인할 수 있다. 한 명도 낙제하는
자 없이 모든 학생이 자동적으로 진급한다. 사회인 또한 마찬가지
로 시종일관 〈義理〉를 위해서 고민한다.

예를 들면, 교사는 이런 말을 한다. "(교사라는 이름에 대한) 〈義
理〉 때문에 그것을 모른다고 인정할 수는 없다." 군인은 "(군인이
라는 이름에 대한) 〈義理〉 때문에 적을 앞에 두고 후퇴할 수는 없
다." 실업가는 "(사업가라는 이름에 대한) 〈義理〉 때문에 내가 파산
상태임을 다른 사람이 알게 할 수는 없다." 외교관은 "(외교관이라

---

60) Mitford, A. B. *Tales of Old Japan*, 1901, pp.78～89.

는 이름에 대한) 〈義理〉 때문에 스스로가 채택한 방침이 잘못된 결과를 초래했다고 인정할 수는 없다." 이러한 발언은 모두가 사람과 일의 명백한 일체화이며, 일에 대한 비판은 그 사람에 대한 비판으로 아는 일본인의 인식을 나타내며, 이 점이 독일어 'Ehre'의 근저에 있는 개념, 자세와 공통되는 부분이라고 할 수 있다.

다음에 드는 것은 미국과 런던에서 오랜 기간을 보낸 어느 일본인 화가의 자서전의 한 부분이다. 이 글에서 분명한 것은 '자아(自我)'가 경시당했다고 느꼈을 때 보이는 일본인의 나약함이다. 아이치(愛知)현의 어느 작은 동네에서 자란 이 화가는 사춘기를 아주 가난하게 보냈다. 영어를 배우기 위해서 미션계 학교에서 바닥청소를 하면서 힘들게 다녔을 만큼, 그는 18세가 될 때까지 주변 동네에 간 적도 없다고 한다.

나는 누구보다도 신뢰하던 어느 선교사를 찾아가서 미국에 가고 싶다는 뜻을 전했다. 어떤 유익한 정보를 주지 않을까 하는 기대 때문이었다. 그러나 나는 매우 크게 실망했다. 그 선교사는 큰 목소리로 분명하게 이렇게 말했던 것이다. "뭐라고? 네가 미국에 가고 싶다고?" 선교사의 부인도 같은 방에 있었으며, 둘이 함께 나를 조소(嘲笑)했던 것이다. 그때 나는 피가 거꾸로 솟구치는 것처럼 느꼈다. 몇 초 동안, 나는 아무 말도 하지 못하고 그 자리에 서 있었으나, 정신을 차려보니 인사도 안 하고 나는 내 방으로 돌아와 있었다. 나는 혼자서 이렇게 중얼거렸다. "모든 게 끝났어."

그 다음날, 나는 도망쳤다. 그 이유를 여기에 적고자 한다. 나는 전부터 이렇게 생각하고 있었다. 불성실(不誠實)이야말로 이 세상에서 최대의 죄라고, 그리고 조소보다도 더 불성실한 행위는 없다, 고. 다른 사람이 화를 내더라도 난 항상 용서한다. 기분이 나빠지는 것은 인간의 어찌할 수 없는 타고난 성격이다. 누군가가 나에게 거짓말을 해도 대개의 경우는 용서한다. 인간은 매우 약한 존재이며, 흔들리지 않는 확고한 마음과 신념을 가지고 곤란에 맞서면서 진실만을 말한다, 등과 같은 일은 결코 쉽게 할 수 있는 일이 아니기 때문이다. 아무 근거도 없는 소문을 듣게 되거나 뒤에서 비방하더라도 난 용서한다. 다른 사람이 유혹하면 그 유혹을 뿌리치기란 그렇게 쉬운 일이 아니기 때문이다.

살인자조차도 경우에 따라서는 용서할 수도 있다. 그러나 이 조소만큼은 변명의 여지가 없다. 고의적인 불성실함 없이 아무 죄도 없는 사람을 조소할 수는 없기 때문이다.

두 단어에 대한 나 나름대로의 정의를 소개하고자 한다.

살인자 : 어떤 사람의 육체를 살해하는 자

조소하는 자 : 다른 사람의 영혼과 마음을 살해하는 자

영혼과 마음은 육체보다도 훨씬 고귀한 것이기 때문에 조소는 최대의 죄가 된다. 그 선교사 부부는 나의 영혼과 마음을 살해하려 했던 것이다. 그 결과 나의 마음은 매우 아팠으며, 이렇게 외쳤다.

"왜 당신들이?"

그 다음날 아침, 그는 모든 물건을 보자기에 싸서 집을 나갔다.

이 화가는 '조소'는 모욕이며, 자기 이름에 대한 〈義理〉를 치욕스럽게 하는 일이라고 생각했다. 그의 경우는 실제로 미국에 오게 되어 그 〈義理〉를 해소했다고 할 수 있는데, 예로부터 전하는 설화에 의하면 〈義理〉를 다하기 위해서 조소한 자를 칼로 베어 죽였다

고 한다. 근대의 생활사를 보아도 역시 상대와 적대시함으로써 〈義理〉를 다하고 있다. 남학생들은 몇 년간이고 이러한 적대 관계를 계속하고 있다. 그들에 의하면 '〈義理〉를 위해 최선을 다하고 있는 것'인 것이다.

자기 자신이 누군가로부터 모욕을 당했다는 생각이 들지 않으면 모욕은 성립되지 않을 것이며, 덕이 있는 사람이라면 사람을 더럽히는 것은 '자기 자신에서 나오는 것'이지 다른 사람으로부터 받는 것이 아니라고 인식할 것이다. 그러나 이 두 가지를 일깨워 주는 윤리를 일본인은 가지고 있지 않다. 가지고 있지 않은 정도가 아니라, 니토베 이나조(新渡戶稻造)가 말하는 것처럼, "복수라는 것에는 어딘지 모르게 우리가 가지고 있는 정의감을 만족시키는 면이 있다… 우리가 갖는 복수의 관념은 수학적인 기능처럼 엄밀한 것이며, 방정식의 양변이 일치하지 않을 때는 뭔가 다하지 못한 일이 남아 있다는 느낌을 지울 수가 없는 것"인 거다.[61]

또 다른 일본의 한 저술가는 다른 예를 들면서 이렇게 말하였다. "소위 일본인이 갖는 특이한 정신성 중에서 대부분의 경우는 결백한 것을 선호하는 면과 그와 표리일체인 더럽혀지는 것, 즉 모욕에 대한 혐오에 그 뿌리를 두고 있다. 그러나 어떻게 보면 이것은 불가피한 일이 아닌가? 왜냐하면 우리는 가족의 명예나 국가의 자긍심에 대한 모욕에 대해서는, 그렇게 된 경위에 대한 설명을 통해서 그 모욕을 완전히 불식시키기까지는 다시는 회복할 수 없는 치욕

---

61) Nitobe, Inazo. Bushido, *The Soul of Japan*, 1900, p.83.

이라든지 치유할 수 없는 아픔으로 인식하도록 교육받았기 때문이다. 일본에서는 공사(公私) 양쪽에서 복수의 사례를 어렵지 않게 찾아볼 수 있는데, 이는 결백증이 지나친 사람이 아침에 목욕을 하는 것과 같은 일에 지나지 않는다고 생각해도 무방하다.[62] 그리고 다음과 같은 내용이 계속된다. 이렇게 해서 일본인은 "청순하고 더러워지는 일 없이 생활하고 있다. 이는 언뜻 보기에 활짝 만개한 벚꽃과 같이 화창하고 아름다운 것이다."

명예와 치욕

일본의 영웅담에는 모욕당했을 때 취해야 하는 행동의 구체적인 예가 많다. 이러한 영웅담은 무대 위에서 연출되고, 영화 속에서 묘사되곤 하는데, 그중에서 리즈 데일 경(卿)이 기록한 두 장편인 『江戸の男伊達物語』와 『一馬の仇討ち』는 이 주제와 관련해서 연구하려는 영어권 사람들에게는 가장 뛰어난 참고자료가 될 것이다. 그러나, 다음에 드는 저명한 사건으로도 이러한 행동의 실례를 찾을 수 있다.

도쿠가와 1대 장군인 이에야스(家康)가 국내통일을 꾀하고 있었을 무렵, 이에야스 편이던 어느 다이묘는 이에야스가 자기를 두고

---

62) Okakura, Yoshisaburo. *The Life and Thought of Japan*, London, 1913, p.17.

"저 놈은 생선뼈가 목에 걸려서 죽을 그런 보잘것없는 놈이다"라는 말을 했다는 사실을 알게 되었다. 그러자 그 다이묘는 "이번 일은 죽을 때까지, 아니 죽은 다음에도 결코 잊지 않을 것이다"라고 외치더니, 적군과 내통하여 에도(江戶)에 불을 지를 것을 자청했다. 이에야스에게 보복하기 위해서이다.

'이름에 대한 〈義理〉'가 있기 때문에 과도하게 지켜지는 '명예'와, 과도하게 거부반응을 보이는 '치욕'은 서양의 윤리에서 '양심에 가책이 없는 마음', '주와 함께하는 올바른 행위', '죄의 기피' 등에 상당하는 권위를 일본의 윤리에서 차지하고 있다. 일본인 저술가들에 의하면, 치욕은 '모든 미덕이 자라는 토양', '훌륭한 행동의 출발점'이라고 한다. '명예를 중시하는 사람'이라는 말은 '〈義理〉를 아는 사람'을 지칭하는 경우도 있지만, 사실은 "ハジ オシル ヒト"[63]를 뜻하기도 한다.[64]

이처럼 〈하지(恥)〉는 덕의 근간에 자리하는 것으로 인식되고 있다. 서양에서 '죄의식이 덕의 근간'이라고 인식되는 것과는 대조적이다. 유덕(有德)한 자가 치욕을 느끼는 것은 패배나 비난이나 모욕을 당했을 때, 즉 '아침 목욕'에 비유되는 '복수'의 이유가

---

63) * 〈하지(恥)〉를 아는 사람. 여기서는 '수치(심)을 아는 사람' 정도로 해석해도 무방하다.
64) '명예'는 사전에 의하면 honor라고 되어 있다. 본문의 두 문장에서 분명히 알 수 있듯이, 어떠한 동기에 의해서 그런 행동에 이르렀는가에 대한 언급은 없으며, '평판'에 관해서만 언급되어 있다.

되는 '해명을 듣고 그 모욕을 완전히 불식시키기까지는 다시는 결백해질 수 없는 명예의 훼손 혹은 치유할 수 없는 아픔'을 받았을 때인 것이다.

이름에 대한 〈義理〉를 지키기 위해서, 즉 명예를 중시하는 사람이라는 평판을 지키기 위해서 〈하지(恥)〉를 느끼는 자는 설욕을 하지 않으면 안 된다. 그 자리에서 말이나 구타로 실행해도 되며, 좋은 기회를 노리는 것도 괜찮은 방법이다. 후자의 경우, 안으로 품은 〈하지(恥)〉는 일본에서 흔히 말하는 것처럼 '나무에 생긴 상처가 나무의 성장과 함께 점점 커지는 것처럼' 확대되며, 사소한 굴욕도 시간의 경과와 함께 거대해진다. 스스로 용서해 주기로 하고 '지나간 일은 잊자'고 결심하는 사람을 일본인은 칭찬하지 않는다. '경시' 당하거나 상대방이 '싫은 얼굴'을 했을 때 취할 행동은 단 하나, 〈忠〉이나 〈恩〉과 같은 다른 범주의 책무가 이름에 대한 〈義理〉를 짓밟은 굴욕보다도 우선되는지를 판단하는 일이다.[65]

"수치를 참고 견딘다(恥を耐え忍ぶ)"(모욕이나 비난을 정산하지 않았기 때문에 그러지 못한 것에 대한 부끄러움이 항상 마음속에 남아 있다)는 말이 있는데 이 말이 뜻하는 것은 '가로놓인 어떠한 장애도 극복하는 매우 강한 동기가 있다'는 뜻이다. 그렇기 때문에

---

65) *이 말은 '이름에 대한 〈義理〉'가 훼손당했을 때는 무엇보다도 보복을 해야 마땅하나, 만일에 나 개인의 '이름에 대한 〈義理〉'보다 우선되는, 즉 보다 중요한 주군에 대한 〈忠〉이라든지 아니면 〈孝〉 등의 책무가 함께 맞물려 있다면, 그 경우에는 자기의 '이름에 대한 〈義理〉'를 희생시킨다는 뜻이다. 그렇게 해도 될 대의명분이 존재하기 때문이다.

칼을 감정하면서 잘못 대답한 남자는 정답을 말한 남자를 죽이고도 남을 동기가 있었다고 여겨지는 것이며, 또한 적의 다리 사이를 기어 지나가야 했던 전설상의 영웅은 그 굴욕에 대한 설욕을 첫째 목적으로 삼게 된다. 배일이민법(排日移民法)에 의한 '수치를 참고 견디는' 일본은 다 갚지 못할 정도의 빚[66]을 가슴속에 품고 있는 것이다.

일본인의 행동에서 볼 수 있는 중요한 특징에 '이름에 대한〈義理〉'라는 규범과 관련된 것들이 몇 있다. 보복을 완수할 때까지는 '다하지 못한 일이 있다는 생각', 즉 '수학적인 기능처럼 아주 엄밀한 보복에 대한 관념' (前出)은 굴욕이나 중상, 패배를 되갚을 때까지 이 세상은 균형을 잃고 잘못되어 있다는 비유로 표현되는 경우가 많다. 정산(精算)이 제대로 끝날 때까지 '이 세상은 거꾸로 가고' 있기 때문에 그 균형을 되찾는 일은 결코 침해가 아닌 것이다. '눈에는 눈을, 이에는 이를'이라는 원칙 아래에서는 자기를 짓밟은 상대를 '보복하기를 바라는' 자의 의식에 팽만한 것은 죄악이 아니라 미덕인 것이다. 그렇기 때문에 그 상대를 쓰러뜨리면 순수한 미덕에 의한 승리를 얻을 수 있는 것이다.

따라서 "페리 제독 내항(來港) 때의 수치를 갚는다", 즉 미국의

---

66) *여기서 말하는 '빚'이란 일본이 미국에 대해서 은혜를 입어서 그에 대한 빚(채무)이 있다는 뜻이 아니라, 미국의 배일이민법에 의해서 발생한 일본이 참고 견뎌야 하는 수치가 쌓여 가고 있으며 언젠가는 이 수치에 대해서 설욕할 빚(보복)을 가슴속 깊은 곳에 품고 있다는 뜻이다.
『日本人の行動パターン』에서는 '借り'로 표현하고 있음.

자존심에 타격을 주어 "워싱턴으로 하여금 평화안을 무조건으로 수락하게 한다"는 경우에도 일본이라는 나라에는 그런 행위를 침범이라고 보는 '사회적 기준'은 존재하지 않았던 것이다. 일본인이 자주 말하는 "중국뿐 아니라 전세계가 일본을 모욕했다"는 말의 이면에는 전쟁을 통해서 오명을 씻는다는 의도가 있었다. 무장을 하고 임전태세를 갖추면서 이만큼 정신면에서 준비를 하면서도 전혀 죄의식을 느끼지 않는 나라는 서양에는 존재하지 않는다. 그러나 일본의 경우는 '이름에 대한 〈義理〉'라는 가르침이 뿌리깊게 자리잡고 있었던 것이다.

'모욕'에 대한 보복에 전력을 쏟게 되는 것은 태평양제도에 공통적으로 보이는 문화패턴이다. 일본과 같은 문화가 멜라네시아나 뉴기니에서 쉽게 확인된다. 부족의 축제나 경제적인 거래, 매장의식(埋葬儀式) 등은 모두 이런 바탕 위에서 행해지는 경우가 많다. 이런 부족들은 '신경질적'이며(일본인도 마찬가지), 전혀 유순하지 않다. 또한 빌리고 빌려준 것에 대한 정산(精算)에 관한 가르침이 도덕체계의 기초가 되어 있으며, 이 가르침에 입각해서 어떤 행동에 대한 열정이나 사회적 기준에 대한 엄격한 준수, 타인에 대한 '적절한' 대우 등을 설명하고 있다. 이러한 점은 모두 일본인에게도 적용되는 것들이다.

〈義理〉와 〈人情〉의 대립

일본의 저술가들은 '무사도(武士道 : 사무라이의 길)'를 〈義理〉와 유사한 일본 특유의 다양한 덕과 결합시키려고 노력해 왔다. 무사도는 단순히 국수주의자들이 고안해 낸 현대의 프로퍼갠더용 슬로건만은 아니다.[67] 이 〈義理〉에 대한 '사무라이' 적인 해석이 있기 때문에 우리는 일본을 오해하게 되는 것이다. 무사도가 모든 계층에 공통되는 근본적인 책무를 파악하기 힘들게 하기 때문이다. 병사의 행동과 농민의 행동은 얼핏 보기엔 다르게 보이겠지만 〈義理〉는 사회의 모든 계층에 필요하다. 일본의 다른 책무나 규율과 마찬가지로 적용이라는 점에서 보면 〈義理〉는 신분이 높아지면 높아질수록 무거워지는데 그중에서도 '무사도(武士道)'가 '가장 무거운' 규범이었다. 그러나 인척에 대한 〈義理〉는 어떤 계층의 사람이든 계층과는 관계없이 져야만 하는 것이고, '세간에 대한 〈義理〉'와 '이름에 대한 〈義理〉'는 농민, 상인, 화족[68]에 각각의 사회적 지위에 따라서 요구된다.

전에는 일반인, 사무라이에 관계없이 "빌린 돈을 갚지 못하면

---

67) 일본 관계의 위대한 권위자인 B. H. Chamberlain. *Invention of a New Religion*의 1912년 초판본을 참조. 이 책에 의하면 "지금까지 제도나 규칙의 기준으로 무사도가 존재한 적은 없다."

68) *華族. 천황의 친인척, 황족(皇族). 제도적으로 소위 말하는 특권층으로 따로 분류되고 보호받고 있었는데 일본이 패전한 다음 천황의 인간선언 (1946)을 전후해서 이들 '화족'에 대한 우대정책도 폐지되었다.

세상사람들의 웃음거리가 되어도 좋다"는 내용의 각서를 주고받곤 했다. 이렇게 해서 (이름에 대한) 〈義理〉를 지킬 것을 다짐하는 것이다. 어느 계층에 속하는 사람이든, 자기 행동의 동기를 나타낼 때 '〈義理〉만으로'라는 관용적 표현을 사용한다. 또한 감정을 겉으로 드러내지 않고 참는, (이름에 대한) 〈義理〉는 누구에게나 있다. 사회의 하층 계급의 '조야(粗野)'한 사람들은 상층 계급에 비해서 동료들 사이에서 자기 감정을 드러내도 상관없지만, 윗사람 앞에서 감정을 숨긴다는 책무는 하층 사람들이 상층 사람들보다 더 강하다. 용감함, 그야말로 무사도다운 덕을 농민봉기 때 농민이나 '쇼야(庄屋)'[69]가 마음껏 발휘하고 있었으며, 지금의 일본군 병사들의 용감함은 온 세계가 다 아는 사실이다.[70]

상층 계급에는 농민에게는 없는 그들 특유의 〈義理〉 표현법이 있듯이, 농민에게는 다른 계층에 없는 〈義理〉 표현법이 있다. 협동노동(집단을 만들어 차례로 서로의 논밭에서 일하는 것)이라는 〈義理〉가 농촌지역에는 있다. 노동을 제공받은 이상, 같은 만큼의 노동을 제공하지 않으면 안 된다. 그들이 이 〈恩〉을 갚는 것은 '〈義理〉를 갚기 위해서'이다.

이와 같은 일본의 책무체계가 세계에서 가장 엄격하며 또한 형식

---

69) *에도 시대에 代官의 지휘하에서 마을의 행정사무를 관할한 사람. 지금의 촌장에 해당함. 참고로 '代官'은 '郡官' 아래의 직책으로서, 직접 민정(民政)을 취급한 지방관리.

70) 앞에서의 Borton. Tokugawa Uprisings 참조. Norman, E. H. *Japan's Emergence as a Modern State*, 1940에서 인용.

이 까다로운 편에 속한다는 것은 틀림없는 사실이다. 이 체계가 요구하는 엄격한 규율을 일본인은 미화하고 있다. 어느 집에 가도 현관에는 사내아이를 상징하는 천으로 만든 잉어가 펄럭이고 있다.[71] "강물의 흐름을 거스르며 상류로 올라가기 때문에", "죽는 순간을 조용히 받아들이기 때문에"라는 것이 잉어를 사내아이의 상징으로 사용하는 이유이다. 임무를 위해서 죽을 수 있도록 죽음을 '날씨처럼 가벼운 것'으로 생각하고 있어야 한다고 일본인은 말한다. 필요한 노력이나 규율을 받아들이는 것은 당연하고, 오히려 스스로 찾아다닐 정도가 되지 않으면 '진정한 일본인'이 될 수 없는 것이다.

선악, 정의, 경쟁과 같은 일반화된 덕목에 입각해서 행동하는 경우, 대개의 문화에서는 개인이 덕을 추구하고 그 결과 스스로의 자존심을 얻게 되는 일련의 과정을 인정한다. 혹은 행복이나 다른 사람에 대한 권력, 자유, 사회적 상승이동 등의 인생목표를 높게 평가한다.

그러나 일본인의 태도는 '사무라이'(가장 덕이 높은 신분)를 뜻하는 '士'라는 한자에 잘 나타나 있다. 이 한자는 '十'과 '一'이라는 두 표의문자를 합친 것이다. '사무라이'는 열 가지 이상의 각각의 유인(誘因 : 책무, 역량, 처신하는 방침 등)을 하나로 승화시켜야 한다고 일본인은 설명한다. 그리고 연극의 줄거리나 역사상의

---

71) * '고이노보리(鯉のぼり)'라고 하며 지금은 5월 5일, 어린이날에 아이(남자)의 건강과 성장을 빌면서 하늘 높이 게양한다.

설화에서, 아니면 자기의 과거를 이야기할 때에도 그들은 다음과 같은 갈등을 보인다. "이렇게 하는 것이 〈義務〉였지만, 그 반대 입장을 취해야 하는 것이 〈義理〉였다", "〈忠〉과 〈孝〉가 대립했다", "이름에 대한 〈義理〉가 〈恩〉과 대립했다", "〈義理〉와 〈人情〉이 대립했다", 이런 식이다. 이러한 이야기를 할 때 일본인은 마치 인생이란 복잡하고 난해한 지도상의 도로표시나 어떤 방향에 의해서 이끌리는 것쯤으로 생각하는 것처럼, 그때그때 상황에 따라서 다른 행동기준을 적용시킨다.

메이지 시대의 책무에 관한 가르침

자국의 윤리에 이러한 문제가 있다는 점을 일본의 지도자들은 간과하지 않았으며, 50년 전에는 그들의 지시에 의해서 공개적인 수정이 가해졌다. 앞에서 언급한 윤리를 둘러싼 의견은, 과거 20~30년 동안 일본인의 실제 생활에서 있었던 기억이나 사건에 기초를 둔 것이며, 현실을 반영하고는 있지만, 거기서 언급되는 내용은 개개인의 실제 생활경험이라기보다는 사실은 1882년에 메이지 천황이 발포(發布)한 군인칙유에서 유래하는 것이 많으며, 그중에는 군인칙유 바로 그 자체인 것도 있다.

이 칙유와 교육칙어야말로 바로 일본의 성경과 같은 것이라 할 수 있다. 신도(神道)에 성전은 없으며, 일본의 불교는 문자에 의한 경전을 인정하지 않는 것으로 유명하다. 상류계층에서 많은 지지를 받고 있는 선종은 경전에 환멸을 느꼈다는 점을 그 교의로 삼고 있으며, 널리 보급되어 있는 아미타경(阿彌陀經)과 니치렌슈(日蓮宗)는 '南無阿彌陀佛' 혹은 '南無妙法蓮華經'과 같은 문구를 반복하며 외우는 것을 성전을 대신하는 것으로 가르친다.

그러나 메이지의 군인칙유와 교육칙어는 바로 성경인 것이다. 신성한 정식 문서로서 읽히는 이 두 가지는 유대교의 토라[72]처럼 읽을 때는 봉안소(奉安所)에서 꺼내야 하며, 읽은 후에는 엄숙하게 원래 장소에 되돌려 모셔야 한다. 이 경전의 말에 귀를 기울이는 사람들이 보이는 최상급의 경의와 예의는 때때로 화제에 오르곤 할 정도다.

교육칙어에 대해서 도쿄제국대학 법학부의 우에스기 신키치(上杉新吉) 교수는 다음과 같이 말한다. "이처럼 칙어는 일절 부인하거나 할 수 없는 그런 것이다. 선, 악의 정의 기준은 폐하의 뜻에 따라서 결정되어야 하는 것이다… 칙어는 일본인의 도덕적 행동의 기반이자 원칙인 것이다. 그건 왜인가? 폐하의 칙령이기 때문이다. 폐하의 칙령이 갖는 위엄은 바로 폐하의 칙령이라는 사실에 있다. 이 점에 대해서는 더 이상의 이유도 논의도 있을 수 없는 것이다…."

교육칙어와 군인칙유는 바로 일본의 성경과 같은 것이라 할 수 있다. 군인칙유는 교육칙어에 비해 몇 배나 더 길며, 이 칙유는 "각 연대에 대해서 적어도 1년에 4, 5번, 예를 들면 신병이 입영할 때나

---

72) *유대교에서 말하는 신에 의해서 교시된 생활과 행동의 원리.

평시에 복무기간을 마치고 제대할 때, 혹은 연대의 깃발을 수령하는 무슨 기념일이나 중요한 국민의 휴일과 같은 날 의식에서"[73] 낭독한다. 그리고 군인은 매일 아침 10분간 칙유에 대해서 조용히 묵상해야 하는 규칙이 있다. 신병은 군인칙유를 어구 하나 틀리지 않고 암기해야 하기 때문에, 1년차 신참을 세워놓고 칙유를 암송하게 하는 기합이 2년차 병사에 의해서 행해지는 것이 관례이다. 그렇기 때문에 '사람으로서 지켜야 하는 모든 의무'와 연관되는 이 군인칙유의 말씀은 일본의 모든 문서 중에서도 가장 권위가 있으며 또한 가장 널리 알려져 있다.

군인칙유는 매우 특수한 윤리규범이다. 일본의 모든 책무에 대한 정의를 내리고 있으며, 그 서열을 정하려는 의도가 강하게 나타나 있다. 그렇기 때문에 예를 들면 '신의와 정의'에 관한 항목의 마지막 부분은 서양인에게는 상당히 충격적인 내용을 담고 있다. 공인된 영역(英譯)에 의하면 (태고적부터 영웅호걸들이 불명예스러운 죽음을 맞이하게 되는 것은) "공도(公道)의 이비(理非)에 잘못 발을 디뎌서 사정(私情)인 〈信義〉를 지켰기"[74] 때문이다, 라고 한다. 여기서 말하는 〈信義〉가 '〈義理〉의 일부'인 점을 이해해야 비로소 군인칙유에 담긴 의도를 이해할 수 있다. 그 의도란, 천황의 모

---

73) Lory, Hillis. *Japan's Military Masters*, 1943, p.53.
74) * '이비(理非)'는 시비(是非)라는 뜻. 공도(公道)를 지켜야 함에도 불구하고 공도의 이치를 제대로 파악하지 못하여, 사사로운 사정(私情)인 〈信義〉를 우선하였기 때문에 옛 영웅호걸들이 결국 불명예스러운 죽음을 맞이할 수밖에 없었다는 뜻.

든 권위를 이용해서 〈義務〉를, 그중에서도 〈忠〉을 전면으로 내세워서 〈義理〉를 경시하려는 것이다.

이러한 의도는 〈義理〉라는 말의 용법에서도 나타난다. 칙유에서는 〈義理〉를 (모든 행동방침에서) '균형을 유지하는 것'이라는 원래 자의(字意)의 뜻으로만 사용하고 있으며, 일상생활에서 사용되는 의미로는 사용하지 않는다. 무용(武勇)에 대해서 언급한 항목에서 '앞뒤 가리지 않는 난폭한 행동'을 '대용(大勇)'과는 대조적인 '소용(小勇)'으로 분류한 다음, 칙유는 다음과 같이 기술한다. "군인은 언제나 〈義理〉가 무엇인지 제대로 판단하여"('소용'과 '대용'의 차이를 잘 분별하라는 뜻) '대용'에 한 몸을 바쳐야 한다고. 이것이 군인칙유에서 〈義理〉가 사용되는 유일한 예이다.

이 칙유를 통해서 알 수 있는 것은 일본인이 흔히 입밖에 내는 '〈孝〉에 대한 〈忠〉', '〈義務〉에 대한 〈義理〉', '〈義(正義)〉에 대한 〈義理〉' 등과 같은 단순히 대립하는 개념으로서의 덕목이 아닌 무엇인가를 국민에게 제공하려는 당국의 노력이다. 일본의 역사를 설명한 서문에 이어 맨 처음에 기술하는 내용은 조상으로부터 받은 〈恩〉에 보답하기 위한 신민의 의무에 대한 언급이다.

짐(天皇)은 너희들을 충신이라고 믿고 너희들은 짐을 수장(首長)으로 우러러보고… 짐이 국가를 보호하여… 조종(祖宗)[75]의 〈恩〉에

---

75) *천황의 조상. 즉 역대 천황가(天皇家)가 융성하여 국가(일본)를 지키고 통치할 수 있었던 것에 대한 보답이라는 뜻이다.

보답할 수 있고 없고는 너희 군인들이 각각의 직무를 제대로 수행하느냐 못하느냐에 달려 있다.

이 뒤에 5개항의 가르침이 이어진다.

(1) 최고의 덕이란 〈忠〉이라는 책무를 다하는 일. 군인은 아무리 기술이 뛰어나더라도 〈忠〉이 강건하지 않으면 그 군인은 단순한 로보트에 불과하다. 〈忠〉이 결여된 군대는 긴급할 때 오합지졸이 되어 버린다. 그렇기 때문에 "여론에 현혹되지 말고, 정치에 관계되지 말고, 그저 스스로의 본분인 충절을 지키며, 義(正義)는 산악보다도 무거우며, 죽음은 홍모(鴻毛)보다도 가볍다고 명심하여라."

(2) 두 번째 훈계는 군대의 계급에 걸맞은 외견이나 행동을 지킬 것. "하급자는 상관의 명령을 받으면 그건 바로 짐의 명령을 받았다고 여길 것이며," 상급자는 따뜻한 마음으로 부하를 대할 것.

(3) 세 번째는 무용(武勇)에 관한 것이다. "소적(小敵)일지라도 얕보지 말 것이며, 대적(大敵)일지라도 두려워하지 말고 자기의 임무를 다하는 것이야말로 진정한 대용(大勇)이기에 무용을 숭배하는 자는 언제나 사람과 접할 때는 온화함을 첫째로 여겨, 뭇 사람들의 경애를 받도록 명심하여라."

(4) 네 번째 가르침은 '사정(私情)인 〈信義〉를 지키는' 위험성이다. 여기서는 우선 엄수해야 할 덕인 〈信義〉를 들며, 이 말을 구성하는 한자 두 글자로 나누어 〈信義〉를 정의하였다.

(a) 〈信〉은 '人'과 '言'으로 구성된 표의문자이며, 이는 언행일치를 뜻한다.

(b) 〈義〉란 정의(正義)를 뜻한다.

이 〈義〉라는 말은 단독으로 일반 회화에서 사용하는 경우는 지금도 비교적 '약한' 말이며, 저 사람은 "〈하지(恥)〉를 모른다", 혹은 "〈義理〉나 〈忠〉을 모른다"는 표현이 "義를 모른다"는 말보다도 그 비난의 강도는 훨씬 강하다. 그러나 칙유는 이 〈義〉의 뜻을 최대한 확대 해석하였다.

앞에서 언급한 것처럼, (1)에서는 "산악보다도 무겁다"고 생각한 〈義〉가 여기서는 〈義務〉에 가까운 뜻으로 사용되고 있으며, 일본에서는 구속력이 가장 강한 '〈義務〉의 수행'으로 정의되어 있다. 따라서 두 글자를 합친 〈信義〉는 '약속을 지키며' '의무를 다하는' 뜻이 되는데, 문제는 〈信〉과 〈義〉 두 가지를 동시에 실행하려 하면 '진퇴양난의 곤경에 처하게 되는 일'이 있기 때문에 이들을 구별할 필요가 있다. 보다 큰 절의(節義)[76]인 '대절'과 작은 절의인 '소절'로 나누어 생각해야 한다.[77] '대절(大節)'이란, 〈義務〉를 다하는 일이며, '소절'이란 '사정(私情)인 〈信義〉를 지키는' 일,

---

76) *일본어에서 '절의(節義)'는 '군신, 부자, 부부 사이에서 지켜야 하는 올바른 길, 정도에서 벗어나지 않고 초지(初志)를 일관하는 일'이란 뜻이다. 한편 『우리말 큰사전』에는 '절개와 의리'로 풀이되어 있다.

77) *『日本人の行動パターン』에서는 'タイセツ(大節)', 'ショウセツ(小節)'로 표기되어 있다. 베네딕트가 '다이세쓰'와 '쇼세쓰'를 영어로 옮기지 않고 고유명사처럼 발음 그대로 사용한 것을 반영한 표기라고 생각된다.

즉 앞에서 언급한 바와 같이 일본인의 〈義理〉의 범주에 속하는 책무인 것이다. 공인된 영역은 아래와 같다.

　예로부터 小節의 〈信義〉를 세우려고 대강령(大綱領)의 올바른 순서를 잘못 이해하거나 혹은 공도(公道)의 이치를 잘못 판단하여 사정(私情)의 〈信義〉를 지킨 결과, 그 많은 영웅호걸들이 화(禍)를 자초하여 스스로 멸(滅)하고 그 시체 위에 남은 오명이 후세까지 남게 된 예가 적지 않다.

　'사정(私情)인 〈信義〉를 지키지' 않도록 하기 위해서 만든 명백한 이러한 〈義理〉에 대한 비난이 1882년에 발포(發布)되었다는 점이 흥미롭다.

　(5) 다섯 번째 가르침으로 들고 있는 것은 검약에 관한 이야기이다. 원래가 질소(質素)함을 본(本)으로 삼지 않으면, 문약(文弱)함으로만 흘러 경박해져서 교사(驕奢)해지고 화려한 것만을 선호하게 되어 결국에는 탐악(貪惡)해져서 그 뜻하는 바도 천(賤)해지고 그렇게 되면 절조(節操)도 무용(武勇)도 아무 소용이 없어지고 세상 사람들로부터 따돌림받는 지경에까지 이르니… 그래도 이 악습이 나오는 것이 걱정되어 마음이 편하지 않다면 더욱더 이 가르침에 따라야 할 것이다.[78]

---

78)　*① 질소하다 : 꾸밈없고 수수하다.

칙유의 마지막 절은 다음과 같이 시작한다. "그런데 이들(다섯 가지 가르침)을 실천하기 위해서는 바로 성심(誠心)이야말로 가장 중요한 것이다… 〈마코도(誠)〉가 있다면 무슨 일이든 이룰 수 있다." 모든 덕과 책무를 다 나열해 놓고 마지막에 〈마코도(誠)〉를 덧붙이는 것이 아주 일본적이다. 일본인은 중국인과는 달리 모든 덕이 성실한 마음을 따르는 데에 있다고는 생각하지 않는다. 일본인은 우선 지켜야 할 일의 기준을 만든 다음에 혼신을 다해서, 모든 힘과 모든 지혜를 쏟아부어 일련의 일들이 모두 이루어지도록 요구한다.[79]

'대절(大節)' 과 '소절(小節)' 의 개념은 이 칙유에 의해서 처음 만들어진 것은 아니다. 메이지 전에 특히 메이지유신으로 이어진 분쟁의 시기에 사용되었던 개념들이다. 단, 당시 '대절' 에 따른다는 것은 〈孝〉에 반하는 〈忠〉에 따르는 것, 즉 하나의 〈義理〉에 반하는 또 다른 〈義理〉에 따르는 것을 뜻하였다. 또한 '대절' 이 〈義理〉에 반하는 〈忠〉인 경우, 그것은 주군이 좌막파(佐幕派)[80]였다고 하더라도 유신을 지지한다는 것을 뜻했다. 그래도 이러한 일본의 복잡한 〈義理〉의 권위에 의문을 던지고 반항하는 경우는 없었는

---

② 문약하다 : 글만 받들고 실천과는 떨어져 나약하다.
③ 교사하다 : 교만하고 사치스럽다.
④ 탐악하다 : 욕심이 많고 마음이 악하다.
79) 참고문헌 76쪽 이후에 씌어진 'sincerity' 를 둘러싼 일본어 용어에 관한 항목을 참조할 것.
80) *에도 막부(江戸幕府) 말기에 막부의 정책 등에 동조, 찬성한 사람들, 또는 그 집단. 참고로 막부에 반대한 쪽을 근황파(勤皇派)라고 한다.

데, 칙유는 성인남자에게 적어도 징병에 응한 그날 이후는 이 〈義理〉에 의문을 갖도록 유도하였다.

비교문화 연구자 입장에서 보면 그렇게 놀랄 일은 아니지만, 이러한 가르침이 당국에 의한 것이며 또한 분명한 영향력을 가지고 있음에도 불구하고 일본인의 행동은 그래도 〈義理〉에 좌우된다. '〈義理〉를 모르는 사람'이라는 표현은 지금도 상대방을 가장 통렬하게 매도(罵倒)하는 말이다. 5~6살의 아이에게 '세간(世間 : 세상)에 대한 〈義理〉'라는 덕을 가르치고, 11~12살의 아이에게는 '이름에 대한 〈義理〉'를 가르친다.

이렇게도 복잡한 〈義理〉의 모든 것들 — '빚을 청산할 때까지 무언가 다하지 못한 것이 남아 있다는 느낌', 모욕 때문에 쉽게 상처를 입는 나약함, '〈義理〉를 앞세워 무언가를 강요받는'일, '세간의 평판'이 지니는 구속력, 조소의 중요성 등 — 이 오늘날 일본 사회의 기초를 이루는 것이다. '정의는 〈義務〉를 다하는 일'이라는 칙유의 말에 모든 덕은 집약된다고 말하는 사람조차도 자신의 경험을 이야기할 때는 오늘날의 〈義理〉가 매우 무거운 것이라는 사실을 토로하게 된다.

칙유에 나타나는 이러한 근대적인 교화는 실제로는 〈義理〉의 가치를 경감시키는 것이 아니라, 오히려 경제학자 베블렌[81]이 '헛되고 영맹(獰猛)한 망상'이라고 부른 것을 국민의 명예에 침투시

---

81) *Thorstein Bunde Veblen(1852~1929). 미국의 경제학자 · 사회학자. 제도학파(制度學派)의 창시자. 대표적 저서에 『유한 계급의 이론』, 『기업의 이론』 등이 있다.

키는 효과를 낳고 있다. 이는 다른 나라를 예를 들면 'el valor Espanol(스페인인의 용기)'라고 불리는 것과 같은데[82] 일본에서는 '이름에 대한 〈義理〉'로서 일반화되었다.

이와 같은 침투가 일본에서 가능했다는 점과 관련해서 다음과 같은 점을 명심해야 한다. 국민의 명예와 관련해서 이러한 침투가 가능했던 것은 원래는 개인과 개인 사이에서 주고받는 명예로운 〈義理〉에 입각한 행동을 국가간의 관계로 돌렸기 때문이지, 결코 〈義理〉의 문화적인 가치를 낮추려 했기 때문은 아니다. 일본인은 다른 강대국으로부터 모욕을 당했다고 생각하면 한 국가로 뭉쳐서 대응하고 빚을 청산하고 그 해당 국가에 대해서 그들의 '야마토다마시(大和魂)'를 보이는 식으로 '성급한'데가 있는 그들의 공격성을 한곳에 결집시킨다. 그렇게 해서 모든 신민이 마음을 하나로 모아서 외부 세계에 대항하면서 서로의 힘을 보강하는 것이다. 이러한 특징은 특히 일본의 통치자들에게는 커다란 의미가 있다. 일본에서는 이 〈義理〉가 원인이 되어 영주들 사이에서 혹은 장군과 소토자마 다이묘(外樣大名)[83] 사이에서 무력충돌이 일어나, 한 일족과 일족, 한 마을과 마을, 개인과 개인 간의 대립을 불러일으키는 일이 빈번했기 때문이다.

---

82) Veblen, Thorstein. The Opportunity of Japan, in the *Journal of Race Development*, Vol. VI (July 1915).

83) *장군(將軍)은 도쿠가와(德川)의 역대장군, 즉 중앙의 통치자를 뜻하고, 다이묘(大名)는 도쿠가와 막부 산하의 각국의 통치자(영주)를 뜻한다. '外樣大名(소토자마 다이묘)'는 다이묘 중에서는 중앙에서 멀리 떨어진 외곽에 위치하는 나라의 다이묘를 뜻한다.

신성한 수장(首長)과 말하는 수장

〈義理〉는 새롭게 흘러갈 수로(水路)를 부여받은 것이지 그 샘
자체가 고갈된 것은 아니다. 메이지의 지배자들은 〈義理〉를 국수
주의적인 활동으로 유도하여, 〈忠〉을 천황 숭배와 일치시켰는데,
그들이 이용한 일본 문화의 특성은 이것만은 아니다. 서양 제국의
통치자들에 대해서 조사한 그들은 서양 각국의 예를 통해서 보고
들은 반란의 위험성이나 비판 앞에 일본의 실제 통치자를 노출시
키고 싶지 않았다.

일본 특유의 그림자에 의한 통치에는 많은 이점이 있다. 일본인
은 태평양제도에서 일반적으로 볼 수 있는 신성한 수장과 통치자에
의해서 그 통치의 역할을 분담하는 방법을 그들의 역사를 통해서
줄곧 채택해 왔다. 이런 통치자를 폴리네시아제도(Polynesia 諸島)에
서는 '말하는 수장' 이라고 부른다. 신성한 수장의 대변자이자 '조
연' 인 셈이다. 뉴질랜드 선주민들 사이에서는 '신성한 수장' 은 신
성불가침한 존재이며, 그렇기 때문에 직접 자기 손으로 밥을 먹지
도 않을 뿐 아니라, 음식물이 있는 숟가락조차도 그 신성한 치아에
닿으면 안 된다. 외출할 때는 다른 사람이 그를 옮겨야 한다. 그 신
성한 발이 땅에 닿으면 그 땅이 자동적으로 성지(聖地)가 되고, 그
렇게 되면 그 땅은 그의 영토가 되기 때문이다. 실제 통치에서 멀
어지면 멀어질수록 신성한 수장은 부족 상징으로서의 성격을 강하
게 갖게 된다. 미국의 성조기와 같은 기능을 한다고 할 수 있는데,
그 외에도 신성한 수장에겐 이점이 있다. 그 이점이란 바로 피가

흐르는 한 사람으로서 백성들에게 종교적인 충성을 요구할 수 있을 뿐 아니라, 수장도 인간인 이상, 백성들은 그들의 '숭배'에 대해서는 수장이 감사하는 마음으로 보답할 것이라고 믿는다는 점이다.

이러한 태평양제도 특유의 제도는 중국 등의 아시아 제국과 일본을 나누는 하나의 선이 되며, 이 점을 메이지의 최고사령부는 최대한으로 이용한 것이다. 외부에 모습을 드러내지 않는 천황, 천황을 면회할 수 있는 사람과 면회할 수 없는 사람이라는 기준에 의해서 나누어진 정부 내의 계층, 어렴(御簾)[84] 너머에서 천황이 발포(發布)한 칙유와 칙어는 "한치도 부정할 수 없는… 그것은 폐하의 칙령(勅令)이기 때문이다." — 이상과 같은 이러한 제도는 모두가 최고사령부가 문화로서 습관화하고 고정시킨 것이며, 이런 습관화는 바로 그들의 목적에 합치하는 것이었다. 실제로 후에 인간으로서 실제 사회로 내려온 천황은 신성한 상징으로서 존재했을 때의 천황보다 반만큼의 쓸모도 없는 존재였다.

구미인들의 이해를 위해서 강조해 둘 필요가 있는데, 신성한 수장에 대한 〈忠〉은 예로부터 일본에 존재했던 자연스러운 덕이다. 그러나 메이지 이후에 특수한 요소가 가미된 결과, 구미인은 자주 천황 숭배에 대해서 비판을 가한다. 퇴위당한 천황이 있었다, 대립

---

84) *어렴(御簾)은 궁전에 치는 발(簾)을 뜻하며, 천황은 어렴 너머에 앉아 있다. 신하는 직접 천황의 얼굴을 볼 수 없었으며, 또한 봐서도 안 된다. 여기서 베네딕트가 말하는 신성한 수장의 모습을 찾을 수 있다. 천황을 알현한 신하가 말하는 수장에 해당한다고 볼 수 있으며, 이 수장은 신하 중에서도 천황을 면회할 수 있는 높은 지위의 인물이다.

하는 또 다른 천황이 존재했다, 천황은 통치자로서의 권력을 가지지 못했다, 한때는 너무 빈궁해서 "서명(署名)을 팔아서 생활비를 벌어야만 했다" 등등의 사실이 지금까지 밝혀지고 있다. 이상의 예는 모두 사실이며, 또한 오랫동안 〈忠〉이라면 천황에 대한 것을 뜻하는 것이 아니라, 장군(말하는 首長)[85]에 대한 충성을 뜻했던 것도 사실이다.

이처럼 여러 가지 우여곡절은 있었지만, 그래도 〈忠〉은 언제나 일본에서 지상(至上)의 덕이었다. 〈忠〉은 군국주의자들이 고안해 낸 근거 박약한 근대적인 덕은 아니다. 〈忠〉을 바치는 대상이 실제로는 주군이었던 시대도 있었고, 장군이었던 시대도 있었지만, 거꾸로 천황에게 바쳐진 시대도 있었다. 타인과의 친근성이 희박해진 나라, 그리고 개개인이 실제로 알 수 있는 '세계'에 한계가 있는 시대에는 〈忠〉은 그 '세계'의 신성한 지배자에게 어울리는 것이다. 현재 이 신성한 지배자는 바로 천황이다.

---

85) *여기서 말하는 '장군'은 征夷大將軍이다. 征夷大將軍은 가마쿠라 막부에서 도쿠가와 막부에 이르는 최고통치자를 뜻하며, 본문에서 '퇴위당한 천황', '대립하는 또 다른 천황'이 존재하고 천황이 통치자로서의 권력을 가지고 있지 못했다는 기술은 일본 중세의 원정(院政)을 지칭하는 발언이다. 당시의 천황(조정)과 장군(막부)의 관계를 염두에 둔 베네딕트는 천황을 신성한 수장으로 보고 장군(征夷大將軍)을 통치자로 보았다.

사람과 신의 구별

1700년대 후반, 미국이 독립전쟁을 하던 시대부터 〈忠〉은 주로 천황에 대한 충성을 뜻하게 되었다. 메이지유신 이후, 매우 종교적인 색채가 〈忠〉에 가해진 것만큼 서양인에게 충격적인 사실은 없을 것이다.

일본인은 서양인처럼 확고하게 '사람'과 '신'을 구별하지 않는다. 천황은 모든 점에서 완전한 '가미(神)'인 것이다. 일본의 공식문서에 의하면 기독교의 삼위일체라는 교리는 위험한 것이며, 천황을 이 삼위일체의 신과 동격으로 보는 것만으로도 불경죄가 되었다. 사람과 신의 구별이 애매한 일본인의 사고방식을 서양의 성직자들은 두려워하고, 성직자가 아닌 서양인은 거부한다. 그러나 일본인에게는 서양처럼 사람과 신을 나누어 생각하는 일은 결코 없다. 신이 사람의 범주에 속하는 것은 동양철학의 기본이다. 일본의 불교도는 "부처님은 인간 이외의 그 어디에 계신다는 말씀이십니까?"라고 묻는다. 죽은 사람을 '호도케(佛)'라고 부르는 불교국은 일본뿐이다.

집 안에 비치한 불단의 위패를 보고 찰스 엘리어트 경(Sir Charles Eliot)은 다음과 같이 말했다. "죽은 사람은 보통 호도케사마(佛陀)라 불린다. 내가 아는 한, 이 대담한 표현은 일본에만 있는 독특한 것이다… 또한 누구든지 그야말로 보잘것없는 한줌의 먼지일지라도 호도케가 될 수 있다는 식의 생각은, 물론 인도 불교에 없는 건아니지만, 그 어느곳보다도 일본에서 널리 보급된 개념이라고 할 수 있다. 게다가 죽은 자가 평범한 인물이었어도 그 사람은 최고의 운명을 성취했다는 소리를 듣는데, 예의에 깍듯한 일본인은 이를 과장이라고는 생각하지 않는다." [86] 일본 불교의 이러한 풍습은 신도(神道)에서 영향을 받은 결과이다. 엘리어트도 지적하듯이 '가미(神)'라는 초자연적인 존재로 여겨지는 신도 신자의 위패보다도 "낮은 자리에 불교도 위패가 놓이는 것은 용서할 수 없는" 일이었으며, "호도케사마(佛陀)와 가미(神)는 일반적으로 거의 같은 존재로 여겨진다."

일본인은 사람과 신 사이에 넘어설 수 없는 경계가 있다는 서양의 생각을 전혀 받아들이려 하지 않는다. 이 두 존재는 서로 연결되어 있다는 일본의 철학을 서양 사람들이 거부하는 것처럼. 어떤 일본인은 이렇게 썼다. "'가미'를 부모나 군주보다 상위에 두면, '가미'에 따르기 위해서는 부모나 군주를 배신해도 좋다는 논리가 가능하며, 이는 우리로 하여금 늑대나 호랑이처럼 부모나 군주를 기꺼이 살해하게 만들 것이다. 서양의 가르침은 이런 엄청난 결말로 우리를 이끌게 되는 것이다." [87] 이러한 자세는 일본인의 경의의 표현방법이 신을 상대할 때보다도 대인 관계에서 더 극단적으로 나타나는 점과 완벽하게 합치된다. 남녀간이나 상하 관계의 경우와 비교해 보면 쉽게 이해할 수 있는데, 신사(神社)에서 깊게

86) Eliot, Charles. *Japanese Buddhism*, London, 1935, p.185.
87) Gulick, Sidney L. *Evolution of the Japanese,* 1903, p.254. Gulick은 이 책에서 Junzo Ohashi(1857)를 인용하였다.

머리를 숙이고 인사를 하는 경우는 매우 드물다. 형식에 얽매이지 않는 행동이 종교적인 의식에서 관례가 되어 있는 것이다. 천황을 신으로 여기고, 그러한 '신'인 천황을 가진다는 것은 모독이다, 라고 구미인이 비난하는 것은 일본의 철학적 전제를 충분히 고려하지 않았기 때문이다.

그러나 이러한 서양인의 발언에서 드러나는 동양과 서양의 문화적 차이는 이것만은 아니다. 일본의 천황은 어떻게 보면 위대한 아버지를 가장 극단적으로 상징화한 것이라고 볼 수도 있는데, 이는 미국의 성인(成人)들이 스스로의 자존심에 바탕을 두는 개인주의의 기반과는 완전히 상치되는 것이다. 미국의 경우, 성장한다는 것은 사람이 자립하여 아버지에 대한 의존은 물론이고 아버지와 관련된 모든 상징에 대한 의존으로부터 탈피하는 것을 뜻한다. 따라서 의존이 굴욕으로 여겨지지 않는 나라(신민이 천황에 의존하는 일본 등)는 미국인 입장에서는 이해하기 힘들다. 미국에서는 의존과 굴욕을 연계시켜 생각하는 것은 당연하기 때문이다. 미국인에 의한 천황 반대론의 대부분이 천황을 폭격하거나 퇴위시키면 그만큼 일본인에게 자존심을 싹트게 할 수 있다고 주장하는 것은 바로 이 점 때문이다. 이는 우리 미국인이 가장 중요시하는 윤리적 전제에 입각한 도덕의 문제인 것이다.

상황 변화에 따라 역할을 바꾸는 종교

비교문화 연구자 입장에서 보면 자명한 일이지만, 위대한 아버지라든지 독립이라는 전제는 사회와 연관시켜 생각해 보면 그 자체는 선도 악도 아니다. 두 전제 모두 이웃 사람에게 또는 주변 국가에게 위험을 부르는 사회적 기반이 될 수도 있으며, 반대로 평화를 추구하는 사회적 기반이 될 수도 있다. 이 두 전제는 양쪽 모두 인간 관계의 계통을 확립하는 방법, 기준이 되며, 어느쪽이든 다른 반대되는 쪽의 문화에서 자란 사람에게는 거부감을 느끼게 할 수 있다. 자국의 문화기준에 대한 충실성을 나타내는 하나의 지표로서 생각한다면, 이렇게 극단적으로 상반되는 반응에도 나름대로의 의미는 있을 것이다. 그러나 다른 민족이나 국가에 도대체 무엇을 요구하면 유익한가, 하는 문제가 쟁점이 되는 바람직한 외교정책의 항목으로서는 무의미하다.

인종과 문화가 다른 국가에 의한 타국민의 통치라는 문제에 관해서, 가장 광범위한 자료가 존재하는 것이 인류학에서 문화변용의 영역이다. 문화변용은 집단간의 접촉, 특히 진보가 느린 집단에 역점을 두고 연구하는 것인데, 실제로는 문화적 배경이 다른 어느 집단이 타집단을 지배하는 것을 연구하는 경우가 대부분이다. 그 지배형태에는 정복도 있고, 식민지화도 있고, 경제적인 것, 보호적인 것도 있다. 이러한 연구에 의해서 얻은 결론에, 지배받는 쪽의 종교에 대한 지배하는 쪽의 정면공격은 우위에 있는 강한 집단에는 커다란 손실을 초래하고, 하위에 있는 집단 내부에는 바람직하지 않은 결과를 불러온다, 는 이론이 있다. 일본의 경우를 여기에 적용시켜 보면, 이 결론이 갖는 중요성을 이해할 수 있을 것이다.

일본의 엄격한 종교적 교의(敎義 : 가르침)인 황실 숭배는, 다른 교의를 신봉하는 나라들을 크게 분노시키지만, 일본인에게는 강한 충성을 요구한다. 그렇기 때문에 전후 복구작업은 배후에 천황에 의한 강제력이 뒷받침되면 그만큼 수월해질 것이며, 미국이 천황 제를 폐지하도록 요구하면 그만큼 일은 어려워질 것이다.

다만 장래의 평화를 위해서 불가피하다면 그 대가를 치르는 것 이 바람직하다. 전쟁에 관한 정책 입안자들은 천황제 폐지의 필요 성을 느낄 때도 있을 것이다. 그러나 문화변용 연구를 통해서 얻은 가장 중요한 결론은, 그러한 필요성 자체가 잘못이라는 점이다.

종교라는 것은 그 특색이나 목적에 국가나 공동체의 사회생활 을 반영하는 법이다. 사회생활의 변화에 따라서 종교의 기도나 의 식, 공물(供物) 등은 변한다. 이러한 변화를 아무리 규제한들 종교 와 공동체의 관계만 위태로워질 뿐, 변화 자체를 막을 수는 없다. 호전적인 종족은 종교를 전쟁의 도구로 삼으려 할 것이다. 경제나 사회적인 일에 열광하는 종족은 종교의식을 마술적인 목적으로 이 용할 것이다. 한편 평화로운 종족이나, 물자를 비교적 공평하게 분 배하는 종족들 사이에서는 종교의식은 공통의 이익 — 한 종족의 건강, 풍작, 비를 비롯한 날씨의 제어, 사회의 단결 등 — 을 실현하 는 수단으로 발전한다.

얻고자 하는 것을 초자연계의 힘을 빌려서 구현하는 수단인 종 교는, 당연한 일이지만 그 사회가 가장 중요시하는 결과를 추구하게 된다. 실제 사회에서 종교의 역할은 종교사 연구자들이 주장하는 것보다 훨씬 쉽게 시간의 흐름에 따라서 변한다. 종교는 상황의 변화에 따라서 필연적으로 그 역할을 바꾸는데, 그 변화가 내적 동기에 의한 것이 아니라 외적 요인에 의한 경우, 극히 심각한 사태로 발전되는 것은 필연적 결과라 할 수 있다.

과거 10년간 상징으로서의 천황이 갖는 힘은 침략을 추진하기 위한 주요 전략으로 사용되었다. 그러나 이 힘은 다른 목적으로도 사용할 수 있다. 본래 이 힘은 히틀러 정권에서 독일의 타민족 정복이나 강제수용소와는 다른 것이다. 천황에 대한 일본 신민의 〈忠〉은 평화로운 세계와도 전란(戰亂)의 세계와도 모순되지 않는 것이며, 언젠가는 일본 사회의 목적이 변하면 매장될 수도 있다. 이러한 천황 숭배와 지금의 군사적 목적을 위한 이용을 서양인은 구별할 수 있어야 한다.

III. 일본인의 자기단련(自己鍛鍊)

거부할 수 없는 커다란 자기부정

아마도 서양인의 입장에서 봤을 때, 일본에 뿌리내리고 있는 책무체계 중에서 가장 놀라운 것은 일본인의 순응과 수용은 아랫사람으로부터 우러나오는 것이지 결코 윗사람의 명령에 의한 것이 아니라는 일본인의 인식일 것이다. 책무가 제대로 수행되는지 안되는지는 손아랫사람이나 부하, 여성이나 신민에 달려 있다. 일본의 책무의 이러한 측면 때문에 서양인은 '불투명하고 교묘하다'고 느끼는 것이다.

외국인의 발언에서 흔히 볼 수 있듯이 국가의 국무(國務)는 임기를 마칠 때마다 교대하는 담당자에 의해서 처리되며, "한 책임자가 계속해서 지시를 내리는 것은 아니다." [88] 마을 회의는 만장일치에

---

88) Embree, John F. *The Japanese*, Smithsonian Institution War Background Studies, No.7 (1943) pp.11~13.

의해서 결정되어야 하며, 중요한 사안을 결정하기 위해 일족(一族)을 모아서 여는 친족회의는 결정권을 가진 사람은 한 명도 없다. 개개인은 권력있는 지위를 원하지만, 그 행사는 다른 사람에게 맡긴다. 권력에 집착하는 경우는 드물며, 서양과는 정반대로 개인적으로 권력을 조정하는 일에는 흥미를 보이지 않는다. "책임있는 입장에 오래 머물기를 바라는 사람은 없다"[89]는 것이다. 〈忠〉이나 〈孝〉, 〈義理〉는 아랫사람에게 부과되며, 국가나 부모나 주군, 또는 법률상의 부모 등에게 바친다. 게다가 유럽에서처럼 "그들(윗사람)이 그런 〈忠〉이나 〈孝〉, 〈義理〉를 바란다고 하더라도 그것은 우리(아랫사람)를 위한 것일 리가 없다"[90]는 식의 불만도 없다.

일본의 책무는 개개인에게 커다란 자기부정을 요구한다. 이 자기부정을 생활습관으로 받아들이기 위해서 엄격한 자기단련이 필요하다는 것은 쉽게 이해할 수 있을 것이다. 이러한 자기단련은 책무체계와 마찬가지로 하나의 문화로서 양식화되어 있는데, 이에 대해서 언급하기 전에 우선 자기만족에 대한 일본인 특유의 태도를 명확히 밝혀 둘 필요가 있다.

---

89) 앞의 책 p.12.
90) 이름에 대한 〈義理〉하에서 모욕은 갚아야 한다고 제도화되어 있는 경우일지라도, 일본에서는 모욕당한 쪽이 더 공격적인 자세를 취하는 것이 옳다고 생각한다. 서양에서는 이러한 경우는 극히 드물며, 모욕을 가한 쪽이 공격적인 것이 일반적이다.

쾌락에 대한 일본인의 태도

일본의 저술가나 정치가들은 '생명, 자유, 행복의 추구'와 같은 미국이 추구하는 목적을 공개적으로 비하하고 있다. 스스로의 문화에 충실한 그들은 그 대신에 '충성', '의무', '자제', '책임' 등을 옹호하며, 이런 것들을 추구하는 과정에서 '개인의 행복'에는 전혀 미련을 갖지 않는 것이야말로 훌륭한 덕이라고 말한다.

그렇지만 일본에 퓨리턴(청교도)적인 금욕주의가 존재하는 것은 아니다. 육체는 결코 사악하지 않다. 본래 그것은 올바른 것인데 책무를 수행할 때는 할 수 없이 희생해야만 한다. 사람의 오관(五官)도 사악하지 않을 뿐더러(오히려 인생의 책무에서 해방되었을 때 오관을 충족시키는 것은 좋은 일이다), 오히려 자기 의무에 대한 정열을 촉진시키는 것으로 본다.

일본인은 몸을 따뜻하게 하는 것을 좋아한다. 만주의 혹한 속에서 일본인이 비참한 생활을 한 것은 유명한 이야기이다. 매일 매일의 목욕(적절한 온도는 43℃)은 즐거운 기분 전환이며, 하루를 끝내면서 개인이나 가족이 평온한 순간을 가질 수 있는 의식(儀式)인 셈이다. 그러나 그 한편으로 일본에서는 필요 이상으로 추위를 견디고 참는 것이 중요한 미덕의 하나이다. '간게이코(寒稽古)'[91]라는 오래된 관습이 있다. 한겨울에 젊은이들이 날도 밝기 전에 일어나서 스스로를 단련하기 위해서 추위 속으로 뛰어나간다. 그리고

---

91) *酷寒訓練(혹한훈련).

산속에 있는 계곡의 차가운 폭포 안으로 들어가는데, 그 목적은 시원한 나무 그늘에 있을 때처럼 혹한 속에서도 명상에 잠길 수 있는 경지에 도달하는 데에 있다. 이 '간게이코'는 원래는 무사들의 단련법이었는데 '샤미센(三味線)'[92]이라는 악기를 배우는 사람도… "혹한 속에서 해가 뜨기 시작할 무렵에 차가운 바람을 맞으면서 연습을 했다"고 한다.[93] 서예를 배우는 어린이들의 경우는 손가락에 동상이 생길 때까지 연습을 하는 것을 예로부터 각별한 미덕으로 여겼다. 지금도 소학교에는 난방이 없다. 이처럼 언젠가 닥쳐올 진짜 고난에 대비해서 참고 견디면서 단련하는 것이 훌륭한 덕목인 것이다.

또한 일본인은 잠을 잘 잔다. 보통사람에게는 어렵다고 생각되는 상황이나 자세로 그들은 깊게 잠들 줄 안다. 게다가 잠자는 것을 좋아해서 개인차는 있을지언정 동양의 다른 나라와는 대조적으로 이른 시간에 취침한다. 그러나 다른 한편으로는 단호하게 수면시간을 희생시키는 경우가 있으며, 그럴 때는 건강 등에는 전혀 신경을 쓰지 않는다.

1934년부터 35년까지 일본군에 소속되었던 하롤드 드브 대령이 이 점에 관해서 데지마(手島) 대위와 나눈 이야기를 남기고 있다. 평시의 대규모 훈련에서 그 부대는 "10분간의 휴식과 일시적인 소강 상태에 놓였을 때 한숨 자는 것 외에는 불면불휴(不眠不休) 상

---

92) *일본의 전통 현악기. 동체에 고양이 가죽을 입혔으며, 현은 세 줄. 조루리(淨瑠璃) 등의 반주에 사용되며, 에도 시대 이후에 많이 보급되었다.

93) Tanizaki, Jun-Ichiro. *The Story of Shunkin*, 1933, p.95.

태로 3일에 걸쳐 두 번의 행군을 감행했다. 병사들은 걸으면서 잠드는 경우도 있었으며, 어느 젊은 소위는 길가에 쌓인 목재를 향해서 잠든 채로 돌진하여 모든 이의 웃음거리가 됐다." 간신히 야영 준비가 완료되었지만 그때까지 잠잘 기회가 주어지지 않았다. 모든 부대원에게 보초와 정찰의 임무가 할당되어 있었던 것이다. "몇 명쯤은 잠자게 하면 안 됩니까?" 라고 내가 묻자, 데지마 대위는 이렇게 대답했다. "말도 안 됩니다! 그럴 필요는 없습니다. 잠자는 방법에 대해서는 그들은 이미 다 알고 있습니다. 필요한 것은 잠자지 않는 훈련을 쌓는 일입니다." [94] 이 정도는 아니지만, 학교 교사들도 비슷한 기준을 고등학생이나 대학생에게 요구한다. 수면은 5시간, 기상은 오전 5시, 라는 옛날 사무라이의 규율을 예를 드는 경우도 많다.

수면과 마찬가지로 몸을 따뜻하게 하는 것이라든지 음식을 먹는 것도 현실을 잊기 위한 즐거운 기분 전환인데 이것 또한 단련을 위한 수양으로 부과되는 경우가 있다. 일본인은 여가를 보내는 의식으로 몇 가지 요리로만 된 코스형식의 식사를 즐긴다. 나오는 요리는 한 가지가 티스푼 하나 정도의 분량이며, 그 맛은 물론이고 모양까지 칭찬의 대상이 된다.

그러나 경우에 따라서는 수양으로서의 측면이 강조된다. "조반조분(早飯早糞)은 일본인의 덕 중에서 최고의 부류에 속한다"고

---

94) How the Jap. Army Fights, articles from the *Infantry Journal*, published as Penguin Books, 1942, pp.54～55.

G · Eckstein이 일본 농민의 말을 인용하면서 언급하고 있다.[95] "먹는다는 것에 그다지 중요한 의미를 부여하지 않는 것처럼 보인다… 먹는 일은 살아가기 위해서 빼놓을 수 없는 일이다. 그렇기 때문에 가능한 빨리 식사를 마치는 것이 좋다. 어린이 중에서도 특히 사내아이에게는 유럽과는 달리 천천히 먹는 것이 아니라 가능한 빨리 입안으로 음식물을 몰아넣는 것을 장려하고 있다."[96]

불교(禪)의 수도승이 식전에 행하는 감사의 기도에는 "이것(음식)은 약이며, 이를 섭취함으로써 건강을 유지할 수 있다(는 생각이 떠오르도록 해주소서)"[97]라는 말이 있다. 먹을 것이 없을 때 사람은 그러한 상황을 극복할 수 있다는 것을 증명하기 위한 시련으로 굶주림을 받아들여야 한다는 것이다. 옛말에 "먹이를 찾아 새끼 새는 울고, 무사는 아무것도 먹지 않았지만 유유히 이를 쑤신다"는 말이 있다. 무사는 지금 막 식사를 끝냈다는 시늉을 하지 않으면 안된다는 것이다. 이 말은 오늘날 병사에 대한 군의 공식적인 격언(가르침)으로 쓰이고 있다.

성적인 쾌락에 관해서도 사정은 거의 비슷하다. 다른 육체적인 충족의 경우와 마찬가지로, 퓨리턴(청교도)적인 금욕주의는 존재하지 않는다. 삽화까지 들어간 『花嫁讀本』, 『花嫁屛風』, 『枕草紙』[98]

95) Eckstein, G. *In Peace Japan Breeds War*, 1943, p.153.

96) Nohara, K. *The True Face of Japan*, London, 1936, p.140.

97) Watts, Alan W. *Spirit of Zen*, 1936, p.94.

98) * '하나요메(花嫁)'는 신부(新婦), 즉 신부의 신혼생활을 삽화와 함께 설명하는데 그중에서 성생활과 관련되는 부분이 서양에서는 외설에 해당한다

등과 같은 것들은 중국에서는 외설 혹은 선정적인 문서로 취급하여 역대 왕조에서 금지해 왔는데, 일본에서는 그 가치를 전면적으로 인정받고 있다.

캐롤 벡(Carol Bache)이 어느 일본인 신사가 저지른 실수에 대해서 이야기하고 있다. '색다른 그림'[99]이라고 미리 양해는 구한 뒤였지만, 선교사인 미국인 미혼여성에게 자기 장서(藏書)를 보여 주었던 것이다. 지일파(知日派) 서양인이라면 이해할 수 있듯이, 그런 종류의 문서가 서양에서는 외설로 분류된다는 사실을 알자, 그 일본인은 충격을 받았다. 또한 기생이나 창녀에 대한 서양인의 윤리적인 태도도 일본인에게는 충격이었다. 일본인은 성적인 쾌락에 관해서 이렇다 저렇다 시끄럽게 비난하지 않는다. 그러기는커녕, 오히려 불야성(不夜城)이나 공인된 홍등가는 힘든 생활이 계속되는 사람들을 위한 '자유지대'이며 거기서는 마음껏 즐겨도 된다. 결혼이란 자녀를 갖고 〈孝〉를 다하는 일이며, 그렇기 때문에 이는 서로의 경제적 상태나 여러 대에 걸친 계보를 면밀히 조사한 다음, 양가에 의해서 결정되고 집행되는 성질의 것이다. 출생, 결혼, 사망 중에서 "결혼만이 마을사람들이 관리할 수 있는 일이며, 실제로 결

는 이야기이다. 단 일본 문학사 입장에서 보면, 『枕草紙(마쿠라노소시)』는 앞 두 작품과는 달리 문학성이 매우 높으며, 그 배경이 된 지식이나 표현 또한 격조 높은 헤이안조(平安朝) 귀족 여인의 수필이다. 세 작품이 동일 선상에 나열되는 것은 에도 시대 이후의 소시모노(草紙物, 서민을 대상으로 한 대중 소설과 같은 것)와 혼동한 것이 아닌가 추측된다. 『枕草紙(마쿠라노소시)』는 앞 두 작품과 시대가 전혀 다르다.

99) Bache, Carol. *Paradox Isle*, 1943.

혼은 최대한 마을사람들에 의해서 관리되고 있다." [100]

많은 일본인 저술가들이 역설하듯이, 일본인에게 결혼과 성적 쾌락은 따로 양립되는 일이다. 혹 결혼과 성적 쾌락이 일치할 수도 있겠지만, 이 두 개는 기본적으로는 서로 다른 별개의 세계에 속하고 있다고 봐야 한다. " '여자로서 사랑받는 처'를 뜻하는 특별한 말"도 있지만 "거의 사용하지 않는다"고 한다.[101] "이 나라에서는 결혼의 진실된 목적이 자식을 출산하는 일에 있다고 생각한다. 그렇게 함으로써 확실하게 대를 이을 수 있는 것이다. 그 외의 목적은 그것이 어떤 내용이든 결국은 결혼 본래의 의미를 왜곡하는 일 외에 아무것도 아닌 것이다." [102] 부인과의 관계에서는 연애를 제외한 관계가 더 바람직하며 또한 그렇게 요구한다.

사랑하고 사랑받는 것이 결혼을 뜻하는 것은 아니다

그렇다고는 하지만, 일본인도 연애는 하며, 연애라는 체험은 인생이나 소설에서 매우 중요시된다. 일본인의 인생이나 책에서 연애가 차지하는 비중은 중국의 경우와는 아주 대조적이라 할 수 있다. 비교문화 연구자에게 극도로 정치(精緻)한 일본의 연애는 신체

---

100) Embree, John F. *Suye Mura*, 1939, p.203.

101) 앞의 책, p.177, 각주 6.

102) Ishikawa, Michiji. Family Education in Japan, *Cultural Nippon*, Vol.5, No.2, July 1937, p.62.

에 대한 일본인 특유의 태도를 알아보는 중요한 사례가 된다. 그들에게 연애란 육체적인 쾌락에 빠지는 일임과 동시에 실생활로부터 그들을 격리시켜 주는 그런 일인 것이다. 일본에서 유명한 시를 하나 들어보겠다.

사랑하고 사랑받아 맺어진다
그것이 '연(緣)'(카르마, 즉 누구도 피할 수 없는 운명)

이 작품에 대해서 일본인은 이렇게 말한다. "여기서 사랑하고 사랑받는다는 것은 결혼을 뜻하는 것이 아니다. (혼담을 진행시키는) 부모는 이런 '緣 談(중매)을 가져다 주지 않는다."

연애에 일본인의 인생설계를 교란하는 힘이 있다는 것은 이미 널리 인식하고 있는 바이다. 이 연애가 '누구도 피할 수 없는 운명'이 아니라면, 일본인의 인생은 지금보다 더 수월할 텐데, 라고 제3자는 생각할 것이다. 다른 동양 문화에서 연애는 결코 숙명이 아니며, 그렇기 때문에 인생 또한 수월한 경우가 더 많기 때문이다.

그러나 일본인은 여성이 성(性)에 대해서 냉정하다든지 아니면 수동적이라고 봄으로써 이 파멸적인 연애의 힘을 약화시키려고 하지는 않는다. 이성과의 관계에서는 여성이 '남성보다 다혈질'[103]이라고 여겨지며, 엠브리(Embree John F.)가 일본의 촌락에 관한 연구서에서 지적하듯이 "바람기가 있거나 신경질적이거나 남자 관

---

103) Glen, W. Shaw의 번역에 의한다. *Tojuro' s Love*, by Kwan Kikuchi, 1925, p.25.

계가 복잡한 여성에 대해서 '히스테리'라는 말을 사용한다. 대부분의 정신이상과 히스테리가 '성적 부적응'에 기인한다는 것은 분명하다… 여성의 정신병 대부분이 '자궁에서 시작되고', 차차 머리로 올라간다고 한다." [104] 축하연에서는 마을 여자들이 성(性)을 연상시키는 춤을 다른 사람의 시선을 의식하지 않고 보여 주곤 한다. "정숙한 주부가 일어서서 마음 내키는 대로 반복되는 노래에 맞추어 허리를 흔들기 시작한다… 이러한 여흥은 예외 없이 폭소를 자아낸다.[105]

그러면서도 연애와 가정 내의 진지한 문제를 어떻게 하든 분리하려는 것이 일본의 문화이기도 하다. 첩은 별택(別宅)에서 지내도록 되어 있다. 중국에서는 첩과 처가 동거하는 것이 일반적인 관습이지만, 일본에서는 그러는 경우는 극히 예외이고, 처는 남편이 첩을 만들고 별택에 두는 것에 대해서는 반대할 수 없지만, 특별한 사정도 없이 남편이 첩을 집으로 데리고 오는 것에 대해서는 거부할 수 있다. 성적 행위가 따르지 않는 기방 드나들기라는 전통도 연애의 기쁨과 육체 관계를 나누어 생각하려는 일본인을 만족시키는 철저한 합의의 한 예라 할 수 있다. 이런 약속사항이 있기 때문에 기생들은 공창(公娼)과도 또한 혼인제도와도 거리가 있는 존재가 되는 것이다.

이처럼 일본의 윤리기준은 개인에게 막대한 손실을 요구하기는

---

104) Embree, John F. *Suye Mura*, 1939, pp.175~176.
105) 앞의 책, p.100.

하지만, 그래도 장소만 잘 가린다면 육체적인 충족감을 가지는 것을 허용하며, 또한 장려도 한다. 퓨리턴(청교도)의 엄격한 규범처럼 육체의 쾌락을 죄로 여기고 질책하는 일도 없으며,[106] 자유주의적인 기독교에서의 가르침처럼 쾌락의 박탈을 신의 뜻에 따른 복종으로 보지도 않는다. 예를 들면 기독교도의 기도 중에 "주님의 뜻이 이루어지도록 하옵소서"라는 말이 있는데, 이는 일반적인 기독교 해석에 의하면, 신의 뜻은 인간의 자연스러운 의지와는 다르지만, 신에 복종함으로써 사람은 정신적으로 자기 자신을 높은 경지로 올릴 수 있다는 내용을 담고 있다.

일본의 규범은 이런 종류의 복종을 요구하는 것이 아니다. 그것이 아니라, 육체적 쾌락에는 그에 적절한 장소가 있으며, 그러한 쾌락과 진실한 생활을 혼동하는 것은 적절치 못하다고 인식시키는 데에 중점을 둔다. 이를 암암리에 나타내는 말에 "세상일에는 적절한 장소와 때가 있는 법"[107]이라는 것이 있다.

이것은 단순한 윤리기준이 아니다. 비교문화 연구를 통해서 밝

---

106) Sansom, Sir George, *Japan : A Short Cultural History*, 1931, p.51.
　　 이 책에서 George Sansom은 "죄의 개념은 청결의 개념과 비교해서 아직 결함이 많으며, 기초적인 차원에 머물고 있다. 일본의 역사를 통해서 일본인은 아마도 이를 식별할 능력을 가지지 않았거나, 혹은 악의 문제를 직시하지 않고 피하고 싶은 생각을 가지고 있었는지도 모른다"라고 적고 있다.
107) G. Gorer의 앞의 책에서 인용. p.12.
　　 * "세상일에는 그에 맞는 장소와 때가 있다"는 뜻으로서 모든 일을 행할 때 그에 적절한 장소와 때를 생각해야 한다는 말.

혀졌지만, 일본 사회는 육체의 쾌락(육체적 관계 포함)을 미국인 입장에서 보면 '부자연' 스럽다고 생각될 정도로까지 억제하는 데 성공했다. 그렇게 하면 번(藩)[108]의 존속이나 일족의 번영에 헌신하기 쉬워지기 때문이다. 일본인의 인생이 험난해질 수 있는 가능성이 잠재하는 것은 바로 온갖 육체적 욕구를 장려해 두고서는 그러한 욕구를 만족시키는 데에 빠지면 안 된다는 규범을 두었기 때문이다.

감정을 얼굴에 나타내서는 안 된다

매사가 순조로우면 일본인도 자신감을 가지고 낙천적인 면모를 보이지만, 그러한 경우라도 그들은 때와 장소에 적합하지 않는 감정을 드러내는 일이 없도록 조심한다. 물론 그렇다고 모든 감정표현이 금지된 것은 아니다. 19세기의 어느 뛰어난 관찰자가 기술하였듯이 일본인은 "쾌락을 슬픈 것이라고는 생각하지 않는다. 유쾌하게 떠들고 걱정거리 등은 다 잊고 즐기면서 순발력 있는 위트와 유머를 섞으면서도 다른 사람에게는 최대한의 경의를 표한다. 그러한 일본인의 모습은 매우 흥미로우면서도 또한 유쾌하기도 하다." [109]

---

108) *일본어로 'はん(한)'. '藩' 은 지금식으로 말하면 지방정부를 뜻한다. 한국이면 도(道), 일본이면 겐(縣), 미국이면 주(州)에 해당한다.

109) Lyman, Benjamin Smith. The Character of the Japanese, in *Journal of Speculative Philosophy*, 1885, p.16.

그러나 이렇게 세련되고 재미있게 놀고 있을 때도 일반적인 인간의 쾌락을 추구할 때와 마찬가지로 장소를 잘 고려해야만 한다. 살아 있는 한 끊임없이 되풀이되는 국면, 특히 윗사람을 대할 때라든지 경의를 표해야 할 때는 절대로 자기의 감정을 얼굴에 드러내서는 안 된다. 아픔을 표정에 드러내거나 슬픔을 입 밖으로 내는 일은 허용되지 않는다.[110] 어느 일본인 작가가 이러한 일본의 규범의 엄격함과 감정을 숨기고 억제하는 노력을 찬양하면서 일본에서 높이 평가하는 옻에 비유하면서 다음과 같이 적고 있다.

여러 해에 걸쳐서 나무 위에 정성스럽게 바른 유약의 층이 두꺼우면 두꺼울수록 완성된 칠기는 고가품이 된다. 민족도 마찬가지다… 러시아인을 두고 "러시아인을 긁으면 그 안에서 타타르(Tatar)인이 나온다"는 말이 있다. 같은 경우를 일본인에게 적용시켜도 그렇게 틀린 말은 아닐 것이다. "일본인을 긁어 옻을 벗기면 해적이 나온다." 그러나 잊지 말아야 할 것은 이 옻은 일본에서는 값비싼 물건이며 이것으로 공예품을 만든다는 점이다. 이 옻에 속임수 같은 것은 통하지 않는다. 흠집을 숨기기 위한 덧칠이 아닌 것이다. 적어도 이 옻에 의해서 아름다움이 더해지는 나무와 비슷한 정도의 가치는 있다.[111]

일본인에게 부과되는 대부분의 규칙과 마찬가지로, 이 '덧칠'이 유난히 엄격하게 요구되는 대상은 여성이다. 개인적인 감정을

---

110) 이것은 이름에 대한 〈義理〉이다.

111) Nohara, Kamakichi. *The True Face of Japan*, London, 1936, p.50.

태도나 표정에 내보이면 안 되는 것은 물론이고, 남성의 흥미를 가장 잘 끄는 화장법은 '백분(白粉)을 두껍게 여러 겹으로 칠하는' 것이라고 생각하였다. 어느 일본인 남성은 이러한 가면과 같은 화장을 칭찬하기에 앞서, 우선 일본의 여성에게는 육체적인 아름다움이 거의 갖추어져 있지 않다는 점부터 설명한다. 농촌의 여성은 "안짱다리인데다가 얼굴에는 깊은 주름이 가득하고 볼은 힘없이 처져서 눈은 작고 턱은 튀어나와 있는데다가 자세까지 안 좋다." 그러나 "일본 여성은 육체적인 매력을 부정당하기 때문에 아름답다… 그 비밀은 화장도구 상자 안에 숨어 있다." [112]

'행복 추구'의 의미

인생의 어떠한 국면에서도 일본인은 자기만족에 대해서 성적 쾌락 그 자체를 비난하거나 하는 태도는 취하지 않는다. 그들의 책무체계와 마찬가지로 그들에게 육체의 쾌락은 그 문화에 의해서 규정된 그들만의 독특한 것으로 간주된다. 그것이 선인지 악인지는 그 사회의 상황에 따라 달라진다. 그들에게 인생에서 가장 중요한 과제는 자기의 책무를 다하는 일이기 때문에 적절한 장소에 한정되는 인간적인 쾌락에 대해서는 관대할 수 있어도 책무의 수행에 방해가 될 수 있는 '행복의 추구'에는 도덕적인 가치를 인정하지 않

---

112) 앞의 책, p.177, p.181.

는다. 자기의 책무를 다한다는 것은 개인적인 욕망이나 쾌락을 희생시키는 일이라는 가르침을 일본인은 전적으로 받아들인다. 아무리 힘들어도 그렇게 하는 것이 당연하다고 생각하는 것이다.

미국의 가르침과의 차이는 일본 영화에 명확하게 그려져 있다. 일본에서 만들어지는 애국적인 전쟁영화는 그 영화가 러일전쟁을 주제로 한 것이든 청일전쟁을 주제로 한 것이든, 만약에 그 영화가 미국영화였다면 평화주의의 선전(propaganda)을 위한 영화로 생각했을 것이다. 진흙탕 속을 행진하는 단조로운 일과, 무의미한 전투로 인한 고통, 어정쩡한 작전 등이 전면에 나타나기 때문이다. 그런데 일본에서는 이러한 영화는 평화주의를 호소하는 것이 아니라, 군국주의의 선전으로 통한다. 영화가 제공하는 다양한 미덕과 고귀함의 유형에 의해서 강조되는 것은 인생의 고통과 불행, 좌절 등이다. 마지막 장면은 승리도 아니고 "결사적인 집단돌격(萬歲!)"[113]도 아니다. 거기에 비추어지는 것은 이렇다 할 특징도 없는 중국의 어느 마을에서 진흙탕을 뒤집어쓰고 하룻밤의 휴식을 취하는 모습이라든지, 몸이 불편한 자나 다리를 잃은 자, 실명한 자 등 3대에 걸친 일본의 가족을 상징하는 세 번의 전쟁을 통해서 살아남은 생존

---

113) *일본어판에는 "決死の集團突擊"(결사적인 집단돌격)에 'バンザイ'라고 음을 달고 있다. 이는 미국인들 입장에서 봤을 때, 일본의 특공대 등이 죽음을 각오하고 돌격할 때 'バンザイ'(반자이) 즉 '만세'를 외치며 달려들었기 때문에 그런 집단적인 행위를 상징하는 말로 'バンザイ'를 이해하면 된다. 여기서의 'バンザイ'(만세)는 당연히 '천황 폐하 만세'이다. 이러한 뜻으로 '결사적인 집단돌격(萬歲!)'으로 표기했다.

자들의 모습이다. 구미에서는 감동적인 승리를 배경으로 한 '극적인' 영화를 제작하고, 뿐만 아니라 전쟁에 의한 희생을 주제로 한 영화도 만들며, 거기서는 희생자들이 회복되어 가는 과정을 그리기도 한다. 그러나 자국의 전쟁영화를 바라보는 일본인은 〈恩〉을 갚을 수 있고, 〈恩〉을 갚기 위해서 개인의 욕망과 쾌락의 단념이 당연한 일로 묘사되고 그들은 그것으로서 만족한다. 전쟁의 고귀한 목적조차 언급되는 일이 없다.

국내에서의 생활을 그린 연극이나 영화도 같은 형식을 답습하고 있다. "개인에 대한 억압은 매우 심"하지만, 그럼에도 불구하고 "주인공들은… 깊은 상처를 입으면서도… 자기가 맡은 바를 다하는 쪽을 택한다… 악이란 명령받은 대로 실천하는 힘이 결여되어 있는 상태를 말한다"[114]고 한다. 덕망 있는 자가 '보답' 받을 필요는 없다. 관객은 임무를 다하는 과정에서 맛보는 극도의 고통에 대해서 동정의 눈물을 흘리지만, 관객에게 줄거리의 중요한 포인트가 되는 것은 규범에 따르는 주인공이 보이는 강인함이다. 정의의 주인공은 엄격한 규율을 지키며 어디까지나 헌신적으로 책무를 다하려고 노력함으로써 스스로의 고귀함을 증명하게 되는 것이다. "여기서는 악이라기보다는 자신의 책무를 제대로 다하지 못하는 상태가 여러 단계로 묘사되고 있다."[115]

---

114) Japanese Films, R & A, OSS, #1307, March 30, 1944.
115) 앞의 필름.

자기단련 방법

이처럼 일본인이 스스로에게 과하는 단련은 육체적인 쾌락에 대한 그들의 태도의 소산이지, 욕망의 완전한 극복이라는 동양의 가르침이나 구미인에게 익숙한 퓨리턴(청교도)의 가르침에 기반을 두는 것은 아니다. 그러나 그러면서도 지금까지 언급한 것처럼 일본인에게는 극단적인 단련을 자신에게 과하는 습관이 있다. 이러한 자기단련은 책무의 기준과 마찬가지로 어디까지나 일본적이라 할 수 있다.

일본에서의 자기단련은 육체와 정신을 억제하기 위한 방법으로서가 아니라, 노력의 '한 점 집중'(一點集中)을 극한상황까지 높이기 위한 방법으로 간주된다. 이런 생각은 일본에서는 자기단련이 반드시 자기억제로 이어지지 않는다는 점과 완전히 일치한다. 일본의 자기단련은 다도(茶道)부터 새벽녘에 산에서 차가운 폭포 안으로 들어가는 '간게이코(寒稽古)' 까지 다양하지만, 이러한 자기단련을 고행으로 생각하는 일은 결코 없다.

일본의 수행법의 대부분은 역사적으로 보면 인도의 수행법에서 유래하지만, 일본인은 인도인들이 하는 것처럼 스스로의 육체에 가해하는 일은 하지 않는다. 그런 종류의 훈련에 가치를 두는 생각은 일본에는 존재하지 않는다.

자기단련(self-discipline)이라는 뜻으로 사용되는 일반적인 말은 '수양(修養)' 이다. 이것 또한 정신적인 훈련을 말하는 것으로서, 속죄를 위한 고행이라는 뜻은 여기엔 없다. '수양' 의 목적은 인생의 폭을 넓히는 것, 능력을 높이는 것, '인격을 쌓아 올리는 것', '배짱(자제력이 자라는 장소)을 만드는 것' 등이며, 육체의 부정이나 속죄의 수단으로는 생각하지 않는다. '수양' 을 쌓지 않으면 안 되는 이유는 인생을 글자 그대로 '맛보기' 위함이다(일반적인 해석처럼 '인생을 즐기기' 위해, 라고 해도 좋다). 아이들은 언제 보더라도 즐거워하며 인생을 '맛보고' 있지만 제대로 훈련되지 않았기 때문에 한계가 있다. 그러나 '수양' 을 쌓으면 훨씬 많은 것들을 맛볼 수 있게 된다. 가장 가혹한 일조차도 체득한 기술에 의해서 곧 유쾌한 일로 바꿀 수 있기 때문이다.

"중학교 1학년이 되어 유도를 배우게 되자 학생들은 새로운 일에 대한 경험이기 때문에 흥미를 갖게 된다. 거기서 소질이 있다고 인정받으면 유도부에 들어가라고 명령받게 되고, 방과후에도 남아서 오랜 시간에 걸친 연습을 해야만 한다. 다른 일을 하고 싶을 때는 화가 날 것이다. 그러나 그 다음해가 되면 '수양' 을 쌓았기 때문에 연습의 '맛' 을 아는 사람이 하나 둘씩 나오기 시작한다. 그들에게 방과후에도 연습을 시킬 수 있는 것은 이런 점이 있기 때문이다. 이 상태에 이르면 그들은 이미 연습을 즐기고 있는 것이다."

한 점 집중(一點集中)

'수양' 은 일본인이 행하는 여러 훈련에 광범위하게 적용된다. 숙달되어 가면서 미숙했던 자는 차차 '한 점 집중' 이라는, '나는 지금 그것을 하지 않는다'는 심경에 도달하게 된다. 일본에서는 이러한 경지를 매우 높게 평가한다. 이런 상태를 뜻하는 일본어는 많으며, 그중에는 지고한 예술가나 경건한 종교가, 배우, 검객, 다도(茶道)의 종장(宗匠) 등에 사용해야만 어울릴 것 같은 말도 있다. 또한 이런 경지에 도달한 사람들에 의한 행위(연설, 검객의 찌르기, 그림 등)의 '완벽함'이나 훌륭함을 나타낼 때 사용되는 말도 따로 있다. 이러한 경지는 일본에서 속세의 거의 모든 면에서 칭찬의 대상이 되며 또한 요구되는 '상태'이며, 그 '상태'의 특징에 대해서는 그 분야가 어떤 분야든 기본적으로 유사한 표현을 사용한다. 여기서 말하는 '상태'란 잡념이 없는 상태이며, 사람들은 "이를 위한 시간('간(閑)')[116]을 가져야만 한다"고 말한다. '이를 위한 시간'을 가지기 위해서 일종의 은둔생활에 들어가는 경우도 많지만 일본의 '인자(隱者)'[117]는 처자식하고 생활을 같이하며 자연을 사랑하고 일본인들이 선호하는 시가(詩歌)를 읊고, 다도를 즐기는 등, 삶과 시간을 즐기는 것이 보통이다. 현실생활의 번거로움으로부터 해방되기는 하지만 금욕주의자가 되는 것은 결코 아니다. 이러한 '상태'의 특색을 가장 명확하게 나타내는 것은 선종에서 이론화한 다음과 같은 설명일 것이다. 선종에서 '한 점 집중' 상태를 나타내는 말은 '무아(無我)'이다. 본 보고서에서는 일본어를 많이 사용하

---

116) *여기서 말하는 '간(閑)'이란, '그러기 위한 여유' 정도로 이해하면 된다.
117) *세상(속세)을 버리고 은둔해서 생활하는 수행자 또는 사상가를 말한다. 특히 중세기에는 지식인들이 난세를 염리(厭離)할 땅으로 여기고 은둔하였다.

는 것을 피하기 위해서 이 '무아'만 사용하겠다.

선종은 원래 인도의 신비체험을 추구하는 요가(Yoga)파에서 유래한 것이다. 처음으로 일본에서 영향력을 지니게 된 것은 12세기이지만, 전래는 그보다 훨씬 이전으로서 선종이 중국에서 융성했던 시기에 중국에서 들어왔다. 중국에서는 이 종파(宗派)와 그 실천이 쇠퇴한 지 이미 오래지만 일본에서는 12세기부터 지금까지 선종은 항상 상류 계층에 지지층이 두터운 종교로서의 자리를 지켜왔다. "중국에서 선종이 전개된 모습을 살펴보면, 해협 건너(일본)에서 이 종파를 기다리고 있을 것이라는 미래를 암시할 그런 사실은 전혀 찾아볼 수 없다… 선은 다도나 노가쿠(能樂)[118]와 마찬가지로 극히 일본적인 것이 되었다. 경전이 아니라 인간의 정신에 의한 직접적인 체험을 통해서 진리를 찾는 이 명상적이고 신비로운 가르침이 12, 13세기 혼란의 시대에 세속의 소란을 피하여 절(僧院)에 피난간 사람들 사이에서 흥할 것이라는 예상은 가능했을지도 모른다. 그러나 무사 계급이 선종을 선호하게 되어 그들의 생활지침으로 받아들일 것이라고는 전혀 예상하지 못했을 것이다. 그런데 그것이 현실로 일어난 것이다."[119]

선(禪)에서는 육체를 초월하거나 마음을 무로 돌리거나 '명상'

---

118) *중세기에 융성하여 지금 현재까지 이어지는 일본의 전통 가면극. 정적이고 상징적인 동작과 선행문학 작품을 소재로 하며, 일본의 근대화 과정에서 서양에 소개되었을 때 '일본적인 아름다움', '일본적인 신비함'이라는 평가를 받았다.

119) Eliot, Sir Charles. *Japanese Buddhism*, p.286.

을 하거나 '깨달음'의 경지에 도달하거나 하기 위한 요가의 수행법을 몇 가지 채용하였다. 그러나 일본에서는 이러한 수행법이 이 세상에서의 완전한 행동을 위한 훈련법으로 사용될 뿐, 그 이상의 의미는 없다.

어느 일본인이 썼듯이, "요가는 명상에 의해서 온갖 초자연적인 힘을 얻을 수 있다고 주장하지만, 선에서는 그런 말도 안 되는 주장은 하지 않는다."[120] 선의 지도자들은 망아(忘我)의 경지가 찾아오더라도 그것을 무시한다. 이에 관해서는 다음과 같은 명료한 주장에 그 자세가 잘 나타나 있다. "우리는 그저 각자의 눈이 수직으로 놓인 코 위에 수평으로 나열되어 있다는 사실을 인식했을 뿐이다… (선의 체험에는) 이해할 수 없는 불가사의한 일은 하나도 없다. 시간은 자연히 흘러가는 것이다. 태양은 동쪽에서 뜨고, 달은 서쪽으로 진다."[121]

일본에서만 볼 수 있는 일이라고 생각되는데, 이 나라에서는 신비체험을 그 목적으로 하지 않으면서 신비주의 수행법만 실천되고 있다. 무사들은 일 대 일의 대결을 위한 훈련으로서, 그리고 정치가들은 외교적 수완을 높이기 위한 훈련으로서 선을 이용하는 것이다. 선이 일본에서 영향력을 발휘하기 시작했을 무렵부터 이 점에 관해서는 변함없이 일관되어 왔다.

일본 선종의 시조인 에이사이(榮西)[122]가 12세기에 펴낸 대저(大

---

120) Nukariya, Kaiten. *The Religion of the Samurai*, London, 1913, p.194.

121) 앞의 책, p.197.

122) *일본 임제종(臨濟宗)의 시조. 호는 明庵. 히에이산(比叡山)에서 배우고 1168

著)는 『興禪護國論』이라고 명명되며,[123] 선은 정치가나 무사, 검객, 대학생 등이 매우 세속적인 목표를 달성하기 위한 훈련으로 이용해 왔다. 지금도 중학교를 졸업하는 소년이 최종시험까지 일주일밖에 여유가 없는 시기가 되어도, 훌륭한 성적으로 합격할 수 있도록 열심히 선 수행을 한다고 한다. 진실된 신자가 된 사람들에게 열의를 가지고 명상 수행에 몰두하는 것은 지극히 당연한 일인 것이다.

제6관(第六官)의 훈련

황홀 상태에 대해서 여러 문화에 공통되는 보편적인 기준이 있다면, 일본에서 선의 달인들은 그러한 기준에 의거해서 황홀경에 빠진다고 할 수 있을 것이다. 그러나 자기와 세계에 대한 그들의 전통적인 사고방식 때문에 통상 황홀 상태에 빠졌을 때도 5관(五官)이 활동을 중지하고 있다고는 생각하지 않는다. 일본에서 황홀이란 '육관(六官)'이 활동하는 상태라고 생각한다. 제6관은 마음 안에 있는 것으로, 훈련에 의해서 통상의 5관을 지배하게 되는데

년, 1187년 두 번 송나라에 다녀옴. 귀국한 후에 하가타(博多)에 聖福寺를 건립하고 교토(京都)에 建仁寺를 건립하여 선종(禪宗)의 정착에 노력하였다. 두 번 입송(入宋)한 것도 일본에서의 선학(禪學)이 쇠퇴하는 것을 걱정해서였다. 송나라로부터 차(茶) 종자를 가지고 들어와서 재배, 『喫茶養生記』를 남김.
123) 앞의 책, p.35.

미각, 촉각, 시각, 후각, 청각도 황홀 상태에서는 매우 예민해진다. 선 수행중에는 소리가 나지 않는 발소리를 듣고 그 발소리가 이동하는 것을 정확하게 따라가는 것이라든지, 음식에서 나는 맛있는 냄새(이 냄새는 일부러 나게 한다)를 '삼매경(三昧境)'을 중단하는 일 없이 정확하게 맡는 것 등이 있다. 맡는 일, 보는 일은 '제6관을 보조하는' 것이기 때문에 사람은 이 삼매경을 통해서 '모든 감관(感官)을 예민하게' 키우는 일을 배우게 된다.

선 연구의 대가인 어느 일본인은 '무아'를 '나는 그것을 하고 있다는 의식이 전혀 없는 삼매경', '무노력(無努力)'이라고 말한다.[124] 이러한 표현은 그러한 체험이 다른 문화에서는 볼 수 없는 매우 이질적인 것이라는 사실을 나타낸다. 일반적으로 신비주의적인 수행을 하는 사람들은 그 신앙은 각각 달라도 '이 세상의 것이 아닌' 이상을 찾아 명상에 몰입함으로써 '우주와 결합'한다고 이구동성으로 말한다.

그런데 일본에서는 고대 그리스를 방불케 하는 그런 유한성을 중요시한다. '무아'에 대해서 설명할 때, 일본인은 문화적인 이유에서 자기 내부에서 생긴 갈등을 예로 든다. 그들은 '무아'는 의지와 행동 사이에 장애가 되는 갈등을 제거하고 스스로를 아주 유능하게 만들어 주는 것이라고 말한다. "그 상황과 관계가 없는 무언가로부터 방해받을 여지가 남아 있다면 언젠가는 지금의 자기 지

---

124) Suzuki, Prof. Daisetz Teitaro. *Essays in Zen Buddhism*, Vol.3, p.318, Kyoto, 1927, 1933, 1934.

위를 잃게 될 것이다." 그렇기 때문에 '머리카락 하나의 틈새조차도' 남아 있어서는 안 되는 것이다. 따라서 '무아' 상태에서는 5관의 각각을 '제6관'처럼 확실하게 훈련할 수 있는 것이고 또 실제로 그렇게 실천한다. 예를 들면 검객의 일상적인 선 수행에 이런 것이 있다. 우선 수평인 마루에 서서 몸을 지탱하고 있는 발바닥과 마루가 접하는 몇 인치의 면적에 정신을 집중한다. 그리고 그 좁은 면의 높이를 점점 높여서 결국에는 마당에 있는 10피트나 되는 기둥 위에서도 서 있을 수 있게 훈련하는 것이다. 동작도 마찬가지다. 검을 다루는 자가 어설픈 동작을 보이는 것은 그 의도와 동작 사이에 장애가 되는 어떤 요소가 있기 때문이라고 생각하기 때문이다. 그 요소는 바로, 다치면 어떻게 하나 하는 공포심이라고 그들은 말한다. 동작에 정신을 집중시킬 수 있는 훈련을 받은 자는 다칠지도 모른다는 의식을 버릴 수 있게 된다. '무아'가 되어 무적(無敵)이 되는 것이다.

'제6관'에 대한 훈련도 이와 같은 이치로, 상처받기 쉬운 나약한 자기 자신을 의식하지 않도록 수행하는 것이라고 일본인들은 생각한다. 그들은 이 '나약한' 자기 자신이란 바로 스스로의 행위에 대해 방관자로 존재하는 자기 자신이라고 아주 분명하게 말한다. 스즈키 다이세쓰(鈴木大拙)는 말한다. "의식이 작용하기 시작하면 의지는 두 갈래로 분열한다… 행위자와 방관자이다. 상극은 피할 수 없다. 방관자인 '나'가" 행위자로서 '나'의 "구속을 피하려 하기 때문이다."

따라서 깨달음(自覺)에 이른 제자는 방관자로서의 '나'가 존재하지 않는다는 사실을, 그리고 "미지 혹은 불가지(不可知)의 양(量)으로서의 영적인 실체가 존재하지 않는다는 사실"[125]을 발견하기에 이른다. 존재하는 것은 목표와 그 목표를 달성하는 행위일 뿐인 것이다. 이 말을 일본 문화 연구자들은 일본인의 성격구조를 지칭하는 다음과 같은 말로 바꾸어 표현할 수 있을 것이다. 일본의 아이들은 자신의 행위를 관찰하면서 다른 사람으로부터 어떻게 평가받는가에 따라서 그 행위의 시비를 판단하게끔 철저하게 훈련받는다. 이 아이들 내부에 존재하는 방관자로서의 '아(我)'는 쉽게 상처입는 매우 나약한 존재이기 때문에 영혼의 삼매경에 몰입했을 때, 그들은 이 상처입기 쉬운 자기 자신을 배제하게 된다. 그런 상태가 되면, "나는 지금 이것을 하고 있다"는 의식은 이미 존재하지 않는다. 그들은 이 순간 정신의 수행을 이루었다고 느낀다. 이는 검술을 배우는 자가 넘어질지도 모른다는 공포감을 느끼지 않고 10피트 높이의 기둥 위에 똑바로 서는 훈련을 해냈을 때 느끼는 것과 동일한 감정인 것이다.

화가, 시인, 그리고 연설가, 무사 할 것 없이 모두가 이 '무아'의 훈련을 이용한다. 이를 통해서 그들이 얻는 것은 결코 무한(無限)한 것이 아니다. 유한한 아름다움을 어떠한 방해도 없이 명료하게 지각할 수 있는 힘, 혹은 어떤 목표를 달성하기 위해서 '과부족이 없는' 적절한 노력을 기울일 수 있도록 수단과 목적을 잘 조율할 수 있는 힘, 바로 그런 것을 얻게 되는 것이다.

---

125) Eliot, Sir Charles, *Japanese Buddhism*, p.401에서는 스즈키 다이세쓰를 인용하고 있다.

진정한 인생 맛보기

일반적인 정신집중은 신비주의에서도 공통적으로 볼 수 있는데, 일본인은 '고안(公案)'[126]이라는 합리적으로는 설명이 절대로 불가능한 방법을 사용한다. "한 손으로 친 박수의 소리를 상상한다"는 것이 바로 그 좋은 예이다. 이러한 '고안'은 일본 선의 발생지인 중국에서 사용되던 것과 같은 것인데, 중국에서는 훨씬 이전에 소멸하였지만, 일본에서는 아직도 그 힘을 간직하고 있다.

'고안'에는 인생의 딜레마가 숨어 있으며, '고안'을 생각하는 사람은 '출구 없는 터널 깊은 곳에 몰린 쥐'처럼 궁지에 몰린다고 생각한다. 그 사람은 '새빨갛게 달구어진 철로 된 공이 목에 걸려서' 숨을 못쉬는 사람과 비슷한 상황에 몰린다. '쇳덩어리를 물어 뜯으려는 모기'라고도 할 수 있다.[127] 그는 자기 자신을 잊은 채 몰두한다. 그러자 어느 순간, 모든 것이 분명해진다. '수소(雄牛)' 등에 올라타고 그 수소를 찾는 꼴'임을 깨닫는 순간 모든 일이 가능해지는 것이다. 상징적으로 말하면 '고안'이 일본인에게 주는 것은 일본인이 그들의 인생에서 언제든지 일어날 수 있다고 염려하는 ── 〈義務〉와 〈義理〉, 〈義理〉와 인정, 정의와 〈義理〉 사이의 ── 궁지이며, 그들은 모든 힘을 다해서 그 궁지에 정면으로 대항함으로써 그 난국에서 벗어날 수 있다고 믿는 것이다. 일본인은 스스로가 두려워

---

126) *선종(禪宗)에서 깨달음(悟道)을 위해서 숙고하게 하는 문제.

127) Watts, Alan W. *Spirit of Zen*, 1936, pp.74~75.

하고 걱정하는 상황을 스스로 만들어 낸다. 그러한 두려움과 어려움을 한 번 경험하면, 그전까지의 심미안으로는 도저히 이룰 수 없었던 진정한 인생을 '맛볼 수' 있게 되기 때문이다. 그 순간 그들은 처음으로 유능한 존재가 되는 것이다. '무아'의 경지에 이르는 훈련의 목표는 결코 황홀한 상태로 접어드는 것도 아니며, 그렇다고 우주와의 일체화도 아니다. 바로 이러한 '유능함'을 얻는 데 있다.

정신단련의 무게

신비체험을 가리키는 힌두교의 어휘 또한 일본에서는 선종과 유사한 과정을 거치면서 변화해 왔다. 힌두교에서는 열반은 이 세상에 존재하는 것으로 정의하고 있으며, "'깨달은' 자는 이미 열반에 존재한다"[128]고 한다. "열반과 같은 초보적인 관념 정도는… 일본의 불교도들도 대부분은 이해하고 있겠지라고 생각하는 것은 중대한 착오"[129]인데, 그뿐만이 아니라, 일본에서는 불교의 윤회사상조차도 제대로 받아들여지지 않았다.

스즈키 다이세쓰(鈴木大拙)에 의하면 깨달음(悟道 : 갑작스럽게 신비적인 체험을 하게 되는 것)은 "끊임없는 긴장 상태로부터의 해방"이며, 산스크리트어의 'samadhi'[130](일본어에서는 '산마이(三

---

128) Eliot, Sir Charles, *Japanese Buddhism*, p.401.
129) Lederer, Emil and Seidler, Emy Lederer. *Japan in Transition*, 1938, p.28.
130) Sansom, Sir George, 앞의 책, p.240.

昧)')가 "오늘날의 일본에서는 정혼(精魂)을 경주한 노력을 뜻하는 말로 사용된다"고 한다. 이 노력이 실행되는 장소는 공장일 수도 있고, 최고사령부일 수도 있을 것이다.

찰스 엘리어트(Sir Charles Eliot) 경이 전하는 이야기에 종교적인 훈련에 의해서 사람 — 이 이야기에서는 여학생 — 은 어떤 것을 배우는가? 라는 점에 대한 일본인의 사고방식이 잘 드러나는 대목이 있다.

> 그녀는 도쿄에 있는 어느 저명한 선교사에게 크리스천이 되고 싶다는 뜻을 전했다. 선교사가 그 이유를 묻자 너무나도 비행기를 타고 싶어서라고, 그녀는 대답했다. 그러자 선교사는 비행기와 기독교가 어떤 관계가 있는가 하고 묻자, 그녀는 다른 사람한테서 들은 이야기지만, 비행기를 타기 위해서는 매우 냉정하고 안정된 마음을 가지고 있어야 한다, 그리고 그러한 마음은 종교적인 훈련에 의해서만 얻을 수 있다고 합니다, 라고 대답했다. 그녀는 가장 뛰어난 종교는 기독교라고 생각해서 그래서 가르침을 받으러 온 것이었다.

막부의 무사들도 이 여학생과 비슷한 생각을 가지고 있었다. 경전이나 의식을 경시하고 정신의 단련에 중점을 둔 선이 그들 사이에서 인기를 얻을 수 있었던 것도 따지고 보면 놀랄 일은 아니다.[131]

일본에서 나약하고 살아가는 데에 '장애가 되는' 자기 자신을 버리는 일로 인식되는 정신의 단련을 가장 명확하게 규정하는 것

---

131) Eliot, Sir Charles, *Japanese Buddhism*, pp.286~287.

이 선이다. 그러나 이 정신의 단련은 일상생활의 무수한 장면에서도 쉽게 찾아볼 수 있으며, 또 자주 사용되기도 한다. 노(能)[132]나 가부키(歌舞伎)[133]를 보고 자기 자신을 잊어버리는 사람은 '무아의 땀'을 흘린다고 한다. 폭탄을 막 투하하려는 폭격기 조종사나 고사포 사수 등도 역시 '무아의 땀'을 흘린다. "장애가 되는 것은 없다. 손에 땀이 흐른다. 그때 그는 자기 자신이 지금 그 일을 하고 있다는 사실을 의식하지 않는다."

'장애가 없다는 것'을 뜻하는 일본어 표현 중에서 구미인에게 가장 극단적인 표현이라고 생각되는 것은, 일본인에게는 최대의 찬사인 '죽었다고 생각하고 사는' 사람이라는 표현이다. 서양에서 '살아 있는 시체'라는 말이 혐오스럽게 생각되는 것과는 반대로, 일본인은 보통 이 말을 격려의 의미로 사용한다. 졸업시험 걱정을 하는 소년을 격려하기 위해서 "죽었다고 생각하고 시험을 치르면 꼭 쉽게 합격할 거야"라는 말을 건넨다. 중대한 상거래를 하는 사람을 격려할 때는 "죽었다고 생각하고 하면 잘 될 거야"라고 말한다. 정신적인 위기에 빠져서 장래가 불투명할 때는 "앞으로 죽었다고 생각하고 살 것"이라고 깊게 다짐하고 그 어려움에서 벗어나는

---

132) *앞에서의 '노가쿠(能樂)'와 동일.
133) *근세기에 융성하여 현재까지 공연되고 있는 무대예술. 노(能)/노가쿠 (能樂)로부터도 많은 영향을 받았고, 소재도 공통되는 것들이 많다. 노 (能)/노가쿠(能樂)와의 차이점은 가면을 쓰지 않으며, 노(能)/노가쿠(能 樂)에서처럼 정적이고 상징적인 동작을 지향하는 것이 아니라, 많은 등장 인물이 등장하고 사실적인 연기 등을 전면에 내세운다.

경우가 많다.

일본인의 사고방식으로는 사자(死者)는 완전히 '무아'의 상태에 있는 것이다. 사자란 이미 〈恩〉을 갚을 일도 없는 자유로운 존재인 것이다. "죽었다고 생각하고 산다"고 선언한다는 것은 장애와 자의식을 배제하고 모든 힘을 다한다는 뜻이다. 어느 일본인에 의하면 그것은 '온갖 불안을 제거하는 일'을 뜻한다고 한다.

"죽었다고 생각하고 살아 봐라. 그러면 '황은(皇恩)'에 보답할 수 있다"는 말은 전선(戰線)으로 출발하기 전에 자기 장례식을 치르는 병사들의 행위라든지 "이 몸을 이오도(硫黃島)[134]땅에 바친다"고 적는 병사들의 감개를 표현하는 말이다. 이는 상극으로부터의 궁극적인 해방이라 할 수 있다. 부적절한 목표를 향하던 모든 활력과 주의력이 되돌아오고, 불안이라는 무거운 짐을 진 '장애가 되는 자기'는 이젠 더 이상 '애를 태우지 않아도' 된다. '죽었다고 생각하고 사는' 자는 이를테면 아주 급한 상황에서 심신을 순화시킬 수 있고 그 결과 이전까지의 노력에 수반되어 오던 좌절감이나

---

134) *제2차 세계대전 후반에 일본이 사수하려 한 태평양상의 조그마한 섬. 일본군이 필사적으로 지키려고 한 이유는 이오도(硫黃島)를 미군에게 빼앗기면 이 이오도를 전진기지로 삼고 미군이 일본 본토를 공격할 수 있기 때문이다. 당시 미공군이 보유한 폭격기 B-29는 이오도를 출발하여 도쿄를 폭격하고 귀환할 수 있는 항속거리를 가지고 있었다. 이오도 전투의 결말은 이오도에 주둔하고 있던 일본군의 전멸로 끝났는데, 여기서 "이 몸을 이오도 땅에 바친다"는 것은 일본군이 패색이 짙었음에도 불구하고 한 명도 항복하거나 하지 않고 전군이 전멸로 끝난 완전 옥쇄(玉碎)를 택하였다는 점을 두고 하는 표현이다.

침울한 감정을 제거할 수 있다.

서양식의 표현을 사용하면, 일본인은 '무아'에 이르거나 '죽었다고 생각하고' 무언가를 실천하면서 '방관자인 자기'라든지 '장애가 되는 자기'를 제거한다고 할 수 있다. 그러나 일본인과 구미인 사이의 심리적 차이가 가장 단적으로 나타나는 것은 '양심' 없는 미국인과 역시 '양심' 없는 일본인을 비교했을 때일 것이다. 서양 문명에서는 양심을 상실했다고 하면, 그것은 악행에 수반되는 죄의식을 더 이상 느끼지 않는다는 것을 뜻한다. 그러나 구미와는 종류가 다른 강제력에 의해서 구속당하는 일본인은 양심으로부터 해방되었을 때, 비로소 가장 어렵고 헌신적인 자기희생이라는 위업을 달성하게 된다. 서양의 말로 표현하자면, 일본인이 최대한으로 자기를 희생할 수 있는 경우는 양심을 갖지 않을 때인 것이다.

IV. '성실'

일본어에는 '무아'의 경지에 이른 사람 또는 '죽었다고 생각하고(열심히)' 살아가는 사람을 지칭하는 말이 있다. 바로 〈마코도(誠)〉가 있는 사람이라는 특별한 호칭이다. 그러나 이 말은 영어의 'sincerity'와는 달라서, 자기의 내적 신념에 따라 언행을 실천하는 것이라든지 자기의 생각이나 입장이 다른 사람과 아무리 달라도 '거짓되게 행동하지 않는다'는 그런 뜻은 아니다.

일본에서 말하는 〈마코도(誠)〉가 있는 사람이란 외부 사정에는 전혀 신경쓰지 않고 그저 윤리기준에만 충실하려는 사람을 뜻한다. 이는 「'四十七士'의 〈義理〉와 〈마코도(誠)〉」에서 언급한 〈마코도〉의 사례를 통해서도 쉽게 알 수 있다. 四十七士 이야기에서 〈마코도〉에 대해서 언급할 때 지적했듯이, 일본인의 해석에 의하면, 고인이 된 주군을 모시던 300명 정도의 낭인(浪人)들은 그 이야기 안에서 전개되는 여러 에피소드를 통해서 주군의 복수를 갚으려는 지도자로부터 '성실함'을 시험받고 있었던 것이다. 이 '성실함'이 없다면 〈義理〉를 다할 수 있다는 확신을 가질 수 없었기 때문이다. 그렇기 때문에 복수에 직접 참가하지 않았던 낭인들도 사실은 복수를 완수한 낭인들과 비슷한 만큼 (자신의 내부에서 들려오는 명령에 따라 행동한다는 뜻에서는) 성실했을 것이라는 말을 일본인이 입 밖으로 내는 경우는 결코 없다. 왜냐면 성실이라는 덕목은 〈義理〉를 다한다는 책무와 떼어놓고 생각할 수 없기 때문이다. 〈마코도〉란 윤리기준에 포함시킬 수 있는 것, 일본인의 말로 표현하자면 '그것(윤리기준)을 지속하게 하는' 완전한 헌신인 것이다.

이를 강렬하게 나타내는 것이 군인칙유 마지막에 있는 성의에 관한 항목이다. 각 기준이 열거된 다음에 '대절(大節)'과 '소절(小節)'에 관한 자세한 설명과 '사정(私情)에 의한 신의를 지킨' 사람들에 대한 비난에 이어, 다음과 같은 마지막 요구가 제시되어 있다.

그런데 이를 실행하기 위해서는 하나의 '마고코로(誠心)' 야말로 소중한 것이다. 원래 이 5개조는 우리 군인의 정신이며, 하나의 '마고코로(誠心)'는 동시에 이 5개조의 정신인 것이다. 마음이 성실〈마코도〉하지 않으면 어떠한 가언(嘉言)도 선행도 모두가 겉만 그럴듯한 장식에 불과하기 때문에 무슨 쓸모가 있겠는가? 마음에 〈마코도(誠)〉만 있다면 어떤 일이든 이룰 수 있다. 하물며 이 5개조는 천지의 공도(公道)이자 인류의 상경(常經)인 것이다. 행하기 쉽고 지키기 쉬운 일이니라. 너희들이여… 가르침을 존중하여 이 도(道)를 지켜 나라에 보답하려는 노력과 책임을 다한다면 일본국은 모든 백성 한 명도 빠짐없이 기뻐할 것이다. 이 어찌 짐만의 기쁨이겠는가.

'행하기 쉽고 지키기 쉬운' 5개조의 가르침에 따라서 '이를 행'하고 '무슨 일이든 이룰 수 있는' 성실함을 지니고 있다면, 결국 국민 모두를 기쁘게 할 수 있다는 것이다. 단 '성실' 이란 영어의 쓰임새처럼 자신의 내적인 말에 충실하다는 뜻이 아니라, 가르침을 실천하는 정열을 뜻하고 있다는 차이가 있다.

〈마코도(誠)〉의 결여

서양인은 〈마코도(誠)〉의 의미내용이 영어의 'sincere' 보다 좁다는 점을 알게 되자 다음과 같은 발언을 하는 경우가 많다. 일본인이 어떤 사람을 놓고 성의가 없다고 할 때는 그 사람이 자기에게 찬성하지 않는다는 점을 뜻하는 것에 불과하다고. 'sincere' 에 관한 용법을 둘러싼 영어와 일본어의 비교로 생각한다면 이 설도 어느 정도는 맞다고 할 수 있다. 일본어의 용법은 화제가 된 인물이 화자가 보는 기준에 따른 행동을 하고 있다는 화자의 판단과 관계되기 때문이다.

예를 들면 일본인 격리수용소에서는 일본을 옹호하는 1세가 미국을 지지하는 2세에 대해서 너희들에겐 〈마코도〉가 결여되어 있다고 비난을 퍼부었는데, 이 비난은 2세가 (미국적인 의미에서) '성실' 하고 '성실' 하지 않다는 것을 뜻하는 것은 아니다. 그 증거로 2세가 거짓 없는 열의에 의해서 미국군에 지원병으로 입대했다는 사실을 알게 되자, 비난하는 측은 그 2세에 대해서 더 격렬하게 〈마코도〉가 결여되어 있다고 판단했다.

그러나 동시에 〈마코도〉는 영어의 'sincere' 보다 더 많은 의미를 지니고 있기도 하다. 결여되어 있는 의미를 인식하는 일도 중요하겠지만 영어에는 없는 의미를 파악하는 일도 중요한 일이다. 이것 역시 격리수용소에서의 일인데, 일본인은 자치계획에 의거해서 자기들이 선출한 수용소 관리자인 일본인 그룹을 '〈마코도〉가 결여되어 있다' 는 상투적인 표현을 사용해서 비난했다. 결과적으로 일본을 옹호하는 연장자들이 잠시 수용소에서 권력을 장악하게 되었는데, 수용소 사람들은 그들을 두고 미국인 관리자의 눈치를 보며 전체 수용자들의 입장을 생각하지 않고 자기들 일만 생각하며 이기적으로 행동한다고 질책했다. 이처럼 "〈마코도〉가 결여되어 있다" 는 말은 이러한 일들에 폭 넓게 적용할 수 있는 말인 것이다. 일본인의 기준에 의하면 자기 본위인 사람은 아무리 '거짓 없이' 이윤을 추구하고 있다고 하더라도 〈마코도〉일 수는 없기 때문이다.

일본 국회에서 어떤 의원에 대해서 "국회를 모욕하고 있다"고 비난한다면, 그 말은 "〈마코도〉가 없다"고 힐책하는 것과 같은 뜻이라고 이해해도 된다. 이 의원이 거짓 없는 신념을 표명하는지, 아닌지는 문제가 되지 않는다. 이러한 비난에 내포된 것은 그 의원이 일본의 기준에 맞게 국회에 경의를 표하지 않고 사리사욕을 위해서 행동한다는 뜻이다.

「면목을 지키기 위한 〈義理〉」에서 인용한 것처럼, 가난한 농촌에서 자란 일본인 화가는 소년 시절 "미국에 간다"는 자기 이야기를 듣고 놀란 미국인 선교사의 반응에 대해서 몹시 화를 냈다. 이 이야기를 통해서 분명해지는 것은 〈마코도〉이기 위해서는 국회에 대해서는 물론이고, 신분이 낮은 개인에 대해서도 나름대로(적어도

'모욕당하는' 사람 입장에 서서) 경의를 표하지 않으면 안 된다는 점이다. 이 화가의 자서전에 씌어 있는 것처럼 "조소보다 더 불성실한 행위는 없다." 물론 이는 거짓 없는 조소는 있을 수 없다는 그런 뜻이 아니라, 〈마코도〉이기 위해서는 다른 사람에 대해서 나름대로의 경의를 표하지 않으면 안 된다는 뜻이다. "살인자조차도 경우에 따라서는 용서해 줄 수도 있다. 그러나 이 조소에 한해서는 변명의 여지는 없다. 고의적인 불성실함 없이", 즉 예의에 맞는 진지한 인간 관계를 파괴하지 않고서는 '죄없는 자를 조소한다는 일은 있을 수 없기 때문' 이다.

이 자서전 작가는 미국인 선교사가 '어떤 유익한 정보' 를 알려 주지 않을까 하고 기대하고 있었다. 선교사는 자기가 느낀 놀라움을 그렇게 솔직하게 보이지 말아야 했던 것이다.

이처럼 〈마코도〉라는 일본어가 쓰이는 것은 일본 문화 안에서 매우 칭찬받는 행동이나 말에 대해서이다. 이러한 기능을 인식할 수 있으면 (그리고 영어와 동일한 의미를 갖는다는 생각을 버리면) 〈마코도〉는 일본인의 특징을 잘 나타내는 매우 유익한 말이라는 점을 이해할 수 있게 된다.

예를 들면, 〈마코도〉가 있는 사람은 이기적이지 않다는 말은 일본에서는 전통적으로 영리 추구가 비난받는다는 것을 반영한다. 감정에 치우치지 않는다는 것은 일본인의 자기단련에 대한 관념을 나타낸다. 그들은 싸움을 걸고 싶지 않은 상대를 조소한다는 그런 위험한 짓은 하지 않는데, 이는 이름에 대한 〈義理〉가 뇌리에서 사라지지 않는다는 것을 나타낸다. 〈마코도〉있는 자는 설욕을 하는 일이나 숙원을 푸는 일에 신경을 집중한다. 〈마코도〉있는 자만이 '사람들을 이끌고', 가지고 있는 기술을 유효하게 사용하고, 정신적인 갈등과 무관해질 수 있으며, 이러한 점은 일본인이 가진 윤리의 등질성(等質性)을 단적으로 나타낸다(사람이 유능해지고 모순을 느끼지 않는 것은 이 규칙을 지킬 때만이다).

그렇기 때문에 더 더욱 〈마코도〉는 문화적으로 인정되고 있는 덕을 '실행하기' 위해서는 빼놓을 수 없는 것이며, 오쿠마 시게노부(大隈伯)에 의하면 "가장 긴요한 가르침이며, 모든 도덕적 교훈의 기초는 이 한 단어 안에 포함된다고 해도 과언이 아니다… 우리 나라 고래의 어휘 중에서 이 〈마코도〉를 제외하고는 윤리적 관념을 나타내는 말은 존재하지 않는다"[135]고 한다.

일본어에서 〈마코도〉가 이렇게 사용되는 것은, "구미 제국은 '성실'하지 않다"는 일본 외교관들의 상투적인 비난이 미국이나 영국이 본심을 숨기고 겉과 속이 다른 행동을 한다고 비난하는 것은 아니라는 뜻이 된다. 그리고 위선적이라고 말하는 것도 아니다. 그런 세세한 의미의 비난이 아닌 것이다.

〈마코도〉가 결여되어 있다는 일본인의 발언은, 구미 제국의 목적은 착취이다, 혹은 일본에 대해서 적절한 경의를 보이지 않다, 는 말을 하는 것이다. 심리학의 용어를 사용하자면, 일상의 개인적인 관계뿐만 아니라, 국제 관계에서도 〈마코도〉라는 말의 쓰임새를

---

135) Okuma, Count Shigenobu, *Fifty Years of New Japan.*, English version edited by Marcus B. Huish, London, 1909, II : 37.

통해서 자기 감정의 많은 투영과 타인으로부터의 감정이입의 결여를 볼 수 있다, 고 할 수 있을 것이다.

V. 위험한 줄타기

자중해야 한다

이상에서 분명해진 것처럼, 일본인의 기준이 정하는 것은 평등한 '권리'를 획득하는 일이 아니라 책무를 다하는 것, '자유로운' 인간이 되는 것이 아니라 "기대할 수 있는 인간"[136]이 되는 것, 그리고 빚을 청산하는 노력이라든지 능력을 충분히 발휘하는 데에 방해가 될 수 있는 자기 자신의 나약함을 이기기 위한 노력 등이다. 이러한 일을 실천하기 위해서는 경솔함이 아니라, 면밀한 자기 감시나 신중함이 요구된다.

이러한 내용을 한 마디로 표현하는 말이 있다. 보통 'self-respect'라고 영역되는 이 말은 '지초 : ジチョウ' (自重. '自'는 '自身', '重'은 '무겁다'의 뜻)이다. '자중(自重)'의 반대어는 '경조부박(輕佻浮薄)한 자기(自己)'이며, 이는 무책임하고 자중하지 않는

---

136) 일본에는 '기대할 수 없는 사람', '어리석은'처럼, '저주'의 의미로 쓰이는 명칭이 두 가지 있다. 중국이나 유럽 혹은 미국에서의 저주와는 크게 다르다.

다는 뜻이다. 니무라 이즈루(新村出)의 『辭苑』에 의하면 '자중'이란 "스스로의 행동을 삼가고 경솔하게 행동하지 않는 것", "자기 자신의 품위를 지키고 함부로 비하하지 않는 것"이다. 이 단어는 동사로 일상에서 사용되며, 예를 들어 '당신은 자중하지 않으면 안 된다'고 말하면 그 말은 '당신은 그 상황과 관계있는 모든 요인을 빠짐없이 고려하여 필요한 행동만 취하고 성공할 가능성을 줄일 수 있는 그런 언동은 삼가야 한다'는 뜻이다. 이 표현은 다툴 때 하는 말이 아니라, 세심한 주의를 기울일 것을 요구하는 말로서, 다툼에 관한 충고는 다른 말로 표현한다. 다음에 드는 용례는 모두가 '당신은 자중해야 한다'는 것을 의미하며, 아래에 설명하는 '신중한 행동'과 같은 의미이다.[137]

- "(대금업자로부터 빌린 돈을 갚지 못하는 농민에 대해서) 당신은 자중했어야 했다."
  → 더 검약했어야 했다, 궁지에 몰릴 수 있다는 점을 예상했어야 했다, 는 뜻.
- "(청년에게) 장래를 결정짓는 시기이기 때문에 더욱더 당신은 자중해야 한다."

---

137) 세계의 대부분의 사회에서는 자기를 비하하는 일은 일본의 경우와 마찬가지로 다른 사람을 존경하는 기능까지 있는데, 일상적인 일에서 조심스럽지 못한 행동이나 허세까지도 용인하는 윤리를 가진 종족도 있다. 미국 선주민 중에서도 이러한 경우를 많이 볼 수 있다. '대외적인' 양심이나 조소에 대해서 감수성이 발달했다고 해서 반드시 그 덕이 엄격하고 신중한 행동으로 이어지는 것은 아니다.

→ 노는 시간을 줄이고 불필요한 일은 배제해야 한다는 뜻.

- "(청춘기의 여자에게) 당신은 자중해야 한다."
  → 알지 못하는 낯선 사람에 접근해서는 안 된다는 일쯤은 알고 있을 테니, 똑바로 앉아서 얌전하게 있어야 한다는 뜻 등.
- "(사회적 지위가 높은 사람에게) 당신은 자중해야 한다."
  → 자기 집안을 생각해서 일족(一族)이 경시당하거나 모욕당하거나 하는 일이 있어서는 안 된다. 또한 그러기 위해서 자기 지위를 최대한 이용해야 한다는 뜻.
- "(한 집안 가장에게) 당신은 자중하지 않으면 안 된다."
  → 음주를 그만두지 않으면 안 된다, 신중하지 않으면 안 된다, 등.
- "(회사원이) 우리 회사는 자중하지 않으면 안 된다."
  → 앞으로는 더욱 사려깊은 태도를 취하지 않으면 안 된다는 뜻.
- "(종업원에게) 당신은 자중하지 않으면 안 된다."
  → 골치아픈 일의 원인이 될 만한 말을 상사에게 해서는 안 된다는 뜻.
- "(시민에게) 당신은 자중하지 않으면 안 된다."
  → 어떤 경우라도 '위험한 사상'을 입 밖으로 내서는 안 된다, 등.
- "자중하고 또 자중한다."
  → 극도로 신중할 것. 경솔하게 결론을 내리지 않는 것. 목표에 도달하기 위한 수단이 필요한 정도를 넘지도 부족하지도 않게 계산하는 것.

일본인은 말한다. "세상의 눈이 있기 때문에 자중하지 않으면 안 된다", "자중이 부족하면 다른 사람이 비웃는다", "세상의 눈이 없다면 자중하려고 신경을 쓸 필요도 없을 것이다", "자중이란 자기의 행동에 조심하지 않으면 안 된다는 뜻이다."

미국식으로 바꾸어 말하면 일본에서 말하는 자중이란, 자기 자신의 모든 행동이나 말, 몸짓이나 태도에 주의하고 예상할 수 있는 영향을 미리 고려하는 준비를 요구하는 것이며, 이러한 신중함의 배후에는 그렇지 않으면 세상의 웃음거리가 된다는 구속력이 작용하고 있다, 등으로 설명할 수 있을 것이다. 물론 제3자로서 다음과 같은 말을 할 수도 있을 것이다. 일본인들이 이런 표현을 직접 사용하는 것은 아니지만, '자중'을 유지하기 위해서는 가혹한 자기 단련이 필요하며, 그 규칙을 지키지 않으면 손실이 커진다는 것도 구속력으로서 작용한다, 고. 이 경우는 주변 사람들로부터 인정받지 못할 뿐만 아니라, 그들이 결속해서 '나'를 응징하는 상황이 전개될지도 모른다. 일본인이 자기 자신을 다룰 때, 이미 잘 알려진 것처럼, 뿌리를 절단한 분재를 다룰 때라든지 관람객이 많은 꽃 전시회에서 꽃이 움직이지 않도록 작은 철사로 고정한 국화를 다룰 때와 같은 태도를 보이는 것도 그러한 이유 때문이다.

제프리 고러(Geoffrey Gorer)가 말했지만,[138] 아이들은 이러한 엄격한 생활에 순응하도록 교육받고 있다. 게다가 그 교육은 세계의 어떤 문화와도 다른 매우 희귀한 양상으로 실천되고 있다.

연령과 성별에 따른 요구에 응할 수 없으면 자기가 속한 집단으로부터 따돌림을 받고 절연당하는 경우조차 있다. 대가족 혹은 다른

---

138) Gorer, Geoffrey. *Japanese Character Structure*, 1943, mimeographed, distributed by the Institute for International Studies, p.27.

소규모의 사회집단이 영향력을 지니고 있는 사회에서는 대개의 경우 동료가 다른 집단으로부터 비난이나 공격을 받을 때, 서로 단결해서 동료를 보호하려는 것이 일반적이다. 자기가 속한 집단으로부터 인정받는다면, 만일의 경우나 공격을 당했을 때 전면적인 지원을 받을 것이라는 확신을 가지고 외부 세계에 대치할 수 있다.

그런데 일본에서는 그 반대인 것 같다. 자기가 속한 집단으로부터 지지를 받을 수 있는 것은 다른 집단으로부터 인정받고 있을 때이며, 외부에서 인정받지 못하고 비난받았을 때 그 비난을 자기의 힘으로 철회시킬 수 있을 때까지 자기가 속한 집단은 등을 돌리고 징벌을 내린다. 이러한 구조 때문에 소위 말하는 '외부 세상'으로부터의 인정은 아마도 어떤 다른 사회에서도 그 예를 찾아볼 수 없을 정도로 중요하다.

권태와 자극

일본의 엄격한 기준을 유지하기 위한 정신적인 부담은 다양한 모습으로 표면화한다. 그 하나는 권태감이다. 성실한 생활을 영위함에 있어, 어릴 때부터 오락을 멀리하고 매우 엄격하고 신중하게 행동해서 그런지, 일본인은 애정면에서 공허함을 느끼기 쉽다. 제대로 된 삶을 위해 그들에게는 대의명분이나 변절, 예언자, 위기 등이 필요하다. 이것이 특히 잘 적용되는 것이 먹고 사는 문제, 혹은 일상의 농업과 같은 힘든 노력과 고통에 얽매이지 않아도 되는 계층의 사람들이라는 것은 말할 것도 없다.

1900년대부터 1930년까지의 근대문학에서는 예외 없이 권태에 대한 기술이 있으며, 일본 근대문학 개설서에 실려 있는 소설이나 희곡의 발췌[139]에서는 무수한 예를 찾을 수 있다. 초조감(焦燥感)[140]이나 도저히 납득할 수 없는 강제에 관한 묘사[141]가 그 작품을 위대한 문학작품으로 상승시키지는 않겠지만 매우 설득력이 있다. 이러한 소설에 보이는 초조감은 미국의 입신출세담에 등장하는 영웅이 품는 야심과는 전혀 다른 것이다. 이 초조감은 오히려 규정에 따르기 위한 충분한 동기가 되는 자극이나 대의명분, 변화를 필요로 하는 사람들이 느끼는 공허함에 그 뿌리를 두고 있다. 등장인물들은 기분 전환으로 뭔가에 손을 댔나 싶으면, 금방 그만두곤 한다. 농촌생활을 시작해도 그 무료함을 이기지 못해서 곧 도회로 돌아간다. 그런데 도회생활은 허무하다. 그들은 이 여자에서 저 여자로 계속 여자를 바꾼다. 해소하는 방법은 시대에 따라서 다르지만, 자극적이라는 점에서는 똑같다. 무대가 전쟁 직후라면 고난의 나날을 보내는 어렵고 가난한 사람들을 위해서 헌신한다는 전개가 많았다. 그 다음 시대에는 성의(誠意) 혹은 규율이라고도 불리는 내성적이고 '종교적인' 경지로의 극적인 변절이라는 경향을 보였다. 그 뒤, 요사이 10년간, 가장 효과적인 애국주의로의 경도(傾倒)와 군입대가 계속되었다. 이렇듯 어떤 대의명분에 입각한 자극이 없으면 적어도 교양있는 계층의 일본인은 권태와 욕구불만에 빠지기 쉽다.

---

139) Edited by the Kokusai Bunka Shinkokai, Tokyo, 1939.
140) 예로서 시가 나오야(志賀直哉)의 『暗夜行路』를 들 수 있다.
141) 예로서 요코미쓰 리이치(橫光利一)의 『機器』를 들 수 있다.

이 권태 혹은 불안정은 곧잘 서양문화의 도입이 초래한 혼란이라고 지적된다. 서양화라는 배경이 다양한 사건과 일에 특별한 의미를 부여한 면도 있다는 점은 부정할 수 없을 것이다. 그러나 기본적으로는 이러한 권태는 일본인의 성격구조상의 특징에 그 뿌리가 있다. 서양화는 일본인에게 미친 그러한 영향을 중국인에게는 미치지 않았다. 중국인은 자기들을 분발시키는 마법의 문구를 반드시 요구하지는 않으며, 세계정복계획을 통해서 그것을 찾을 필요조차 느끼지 않는다.

농민이나 노동자가 이러한 권태를 느끼는 기회는 드물지만 자극에 대한 열망을 찾는 경우는 종종 있다. 다른 동양인과는 달리, 농촌에서의 축제는 디오니소스(Dionysos)적인(광란기 있는) 특징이 있으며, 실로 많은 예언자들을 농민들은 신봉하고 있다.

'중국에는 (종교적인) 예언자가 존재한 적이 없'는데, 일본에서는 매일 새로운 예언자를 옹립하는 컬트가 생겨나고 있다 하며, 일반 대중에게 침투하는 종파는 소수이기는 하지만, 그래도 수십개나 된다. 이러한 컬트의 의식은 수많은 세속의 축제와도 비슷해서 격렬하고 히스테릭한 것이 많으며, 일본의 모든 계층에서 강하게 바라는 자극을 신봉자에게 제공한다. 이런 디오니소스적인 결과라고 볼 수 있는 초점이 맞지 않는 멍한 눈동자라든지 이성에 의한 억제를 상실케 하는 의식을(진짜인지 가짜인지는 별개로), 일본 농촌에서 자주 볼 수 있다. 이러한 의식이 없다는 중국과는 완전히 대조적이라 할 수 있다.

일본은 작은 항아리

일본의 도덕기준이 요구하는 그 엄격함이 그들에게 어떤 영향을 미치는가는 새로운 사회환경에 대해서 일본인이 보이는 공통된 반응을 통해서도 뚜렷하게 확인할 수 있다. 일본인들은 그들의 도덕기준의 미묘한 특징에 대해서는 주변에서 인정해 줄 것이라는 안도감에 의존하는 그런 교육을 받기 때문에 외국인이 그들의 규칙에 전혀 무신경하면, 나는 "다른 혹성에서 온 존재이고 내 감각이나 감정은 이 세계에서는 전혀 쓸모없는 것이다"[142]라고 느끼게 된다. 이러한 특이한 반응에 대해서는 많은 지적이 있었지만, 가장 잘 표현한 것은 미시마(三島) 여사일 것이다. 미국 대학에서 공부하기를 열망하고 장학금을 받은 그녀는 미국에서 지낸 처음 2, 3년간에 대해서 다음과 같이 말한다.

제가 일본에서 받은 교육에 의하면 모든 동작(몸가짐)을 단아하고 정숙하게 하고, 말을 할 때는 예의에 벗어나는 일이 없도록 신경을 써야 했습니다. 그렇기 때문에 이 미국이라는 환경에서는 신경과민과 자의식과잉 상태가 되어 버린 겁니다. 사회라는 것에 대해서 저는 전혀 파악하지 못하고 있었던 것입니다… 이 미지의 세계에서 어떻게 행동하면 되는지 저는 알 수 없었으며, 일본인의 일반적인 특징인 '완벽한 예의'를 자랑으로 여기는 저의 마음은 무참하게도 짓밟힌 것입니다. 이 나라에서 어떻게 행동하면 되는지 알지 못하는 자기

---

142) Mishima, Sumie Seo. *My Narrow Isle*, 1941, p.107.

자신에게 분노를 느끼며, 제가 받은 교육을 비웃는 것처럼 보이는 주변 환경에 매우 화가 났습니다. 이 막연하고 그러나 뿌리깊은 분노 외에는 저의 내부에는 어떤 감정도 존재하지 않았습니다.[143]

미시마 여사는 웰즐리대학의 일본인 학생과 중국인 학생 사이에 보이는 차이점에 대해서 언급하고 있다. 거기서 강조되는 것은 '미지'의 환경에 대한 일본인 특유의 반응과 일본의 도덕기준과의 관계이다. 중국인 여학생에 대해서는 이렇게 이야기하고 있다.

…침착함과 사교성이 있었습니다. 대개의 일본 여학생에게는 이 점이 결여되어 있습니다. 이런 상류 중국 여성들은 이 지구에서 가장 세련된 존재처럼 보였습니다. 한 명도 빠짐없이 왕처럼 우아함을 갖추고 있었고, 마치 이 세계의 진실한 지배자처럼 느껴졌습니다. 이 위대한 기계와 스피드 중심의 문명 안에 있으면서도 전혀 동요하지 않는, 그리고 두려움을 보이지 않는 당당한 침착함은 우리 일본인 여성들의 겁이 많고 너무 신경질적인 면과 커다란 대조를 이루고 있었습니다. 이런 차이는 사회적 배경에 근본적인 차이가 있다는 것을 뒷받침하는 것이겠지요…

친숙한 환경에서 살고 싶다는 일본인의 욕구, 이주에 따른 고통, 완벽한 예의가 통하지 않는다고 깨달았을 때에 느끼는 두려울 정도의 부끄러움, 그리고 그 결과로서 발생하는 '초조함' 등이 미시

---

143) 인용문 중, 강조는 필자.

마 여사의 글에서 선명하게 묘사되고 있다.

어떤 일본인이 이런 이야기를 한 적이 있다. "일본은 작은 항아리와 같습니다. 그 속에서 우리는 아름답게 다듬어진 상록(常綠)의 분재를 키웁니다. 뿌리나 가지를 잘라주면 그 나무는 200년이나 살 수 있습니다. 그러나 일단 대지에 이식하면, 그 나무는 정상적인 크기로 자라서 그때는 어떤 정원사가 동원되어도 전의 상태로 돌릴 수 없게 됩니다." 이 '대지'란 물론 미국을 뜻한다. 미국에서는 예의 바른 생활을 위해서 자기의 감정을 철저하게 '잘라 없앨' 필요가 전혀 없는 것이다.

일본인은 어느 나라 사람 못지않게 명랑할 수 있으며, 낙천적일 수도 있다. 그러나 '미지의 것'에 대한 공포는 매우 심각하다. 일본인은 고도로 형식화된 예의와 윤리관으로 대처할 수 없는 상황을 두려워하며, 그 비밀을 풀기 위해서는 모든 노력을 아끼지 않는다. '규칙'을 알 수 없으면 안도감을 얻을 수 없다고 일본인은 교육받아 온 것이다.

미지의 것을 지배하고 싶다는 이 갈망이 서양문명을 익히려는 부단한 노력이나 '八紘一宇'[144]를 이룩한다는 사명 뒤에 숨어 있는 것이다. 이런 갈망은 틀림없이 8세기의 중국문화 도입의 배경에

---

144) * '八紘'은 '팔방(八方)'이란 뜻이고, '一宇'는 '한 집'이라는 뜻. 즉 '八紘一宇'는 온 세계가 한 집 아래에, 즉 한 가장 아래에서 사이좋게 지낸다는 뜻. 여기서 '한 집', '한 가장'은 일본, 일본인을 뜻한다. 일본이 제2차 세계대전(그들이 말하는 태평양전쟁) 때 지도원리이자 전쟁구호임.

도 잠재하고 있었을 것이다.[145]

일본이 도덕기준을 엄격하게 요구하는 데에는 이 외에도 실질적인 효과가 있다. 자기 자신에게 많은 것을 요구하는 사람들은 자경단(自警團)을 조직해서 동료에게도 많은 것을 요구하게 되는데, 일본에서는 이런 경향이 특히 현저하다. 흑룡회(黑龍會)와 같은 단체에는 개인의 언동에 대한 검열이나 간첩행위를 지지하고, 애국심이 조직의 호전적 국수주의에 이르지 못한 자를 벌하려는 사상을 가진 사람들이 대거 참여하고 있다. 또한 국가에 의한 끊임없는 감시는 국민을 '오인조'라는 단위로 분할해서 그 구성원이 샛길로 빠지지 않도록 서로 감시하는 기능을 갖게 함으로써 많은 효과를 올리고 있다. 이런 식으로 일반인들에게까지 제도화가 정착됨으로써 개인이나 가족 생활에도 불안이 깃들기 시작한 것이다. 도쿄에서 출판된 『문화일본』이라는 국수주의적인 서적에는 이렇게 적혀 있다. "일본 내의 어떤 집단에 가더라도 쉽게 초조함을 느끼게 될 것이다… 오늘날 일본에서는 상상을 초월할 정도의 많은 정신적 에너지를 이 초조함이라는 형태로 낭비하고 있다."[146]

일본의 가족에 대해서는 어느 일본인 저술가가 "일본인은 가족을 매우 존중하기 때문에 가족 개개의 구성원이나 가족으로서의

---

145) Gorer, Geoffrey. *Japanese Character Structure*, 1943, mimeographed, distributed by the Institute for International Studies 참조.

146) Ishikawa, Michigi. *Family Education in Japan*, Cultural Nippon V(1937) p.168.

유대에 대해서는 그다지 중요시하지 않는다"고까지 말한다.[147] 또한 위대한 교육자인 지하라(茅原)는 『일본에 대한 마지막 제언』(번역원고)에서 말과 행동을 대비시키는 일본의 격언에 대해서 이렇게 기술하였다.

말이 아니라 행동을! 이 격언이 뜻하는 것은 말과 행동의 단절은 아닌가. 말이 행동을 나타낸다면 다른 사람의 말을 듣기만 하면 충분하지 않겠는가. 말한 대로 행동에 옮기는지 아닌지를 확인해야 할 필요를 왜 느껴야 하는가? 이것은 우리가 말에 무게를 두지 않고, 말을 신용하지 않기 때문에 행동을 마지막까지 확인해야 하기 때문에 그런 것이다. 그 결과, 서로가 불신을 품게 되고, 나아가서는 그것이 세계적인 상호불신으로 이어지는 것이다.

가정 내의 프라이버시(privacy)에 대해서 말하는 이도 있다. "제대로 된 가정에 프라이버시는 필요없다. 프라이버시는 때때로 밀계나 음모의 원인이 되기 때문이다."[148] 실제로 일본에서는 특권을 부여받은 형에 대해서 동생이 반항하여 원한을 품게 되는 경우가 허다하다.

---

147) Nohara, E. *The True Face of Japan*, 1936, p.45.
148) Akimoto, Shunkichi. *Family Life in Japan*, 1937, p.49.

일본인 특유의 독선

자기 자신에게 많은 것을 요구하는 사람에게는 세계를 '구한다'는 사명감 때문에 독선과 고정관념에 빠지기 쉬운 성향도 함께 따라다닌다. 이 성향이 일본에서 어느 정도로 확산되었는지는 이미 다 아는 사실이지만, 물론 일본인 외에도 이러한 신념을 품기 쉬운 국민은 존재한다. 그러나 독일인의 경우는 주로 그 강력한 힘과 '도덕률'을 근거로, 약자는 강자에 따라야 한다, 노예인 인종은 주인인 인종에 종속되어야 한다고 주장했는데, 이에 반해서 일본이 근거로 삼는 것은 '지고(至高)의 덕'이다. 일본인이 그들의 점령지를 대동아공영권(大東亞共榮圈)이라고 부르는 것은 단순한 프로퍼갠더(propaganda)적 취향이 아니다. 일본의 주장에 의하면 그 근거는 '어머니로서의 도의'라고 한다. 잘못을 하는 아이들을 지도해서 조화를 이루도록 충분히 인식할 수 있도록 키운다는 것이다. 중국이나 필리핀에서는 이런 아이들이 감당할 수 없을 정도로 반항적이었기 때문에 일본군은 깊은 충격을 받았던 것이다. '구제'하고 있다고 생각하던 일본 입장에서 보면, 중국이나 필리핀 사람들이 갖는 일본의 동기에 대한 오해는 풀지 않으면 안 되는 '굴욕'이었던 것이다.

일본이 구세주로서의 사명을 띠고 있다는 표현은 너무나도 과장된 것이라 생각되기 때문에 서양인들은 모두가 그런 말에 대해서는 어느 정도 접고 이해한다. 그러나 여기서 독일의 선전문구와 세밀하게 비교해 보는 것도 가치있는 일일 것이다. 여기서 드는 예는 우선 이것이 오래된 자료이고(쓰인 것은 1912년 이전이고 영어판이 캠브리지대학 출판부에서 간행된 것은 1928년), 두 번째는 필자가 군인도 아니고 골수 애국자도 아닌 나고야(名古屋)의 상과대학 창립자이자 아이치(愛知)현의 공립고등학교 교장이기 때문이다. 이 필자는 중국의 혼란에 대해 이야기한 다음, 다음과 같이 말했다.

(세계 각국은) 그러한 주장을 정의로도 자비로도 보지 않는다… 그들은 아무렇지도 않게 무도한 행위로 달린다… 그 사악한 욕망에는 끝이 없다. 그러나 우리 신민 위에 계시는 신이 임명한 폐하께서는, 정의와 자비를 주창하며 왜곡된 것을 똑바로 펴고, 하늘과 땅에 대한 임무를 다하신다. 폐하 앞에서는 약자도 강자도 없으며, 가난한 자도 부유한 자도 없다. 하늘의 칙령을 받고 선의의 덕을 지니고 계시는 폐하와 제국의 신민인 우리는 그러한 악을 간과해서도 아니 되고, 그 악을 비난하지 않고서는 가만히 있을 수 없는 양심의 가책으로부터도 도피해서는 안 된다… 벌레와 같은 미천한 외국인은 대담하게도 폐하의 그 위광에 흠집을 내고 고결하신 어명을 더럽혔다. 천지의 영께서는 벌을 내리지 않을 수 없고, 그 신민인 우리 또한 격렬한 분노를 억제할 수가 없다. 폐하의 신민은 언제나 유덕한 군대로서 출동하여 정의를 위해서 일치단결하여 싸우도록 훈련받았다. 폐하를 위해서 필요하다면 스스로의 목숨을 바칠 각오도 되어 있다. 마음은 충절로 가득하며, 육체는 폐하의 어명에 따르는 정의에 대한 결의로 넘쳐 흐르고 있다… 충의를 지닌 무사가 되는 것을 바라지 않는 자가 있을까? 일본의 신민은 이 얼마나 행복한가![149]

---

149) Hibino, Yutaka. *Nippon Shindo Ron*, 1928, p.42, p.44, p.45.

이 발언에서 볼 수 있는 주제는 오늘날까지 거의 변함이 없다. 일본인이 그들 주장의 근거로 삼는 것은 일본인 특유의 독선인데 이만큼 위험한 근거는 없을 것이다.

독일의 경우, 그들의 세계정복이라는 주장의 근거가 된 것이 명령을 내리고 복종시키는 강력함과 프러시아인으로서의 능력이었기 때문에 전쟁에서 패배하면 스스로 잘못을 인정할 수 있다. 결과적으로 (우리도 강대했지만) 적이 우리보다 더 강대했다고 인정할 수 있는 것이다. 그러나 일본의 경우는 자국의 덕과 '세이신(精神)'이 세계 열강의 물질주의적인 가치관을 능가하지 않으면 안 된다는, 무엇보다도 완고한 신념을 품고 있다.[150]

이는 현대의 아이러니라고 할 수 있는데, "힘은 정의다"라는 기준이 아니라, 정의인지 악인지 하는 절대적인 윤리를 가르치는 나

---

150) 이들 유명한 일본 관련 핵심어는 "일본의 정신적인 가치는 서양의 물질적인 가치를 능가하는 것이다"고 번역할 수 있다. 그러나 '세이신(精神)'은 'spirituality'가 아니라 'the mind'이고, 일본의 'the spirit'이며, 일본의 'the code'인 것이다. 다음은 이들의 예이다.

mental disturbance(disturbance of seishin : '정신'의 동요)

cultivate the mind(seishin shuyo : '정신수양(精神修養)')

psychiatry(seishin ill : '정신'병)

psychological effect('psychological' is written seishin : 'psychological'은 '정신'이라 되어 있다)

act with all one's might, with all one's soul(throw in one's seishin : '정신'을 불어넣다)

where there's a will, there's a way(literally if one's seishin in brought to one-pointedness, can anything be impossible? : '精神 一到何事不成)

라에서조차도 스스로의 행동을 윤리적으로 완전히 정당화하는 데에 의문을 가지는 것이 세계적인 추세임에도 불구하고 일본은 그점에 대해서 전혀 의심을 품지 않는다. 메이지 이후, 일본에서도 모욕과 보복에 대한 강박관념을 어느 정도는 불필요한 것으로 여기게 되어, 같은 일본인끼리의 경우에는 그러한 관념을 최소한으로 억제한다. 그러나 장소와 시기(時機)만 맞으면 아직까지도 이 기준도 그들의 덕으로 받아들이는 것이 현실이다. 이는 특히 일본인 이외의 사람과의 관계에서 두드러지게 드러난다. 일본인은 이 기준의 윤리적 정당성에 대해서는 아무런 의문을 품지 않는다. 만약에 그들이 의문을 품는다면 그것은 윤리적인 정당성에 대해서가 아니라, 그들이 너무 심하게 이 기준을 적용하고 있지는 않는가 하는 점에 대한 의문이다.

일본이 전쟁에서 패배하기는 했지만, 일본의 독선은 전후 세계에 커다란 위협이 될 것이다. 다만 일본이 천황의 측근들이 전에 그랬던 것처럼 이번에도 '천황을 배신' 했으며, 앞으로 일본은 메이지 초기에 그러했던 것처럼 새로운 길을 선택하게 될 것이라고 국민에게 선언한다면 이야기는 달라진다.

이러한 내용을 담은 성명이 발표된다고 하더라도, 아마 그것은 사회혁명가 입에서가 아닐 것이다. 스스로의 소망을 실현할 수 있다고 믿는 자만이 그러한 일본의 발전을 상상할 수 있다. 성명을 발표하는 자가 있다면, 그것은 '자중'(신중함)으로 가득 찬 일본의 정치가나, 판세를 파악하여 희망이 없는 투쟁을 계속하려 하지 않는 그런 사람들이 아닐까. 이들은 아마 미국의 여론을 적으로 돌리는 한이 있더라도, 전쟁에 대해서 죄의식을 느끼지는 않을 것이다. 그저 일본이 그 막강한 군사력 때문에 온 세계로부터 경의와 찬사를 얻을 수 있다고 생각했는데 그것이 잘못된 이해였다는 점만 인정하고 말 것이다. 오히려 그들은 죄의식 등과는 전혀 다른 어떤 행동방침이 앞으로 일본의 '세이신(精神)'을 실천하는 최선의 방법이 될 것이라고 믿을 것이다.

책무의 수행과 존경

국제적인 견지에서 바라보면, 이 '세이신'에는 많은 이점이 있다. 일본의 독선은 불쾌하기는 하나, 그것이 평상시에는 전혀 무익하지는 않으며, 일본의 제도가 교묘하게 심고 있는 높은 뜻(志)은 동양의 여러 나라에서는 매우 필요한 것이기도 하다. 검약이나 소유의 거부 등과 같은 일본인의 도덕규범, 그리고 책무에 대한 인식은 그 어느것을 보아도 인류에 대한 위험이 되지는 않는다. 일본은 다른 나라로부터 존경받는 것을 중요시하기 때문에 진정한 평화가 찾아오면 그 상황에 맞는 방침을 세울 가능성이 높다. 일본에서는 기본적으로 방법이 변해도 그 '세이신'은 변하지 않는다는 것을 그들의 윤리로서 가르치고 있다. 여기서 '세이신'이란 책무를 다하는 일과 다른 사람으로부터 존경받는 일이다.

일본의 윤리규범이 형식적이기 때문에 메이지 초기에 볼 수 있었던 방향 전환이 가능했던 것이다. 일본의 기준은 어떤 문화와 비교하더라도 형식적이다. 책무나 예절에 관한 엄격한 규칙에 의해서 정해져 있다는 의미에서도 그렇고, 그 기준이 문화에 의해서 한정된 상황 특유의 것이며 선인지 악인지는 주변상황에 크게 좌우된다는 의미에서도 그렇다. 이처럼 상황에 의해 변하는 기준에 맞추어 사는 국민은 다양한 습관을 익히게 된다. 이 습관은 각각 명확하기도 하고 또 사회에서 용인되어 있기도 하지만, 보다 더 절대적인 윤리 안에서 자란 사람 입장에서 보면 서로가 모순된 것처럼 보인다. 그러나 그들은 상황이 변하면 매우 쉽게 새로운 상황 속으로 스스로를 내던질 줄 안다. 서양인이 일본을 가리켜 모방만 하고 있다고 비방하는 점은 이러한 사실로써 설명할 수 있다.

요사이 30년 정도, 구미인이 바라본 일본은 모방자에 불과했다. 일본이 생활양식 전체를 포기하고 있다고 생각했던 구미인들에게는 잘 이해할 수 없었는데, 사실은 일본인이 그들의 생활양식을 포기할 필요성은 다른 어느 나라보다도 적었다. 오히려 일본은 오래된 정신과 의무를 근거로 전력을 다하고 있었으며, 그 정신과 의무가 다양한 상황에서 기능한다는 점을 보여 주고 있었던 것에 불과하다. 현재, 우리는 일본인 포로에 관해서 같은 상황에 직면하고 있으며 그들이 보이는 외관상의 모순에 충격을 받고 있다.

자기 나라를 파멸로 이끌지도 모르는 전쟁이 한창일 때 일본인이 이처럼 일관성을 보이리라고는 서양인은 전혀 예상하지 못했다. 그러나 미군에 대한 포로들의 협조적인 태도는 문화적으로 예상할 수 있었던 일이기는 하다. 일본인은 전면적인 금주를 서약하거나 하지 않는다. 부적절한 상황에서의 음주를 비난할 뿐이다. 섹

스를 '육체와 악마'로 보고 질책하는 일도 없다. 납득할 수 있는 상황이라면 불교의 '사도리(悟り : 깨달음)'와 양립할 수 있는 것으로 간주한다. 그러나 역시 그 '장소'가 중요하다. 또한 일본인은 진심으로 천황을 숭배하지만, 경우에 따라서는 천황이 임명한 최고위 사람들을 살해하고 그리고 그것이 공정함과 모순되지 않는다고 생각한다. 일본인은 극도로 덕에 신경을 쓰는데, 극히 일반적인 표현에서조차 그러한 덕을 서로 받아들일 수 없는 것으로 대립시켜, 일상적이고 평범한 행동이 〈仁〉의 범주에 속'하는지, '〈義理〉의 범주에 속'하는지, 아니면 '〈孝〉의 범주에 속'하는지를 구별하려 한다.

구미의 윤리는 그것에 복종하고 안 하고는 별도로 그것은 절대적인 것이다. 우리들의 가르침에 의하면 거짓말을 하는 것은 그 자체가 악이기 때문에 설령 선의에 의해서 한 거짓말일지라도 도덕적으로 옳은 행위가 될 수는 없다. 서양에는 절대적인 악의 개념이 있으며, 그 개념에 의해서 신과 악마는 완전히 구별된다. 세계와 인간의 영혼은 신과 악마에 의한 투쟁의 장이라고 인식하는 우리는, 조그마한 변화에 의해서 동일한 힘이 때로는 선에게도 그리고 때로는 악에게도 이용당할 수 있다는 점을 유감스럽게도 때때로 잊게 된다. 스스로의 신조를 따르는지 아닌지를 도덕상의 문제로 생각하는 우리에게, 일본인의 행동을 이해하기란 결코 쉬운 일이 아니다. 일본인은 충격적일 정도의 열의를 가지고 공(公)의 기준에 따르면서도, 그들이 절대시하는 명령 그 자체가 갖는 강제력과 그에 수반되는 행동은 일본인의 눈으로 봐도 서로 대립한다. 우리와 일본 모두, 강한 구속력을 지니는 서로 대립하는 개념 앞에 각 개인이 노출되어 있는 셈이다.

구미인은 오해에 오해를 거듭해 왔다. 특정 상황에서 일본인이 보여 주는 유순함 때문에 그들을 '유순'한 민족으로 분류하고, 일본인이 갖는 규율을 보고 그들의 불복종의 패턴을 알아차리지 못하고 일본인이 가끔 보이는 숙명론적인 구도 때문에 그들을 숙명론자로 생각해 왔던 것이다.

미국인이 일본을 상대할 때, 가장 효과적인 것은 '세키닌(責任)감'이라는 일본인이 갖는 강한 덕에 호소하는 방법이다. 이 일본어가 갖는 의미는 영어의 'responsibility'와 거의 일치하며, 책임을 진다, 자기 책임을 다하다, (골치아픈 일이나 재난이 발생했을 때의) 책임자가 된다, 책임을 전가한다 (자기 자신은 책임을 면하다), 집단으로서의 (문자 그대로는 '공동') 책임, 책임의 무게와 같이 사용된다. 단, 일본에서는 '책임'이 매우 중요하며, '죄를 벌하다'는 뜻으로 "'세키닌샤'(책임자. 명령대로 움직이는 부하가 아니라, 상사를 뜻함)를 벌한다"고 말할 때가 있다. 일본의 습관에서는 자기 행동이 다른 사람에게 미치는 영향을 고려해서 사전에 그 영향을 본인이 자각해야 하기 때문에, 책임 소재는 구미보다 철저한데, 이는 국제 관계에서는 결점이 아니라 오히려 장점이 된다.

모욕은 파괴적

구미인이 일본에 대해서 사용하는 효력있는 방법 중, 가장 파괴적인 것은 모욕을 주는 것이다. 서양 윤리에서는 과실을 범한 자의 자존심에 흠집을 내는 것은 바람직한 일로 받아들여진다. 그렇게 함으로써 자기가 저지른 죄를 받아들일 수 있기 때문이다. 그런데 전쟁에 패하는 것은 그 자체가 모욕인데, 일본인은 서양과는 다른 윤리를 가지고 있다. 다른 나라와의 전쟁을 통해서 그들의 윤리가 어떻게 적용되는지를 나타내는 유명한 일화가 있다.

1905년에 여순(旅順)에서 러시아군 사령관이 항복했을 때의 이야기이다. 러시아군 사령관인 스텟셀 장군이 일본이 제시한 항복 조건을 받아들이겠다고 표명하자, 일본군 대위와 통역은 선물을 가지고 러시아군 사령부로 향했다. "스텟셀 장군의 말을 제외하고 모든 말이 식용으로 살해되었기 때문에 일본군이 지참한 50마리의 닭과 100개의 신선한 달걀은 정말로 환대받았다." 양측 사령관의 회담은 그 다음날로 일정이 잡혔다. "두 장군은 굳게 악수를 나누었다. 스텟셀 장군은 일본인의 용기를 찬양하고 일본 해군의 포격으로 러시아군은 괴멸적인 타격을 입었다고 말했다. 노기(乃木) 장군은 러시아군의 장기간에 걸친 용감한 방어전을 칭찬했다. 스텟셀 장군은 노기 장군의 두 아들이 이번 전투에서 사망한 점에 대해서 애도의 뜻을 표했다… 스텟셀 장군은 노기 장군에게 자기의 아름다운 아랍종 백마를 선물로 주려고 했는데, 노기 장군은 이 선물을 받고 싶은 마음은 굴뚝 같지만 우선은 폐하에게 헌상해야만 한다고 대답했다. 그러나 노기 장군은 결국은 자기에게 하사될 것이 분명하기 때문에 그때는 오래 전부터 키워 온 애마로 생각하고 소중히 하겠다고 약속했다." 151)

일본에서는 누구나 알고 있는 이야기지만, 노기는 스텟셀한테서 받은 말을 위해서 앞마당에 마굿간을 세웠다. 노기 자신의 집보다도 더 훌륭하다는 평을 받기도 했던 그 마굿간은 현재 노기 신사(乃木神社)의 일부가 되었다. 또한 일본에서는 러시아군이 항복했을 때의 사진에 관한 이야기도 잘 알려져 있다. 그 사진에 찍힌 일본군과 러시아군을 구별하는 기준은 군복밖에 없다. 러시아인도 군도(軍刀)를 차고 있기 때문이다.

즉 전쟁에서 패하는 것은 문자 그대로 싸움에 지는 일에 불과했던 것이다. 모욕감을 개입시키면서 패배를 복잡하게 만들 필요가 없었던 것이다. 일본인에게 모욕이란 조소이자 깔보는 일이며, 불명예의 상징을 강조하는 일인 것이다.

여기서 주의해야 할 것은 러일전쟁의 결말과 필리핀에서 일본이 거둔 승리의 차이점이다. 이 두 전쟁의 차이점이 치사하는 것은, 기존의 지적처럼 두 전쟁을 치르는 사이에 생긴 일본인의 성격구조의 변화가 아니다. 적인 러시아가 일본을 '모욕'했다고는 보지 않은 데 비해서, 미국의 정책은 '일본을 우습게 보는' 것, 일본인의 표현을 빌리자면 '일본을 썩은 메주처럼 다루는' 것으로 생각하게끔 일본인에게 주입되었다는 점에 주목해야 한다. 배일이민법(排日

---

151) Close, Upton. *Behind the Face of Japan*, 1942, p.294. 일본 자료로부터 인용.

移民法)을 비롯해서 '포츠머드(Portsmouth)조약 [152]이나 군축조약에서의 미국의 역할이나 극동에서 확대되는 미국의 경제적 역할, 그리고 세계 유색인종에 대한 미국의 차별적 태도 등을 접한 일본에서 이는 당연한 반응이었다고 할 수 있다. 이미 지적한 것처럼 일본의 도덕기준에 의하면 모욕감을 푸는 것은 악으로 간주하지 않으며, 공격이라고 불리지도 않는다. 빚을 청산하는 것은 '세계가 거꾸로 가지 않게 하는 것'인 것이다.

이러한 가르침이나 방침이 서양의 윤리에서 얼마나 강하게 비난받는 일인가는 문제가 되지 않는다. 필리핀에서 볼 수 있었던 이런 가르침에 입각한 일본의 행동은 장래의 외교정책이라는 관점에서 보면 단순히 일본의 패배뿐만 아니라 일본인에게 굴욕적인 일을 연합국[153]이 강조했을 때, 당연히 예기했어야 할 사태에 대한 경고를 담고 있다고 봐야 한다. 일본인은 서양인 이상으로 패배와 굴욕을 구분해서 생각한다. 패배하더라도 일본인은 그들의 인생철학에 입각해서 그 동안의 '승리'에서 얻은 모든 권리를 포기할 수 있다. 군국주의하의 일본으로서는 '모욕'적인 군축조약에서 연합군측의 요구나 정복행위를 못 본 체 수용할 수 있다. 신중한 언행으로 모든 일이 해결되는 것은 아니지만, 우리 연합군측의 언행이

---

152) *1905년에 러시아와 일본이 체결한 강화조약. 내용은 일본의 한국에서의 권익 확인, 러시아군의 만주 철수, 관동주(關東州)의 조차권 및 장춘(長春)-여순(旅順) 간 철도의 양도, 사할린 남쪽 반의 할거 등.

153) *『日本人の行動パターン』에서는 '추축국(樞軸國)'으로 되어 있다. 내용상 '연합국'이기 때문에 '연합국'으로 변경했다.

신중해야 한다는 것은 더 말할 나위가 없다. 패배는 했지만 일본은 용감하고 존경할 만한 적이었다고 우리가 인정하는 한, 그것은 전후 세계에 많은 이익을 가져다 줄 것이다. 그러나 천황의 지위를 빼앗거나 '무라(마을)' 단위의 전후 점령이라는 모욕적인 조건을 설정하거나, 아니면 보수적인 일본 지도자에게 그들이 말하는 '적의 다리 사이를 기어 지나가게' 하는 일을 우리가 주장한다면 일본은 분노하고 의분(義憤)을 이기지 못해서 복수를 다짐하는 반응을 보일 것이다. 원한을 풀기 위한 낭인들의 나라가 될 것이다.

우리의 윤리 의식으로는 모욕당하면 죄를 자각하게 된다고 생각하지만 일본인은 모욕적인 경험을 하더라도 전혀 죄를 자각하지 않는다. 앞으로 다음 세대에는 극동에서도 법과 질서를 확립하기 위해서도 일본이 '낭인'의 나라가 되는 것을 막아야 한다. 아무리 분노를 느끼더라도 — 이미 많은 분노를 사 왔지만 — 일본과의 조약이나 일본에서의 점령을 성공시키기 위해서 모욕을 뜻하는 불필요한 상징에 의해서 일본의 패전을 복잡하게 만들지 않는 것이 바람직하다는 점을 우리는 어느 정도 고려할 수밖에 없다.

중국처럼 약한 적에게 패하는 것이 아니라, 미국과 영국과 러시아의 총체적인 노력에 의한 불가항력적인 패전이라는 사실이 존재한다면, 일본도 다소의 자존심을 지킬 수 있을 것이다. 이에 관해서 일본이 자기 국민에게 어떻게 설명을 하든, 반대하지 말고 교섭을 통해서 이를 이용하는 것이 상책이라고 생각한다. 종전 처리 과정에서 조소당하지 않았다고 일본이 인식하는 일이 전후 세계에 없어서는 안 될 재산이 될 것이다.

천황은 어떻게 처우해야 하는가

전후 일본을 이야기할 때, 이 천황문제를 피하고 지나칠 수는 없다. 서적이나 신문, 전후 계획의 입안에 관한 회의, 그리고 극동담당 민정관(民政官)이나 전략정보국원 등, 어떤 경우일지라도 마찬가지다. 일본을 둘러싼 대부분의 문제에서 보다 많은 정보나 설명이 요구되고 있는데 이 문제에 대한 미국인의 생각은 이미 확고하며, 논쟁의 여지는 없는 것으로 보인다. 그러나 이문화(異文化) 사이의 문제를 취급해야 되는 인류학자는 문화의 차이에 민감해지지 않을 수 없다. 미국 인디언, 호주 선주민, 중국, 인도 등, 그 논의의 대상이 어디이든 항상 이 차이에 직면해 왔기 때문이다.

일반적으로 논쟁의 여지가 없는 의견은, 우리 문화에 대한 평가에서 민감한 부분을 지적당했을 때 떠오른다. 즉 우리 문화에서는 도저히 '생각할 수 없는' 사항이라는 반응인 것이다. 미국과는 다른 문화를 전제로 조사를 한다는 데에 익숙하지 않기 때문에 우리는 자국 문화인 미국 문화를 근거로 그러한 사항에 대해서 비난하게 된다. 이러한 반응을 정책으로 옮길 때, 사전에 숙고를 해야 하는 것은 자명한 일이다.

미국인에게는 이해하기 힘든 나라

천황문제는 확실히 미국인의 신경을 민감하게 건드린다. 기독교의 삼위일체를 불경(不敬)이라는 이유로 위험시하는 일본 정부에 대해서 선교사들이 품는 공포감은 이 문제의 본질이 가장 극단적인 모습으로 표면화한 예라 할 수 있다. 구미인은 성직자가 아니라도 인간과 신과의 근본적인 차이를 애매모호하게 얼버무리는 외국의 신앙에 대해서는 일절 받아들이려 하지 않는다. 그것이 모독인지 아닌지는 별도로 두더라도, 어찌할 수 없는 후안무치라고 느끼는 것은 확실하며, 그런 감정을 근거로 성직자와 비슷한 확신에 찬 반응을 나타내는 것이 일반적인 경향이다.

성직자인지의 여부에 관계없이 미국인이 매우 부정적인 반응을 보이는 이유는 위에서 든 이유 외에 또 다른 이유가 있다. 일본의 천황은 위대한 아버지를 세계에서 가장 극단적으로 상징한 경우인데, 이는 미국 성인의 자존심을 지탱하는 개인주의의 기반과 상충된다. 미국의 경우, 성장이란 사람이 자립해서 아버지에 대한 의존은 물론이고 모든 '가부장' 적인 상징에 대한 의존에서 탈피하는 것을 뜻한다. 따라서 의존을 굴욕으로 여기지 않는 나라를 미국인은 이해하지 못한다. 미국에서는 의존과 굴욕이 하나로 이어지는 것은 피할 수 없는 일이기 때문이다. 미국인의 천황 반대론의 대부분이 이를 근거로 천황을 폭격하든지 퇴위시키면 그것만으로도 일본인에게 자존심을 싹트게 할 수 있다는 설을 주장하는 것도 그래서 그렇다. 이 문제는 우리 미국인들에겐 가장 중요한 윤리상의 전제에 기초한 도덕적 문제인 것이다.

인류학자들은 독립이라는 전제와 위대한 아버지라는 전제에 기초를 둔 많은 문화를 조사해 왔다. 그 결과, 어느 전제도 사회와의 관련에서 보면 그 자체는 선도 악도 아니다는 사실이 밝혀졌다. 두 전제 모두 주변 사람들에게는 위험한 사회의 기반이 될 수도 있으며, 또한 오로지 평화를 추구하는 사회의 기반이 될 수도 있다.

이 두 전제는 모두가 인간 관계를 계통 분류하는 방법이 될 수 있는데, 두 전제 모두 다른 한쪽 문화에서 자란 사람에게는 거부의 대상이 된다. 자국의 문화기준에 대한 충성의 정도를 나타내는 지표로서 생각한다면 이러한 극단적인 반응에도 나름대로 의미는 있을 것이다. 그러나 다른 민족이나 국가에 무엇을 요구하면 유익한가 하는 점이 쟁점이 되는 외교상의 바람직한 정책의 한 항목으로서는 무의미하다.

인종과 문화가 다른 국가에 의한 타국민의 통치라는 문제에 관해서, 가장 광범위한 자료가 존재하는 것이 인류학에서 문화변용의 분야이다. 이 문화변용은 집단간의 접촉, 특히 진보가 느린 집단에 역점을 두고 연구하는 것인데, 실제로는 문화적 배경이 다른 어느 집단이 다른 집단을 지배하는 것을 연구하는 경우가 대부분이다. 그 지배형태에는 정복도 있고 식민지화도 있고, 경제적인 것, 보호적인 것도 있다. 이러한 연구에 의해서 얻은 결론에, 지배받는 쪽의 종교에 대한 지배하는 쪽의 정면공격은 우위에 있는 강한 집단에는 커다란 손실을 초래하고, 하위에 있는 집단 내에 바람직하지 않은 결과를 불러온다, 는 이론이 있다. 일본의 경우를 여기에 적용시켜 보면, 이 결론의 중요성을 이해할 수 있을 것이다.

일본의 엄격한 종교적 교의인 황실 숭배는 다른 교의를 신봉하는 다른 나라들을 크게 분개시키지만, 일본인에게는 강한 충성을 요구한다. 전후 복구작업은 배후에 천황에 의한 강제력이 뒷받침되면 그만큼 수월해질 것이며, 미국이 천황제를 폐지하도록 요구하면 그만큼 곤란에 어려워질 것이다.

실패는 천황의 뜻이 아니다

다만 장래의 평화를 위해서 불가피하다면 그 대가를 치르는 것이 바람직하다. 프로퍼갠더 담당자들은 천황제 폐지의 필요성을 느낄 때도 있을 것이다. 그러나 문화변용 연구를 통해서 얻은 가장 중요한 결론은 그러한 필요성은 잘못이라는 점이다.

종교는 그 특성이나 목적에 국가나 공동체의 사회생활을 반영한다. 사회생활의 변화에 따라서 종교의 기도나 의식(儀式), 공물(供物)등이 변한다. 이러한 변화는 아무리 규제해도 종교와 공동체의 협력체제만 위태로워질 뿐, 변화 자체를 막을 수는 없다. 호전적인 종족은 종교를 전쟁의 도구로 삼으려 할 것이다. 경제나 사회적 문제에 열광하는 종족은 종교의식을 마술적인 목적으로 이용할 것이다.

한편 평화로운 종족이나 물자를 비교적 공평하게 분배하는 종족은 종교의식을 공통의 이익 — 한 종족의 건강, 풍작, 비를 비롯한 날씨의 제어, 사회의 단결 등— 을 실현하는 수단으로 사용할 것이다. 얻고자 하는 결과를 초자연계의 힘을 빌려서 구현하는 수단인 종교는, 당연한 일이지만 그 사회가 가장 중요시하는 결과를 추구하게 된다. 실제 사회에서 종교의 역할은, 종교사 연구자들이 주장하는 것보다 훨씬 더 쉽게 시간의 경과에 따라서 변한다. 종교는 상황의 변화에 따라서 필연적으로 그 역할을 바꾸는데, 그 변화가 내적 동기에 의한 것이 아니라, 외부적 요인에 의한 것일 경우, 그 결과가 극히 심각한 사태로 발전되는 것은 자명한 일이다.

이러한 이유로 일본에 대한 미국의 프로퍼갠더 정책에서는 천황 숭배나 신도(神道)의 교의와 같은 문제를 제기하는 것은 기본적으로 바람직하지 않다는 생각을 가지는 것이 현명하다고 할 수 있다. 그 이유는 천황 숭배나 신도의 교의는 일본 사회의 부적절한 요소나 잘못의 대극에 위치하기 때문이다. 미국이 확실한 근거에 입각해서 이의를 제기할 수 있으며, 세계의 구세주이고자 하는 일본이 패한 원인으로서 미국의 프로퍼갠더 기획자들이 정당하게 지적할 수 있는 일본의 부적절한 요소 또는 잘못은, '겐페이(憲兵)', 즉 독재적인 군사경찰, 전횡적인 경찰재판소, 법의 규제를 받지 않는 재벌, 공장노동자의 수준 이하의 임금과 노동조건, 농민에게 부과되는 초법적인 중과세, '팔굉일우' 때문에 대동아공영권 국가들도 혹평한 일본의 어리석음과 오만함 등이다.

일본이 세계의 위협으로 남는 것을 피하기 위해서는 일본의 패전에 일본이 해외정복을 단념하고 일본 국내의 사회정책이 쇄신된다는 의미를 부여해야 한다. 이러한 내용을 실행해서 세계정세를 안정시킬 수 있다면, 천황 숭배나 신도의 종교적인 요소도 평화로운 국가의 밑거름이 될 것이고, 사회의 목표가 변화함에 따라서 소멸될 수도 있다. 천황 숭배와 관련된 교의를 현재처럼 군사적인 목적으로 사용하지 않고 분리해서 생각함으로써 미국이 이익을 볼 수도 있을 것이다. 또한 일본이 바란다면 그들의 관습을 파괴하지 않고 지금의 천황 대신에 후임자를 두는 경우까지 고려해야 할 것이다.

이렇게 할 경우, 프로퍼갠더에 관해서는 전통적인 일본의 상투적인 문구를 응용하면 된다. 군국주의자들이 '천황을 배신'했다, '폐하의 마음을 평온하게' 하지 못했다고. 요컨대 군국주의자들이 실패한 것이라고 분명히 못을 박으면 되는 문제다. 실패는 천황의 뜻이 아니었다는 이해가 일본에서는 자명한 일로 받아들여지고 있기 때문에.

(이 비망록은 「일본인의 행동패턴」(Japanese Behavior Patterns)이 작성되기 전에 씌어진 것이다.)

「일본인의 행동패턴」에서 『국화와 칼』까지

후쿠이 나나코(福井七子)

시작하는 말

베네딕트 컬렉션(Benedict Collections)이 소장된 배서대학(Vassar College)에는 지금까지 여러 번 신세를 졌다. 뉴욕에서 자동차로 2시간, 조그마한 고장인 푸킵시(Poughkeepsie)는 이전에 IBM의 주력공장이 있었으며 일본인 방문객도 많았다고 한다. 지금은 그 규모도 축소되어 당시를 알지 못하는 나는 번영의 흔적마저 느낄 수 없었다. 그러나 루스 베네딕트의 모교인 배서대학은 지금도 명문대학의 하나이다. 그리고 역사적으로도 일본과는 무관하지 않다. 1871년 11월에 '이와쿠라(岩倉)' 사절단과 동행한 5명의 여자 유학생 중 한 사람으로서 미국에 파견된 야마가와 스데마쓰(山川捨松), 즉 후의 오야마 스데마쓰(大山捨松)154)는 이 배서대학을 1882

---

154) *1860~1919. 일본에서 외국으로 유학한 첫 번째 여자 유학생. 원래 이름은 사키고(咲子). 1871년에 '이와쿠라' 사절단(岩倉使節團)과 함께 국비 유학생으로서 미국으로 건너갈 때, 그녀의 어머니가 "歸る日まで捨てたつ

년에 졸업하여 외국 대학에서 처음 학위를 취득한 최초의 일본 여성이다. 캠퍼스에는 몇 그루의 커다란 단풍나무 고목이 있는데 내가 처음으로 이 대학을 방문했을 때 도서관으로 이어지는 아담한 길은 노랗고 빨간 낙엽으로 덮여 있었다. 방대한 자료에 압도당하면서 스데마쓰도 베네딕트도 아마 이 경치를 즐겼을 거라고 상상하는 일은 나에게는 커다란 위안이 되었다.

귀국해서 몇 주 지났을 무렵, 1992년 12월 24일 『일본경제신문』을 보고 나는 매우 경악했다. 그건 야마다 에타이(山田惠諦) 천태종 좌주(座主)의 '나의 이력서'에 실린 기사였다. 조금 길지만 되도록 베네딕트와 관련된 부분을 중심으로 소개하겠다.

… 21년의 언제였는지 기억은 잘 안 나지만 GHQ(연합국 군총사령부) 일행이 히에이산(比叡山)에 온다는 연락을 받았다. 점령정책이 시작된 후에 재벌해체라든지 농지개혁 등, 차례로 민주화가 진행되던 와중이라 무슨 용건으로 오는지 몰라서 꽤 궁금하고 당황했었다. 접대한다고는 하지만 워낙 물자가 없었던 시대였다. 그래서 있는 그대로를 보여 주고 평가를 받을 수밖에 없다고 마음먹고 점심으로 팥과 미숫가루로 떡을 만들어서 일행이 오기를 기다렸다.

방문단은 여성을 포함한 4, 5명의 미국 병사와 일본계 통역이었다. 처음 보는 미국인의 건장한 체격에 놀랐지만, 모두 예의바르고 놀랄 정도로 신사적이었다.

もりで待つ(돌아올 때까지 버렸다고 생각하고 기다리겠다)"는 말을 받아서, '捨てる'(버리다), '待つ'(기다리다)의 동음어인 '松'(소나무)을 따서 '捨松'라고 개명했다.

내가 세운 작전은 우선 근본중당(根本中堂)[155]으로 안내해서 복도를 따라서 외진(外陣)[156]으로 들어와서는 모든 창과 문을 다 닫아서 암흑으로 만드는 것이었다. 잠시 후 중진(中陣)[157]으로 안내해서 약사여래상(藥師如來像)과 전교대사(傳敎大師)께서 점등하신 '불멸의 법등(法燈)'이 있는 내진(內陣)[158]을 보이고, 그 다음에 서원(書院)[159]으로 가서 점심식사를 하는 순서였다. 서원의 의자는 치워졌기 때문에 순일본식으로 방석에 앉아서 식사를 하게 된다.

대충 견학을 마치고 서원에 들어온 일행은 익숙하지 않는 일본식에 당황해 하면서도 서로 무슨 이야기를 주고받으며 고개를 끄덕이고 있었다. 어떤 느낌을 받았는지 알고 싶어서 통역에 질문을 부탁했더니, 대충 다음과 같은 대답이 돌아왔다.

그들은 점령군의 일본조사팀 일행으로서 자원도 없는 작은 나라의 몸집이 작은 일본인이 어떻게 해서 그토록 전쟁에 강했으며 마지막까지 싸울 수 있었는지를 조사하기 위해 이렇게 다니고 있다고 한다. 꽤 많은 곳을 돌아다녔으며, 신사에도 갔으나, 히에이산에 와서 처음 그 해답을 얻게 되었다. 저 껌껌한 내진에서 1200년이나 꺼지지 않고 있는 불멸의 법등처럼 일본인의 마음속에는 신불(神佛)이 깊게 뿌리내려 빛을 발하고 있다. 내가 옳다고 생각한 일을 해내는 힘은 일본인의 이러한 종교성과 무관하지는 않을 것이다….

---

155) *히에이산(比叡山) 엔랴쿠지(延曆寺)의 본당(本堂). 천태종(天台宗) 본당의 대표적인 건물. 현존하는 건물은 1640년에 재건되었음.
156) *절이나 신사의 건물 내부에서 참배객이 앉아서 배례(拜禮)하는 곳.
157) *절이나 신사에서 신체(神體)나 본존(本尊) 안치 장소인 내진과, 일반 참배객이 배례하는 외진 중간에 위치한 공간을 뜻함.
158) *절이나 신사에서 신체나 본존을 모신 본전.
159) *절의 글방이나, 손님을 위한 접대의 공간으로도 쓰임.

예상도 하지 못한 대답에 나는 적잖은 충격을 받았다. 꺼지게 해서는 안 된다고 그저 그렇게만 생각하면서 지켜 온 '아무 말도 하지 않는' 법등이 이방인에게는 모든 것을 다 말하고 있었던 것이다. 종교의 정통성이라고나 할까, 법등의 존엄성, 고마움을 새삼스럽게 깨닫게 된 순간이었다.

'라이스 케이크'를 먹고 "오늘의 대접은 매우 좋았습니다"는 말을 남기고 떠난 일행 중에 『국화와 칼』을 쓴 루스 베네딕트가 있었다는 이야기를 들은 것은 상당히 훗날이 되어서의 일이었다.

여기서 말하는 루스 베네딕트는 물론 실제 루스 베네딕트는 아니다. 그러나 실제로 루스 베네딕트였다고 하더라도 조금도 이상하다는 생각이 들지 않는다. 루스 베네딕트의 『국화와 칼』 혹은 '〈하지(恥)〉의 문화'는 좋은 의미로든 나쁜 의미로든 지금도 일본인에 대해서 언급할 때 없어서는 안 될 책이며 일본인의 윤리인 것이다. 물론 근래에 와서는 "이전에는 일본인은 수줍음·부끄러움을 알고 있었다. 일본이 패전한 후, 미군 병사들은 일본이 부흥할 것을 확신했다고 한다. 그 이유는 물자를 아이들에게 배급할 때, 어떤 경우에도 제대로 인사를 하고 고마움을 표했기 때문이라고 한다. 그러한 수줍음·부끄러움을 지금의 젊은이들은 잊어버렸는가"라고 약간은 향수에 젖으면서 지적하는 경우가 많아졌다.

어쨌든 베네딕트는 많은 장면에서 등장하는데 아직은 그녀의 주장에 대해서 오해하거나 불충분한 이해로 그치고 있는 부분이 많다고 생각한다. 이 글은 지금까지의 필자의 연구를 정리한 것인데, 물론 베네딕트의 전체상을 서술하는 데에 그 의도가 있는 것은 아니다. 태평양전쟁이라는 시대를 씨실로 하고, 베네딕트 자신을 날실로 삼아 짠 작품『국화와 칼』과 그 기초가 된「일본인의 행동 패턴」에 초점을 맞추어, 그 배경 자료를 밝힘으로써 베네딕트가 엮어낸 작품의 문양을 고찰하려 한다.

일본인의 성격구조

앞에서 언급한 여성은 과연 누구였는가, 지금까지 조사한 결과, 명확한 결론을 이끌어 내지는 못했지만, 헬렌 미어즈가 아니었나 생각한다. 헬렌 미어즈는 전전과 전후에 모두 3번 일본을 방문한 경험이 있으며, 일본 체재담을 이야기한 *Year of the Wild Boar : An American Woman in Japan*(『野猪の年』)을 1942년에 출판했다. 1946년에는 연합국 최고사령관 총사령부(GHQ)의 노동문제 자문위원의 한 사람으로서 방일하여 일본의 노동성부인소년국(勞動省婦人少年局) 창설에 노력하였다. 1948년에 *Mirror for Americans : Japan*을 출판했지만, 맥아더는 일본어로 번역하는 것을 허가하지 않아, 5년 후인 1953년이 되어서야『미국의 반성』[160)]이라는 이름으로 출판하기에 이르렀다. 1995년에『미국의 거울 · 일본』[161)]이라는 이름으로 다시 번역 출판된 문제의 책이다. 참고로『국화와 칼

---

160) *『アメリカの反省』(文藝春秋新社)
161) *『アメリカの鏡 · 日本』(メディアファクトリー)

—일본 문화의 형』은 GHQ가 추천하는 번역이 허가된 책으로, 미국에서 출판된 지 2년 후인 1948년에는 일본에서 번역 출판되었다.

『잊혀진 미일 관계—헬렌 미어즈의 물음』[162]의 제1장에서는 헬렌 미어즈와 루스 베네딕트를 다루면서 두 사람의 대표작인 『미국의 거울』과 『국화와 칼』이 거의 2년 차이로 같은 출판사인 호턴 미플린(Houghton Mifflin)사에서 출판된 점에 대해서 언급하고 있다. 베네딕트는 한 번도 일본을 방문한 적이 없으면서 오늘날 일본인 연구의 뿌리라고도 할 수 있는 『국화와 칼』을 펴냈는 데 반해서 일본에서의 체재경험이 있음에도 불구하고 저서는 물론이고 그 인물에 대해서도 거의 알려져 있지 않은 헬렌 미어즈에 대해서 세밀한 조사자료를 통해서 조명하고 있다.

베네딕트가 헬렌 미어즈를 전혀 알지 못하는 건 아니었다. 1943년 여름쯤에 시작한 전시정보국(戰時情報局 : Office of War Information-OWI)은 전쟁상황이 유럽에서 일본으로 그 초점이 옮겨 가자 베네딕트에게 일본 연구를 명령하였다. 그녀에게 부여된 임무는 문화인류학자로서의 지식을 최대한 활용해서 '일본인이란 어떤 국민인지를 상세히 설명하는 것'이었다.

베네딕트는 영문으로 번역된 일본 관계 문헌을 많이 읽고 일본인의 심리연구를 하고 있었다. 헬렌 미어즈의 저서인 *Year of the Wild Boar : An American Woman in Japan*은 물론 그녀의 정보원

---

162) *『忘れられた日米關係 - ヘレン・ミアーズの問い』(御廚貴・小鹽和人 著, ちくま新書, 1996年)

(情報源) 중 하나였다.

때마침 일본을 상대로 하는 전쟁 수행과 일본에 대한 전후정책을 둘러싸고 '일본인의 성격구조'를 분석하기 위한 임시회의가 뉴욕에서 열렸다. 1944년 12월 16일~17일 이틀 동안 열린 이 태평양문제조사회(Institute of Pacific Relations, 이하 IPA회의라 칭함)에 소집된 면면은 일본에 관한 현재 및 장래 계획에 종사하는 정부의 전문가, 일본 및 일본인에 대한 학식 경험자, 그리고 문화와 퍼스낼리티 연구자를 포함한 정신분석학자와 문화인류학자, 사회학자 등으로 구성되어 있었다. 루스 베네딕트(Ruth Benedict), 마가렛 미드(Margaret Mead), 제프리 고러(Geoffrey Gorer), 헬렌 미어즈도 그 자리에 있었다. 40명이 넘는 연구자가 토의한 '일본인의 성격구조'란 어떤 것이었는가? 이 회의는 조정역할을 한 마가렛 미드가 요약·정리했다.

IPA회의

일본인은 청년기

회의에 앞서, 소집을 받은 사람들이 먼저 서면으로 제출한 제안에 따라서 문제점이 작성되어 출석자에게 우송되었다. 회의에서는 사회학자 탈고트 파슨즈 박사에 의한 '일본의 문화패턴'과 '일본사회구조의 개관'이라는 제목의 강연이 있었다. 그리고 일본인 병사가 쓴 일기를 회람했고 영화 『초콜릿과 병사』[163]가 상영되었다. 그러나 기계 고장으로 음성 없이 상영된 것 같다.

정신분석학자인 프랭크 터넌봄은 일본인의 행동과 미국 개의 유사점에 대해서 코멘트했다. 또한 일본에서 체재한 경험이 있는 하버드대학 교수인 더글래스 허링(Douglas Haring)은 관람한 영화 속에서의 감정표현을 헐리웃의 수준과 비교해서 코멘트했다.

허링과 터넌봄은 회의가 끝난 몇 주 후에 보다 상세한 보고서를 미드에게 보냈다. 허링은 12명의 일본인 인포먼트(informant)[164]와 함께 다시 그 영화를 보고 그 영화에서 일본인이 보이는 태도와 감정표현에 주목했다. 그 결과를 다음과 같이 보고하였다. "일본의 습관은 내가 일본에 있었을 때와 비교하면 19년 사이에 비약적으로 그 엄격함이 약해졌다고 생각합니다. 예를 들면, 남편에게 온 소집영장을 읽을 때, 부인은 얼굴을 찡그립니다. 소년의 어깨에 한 여인이 손을 올려 놓고 그 소년은 자기 아버지가 돌아가신 것을 깨달

---

163) *『チョコレートと兵隊』
164) *폴린 켄트(Pauline Kent)의 〈해설❷〉 '베네딕트의 인생과 학문'에서 '인포먼트'와 '컨설턴트'에 대해서 각각 다음과 같이 설명하고 있다.
 · 인포먼트(informant) : 특정 문화에 대한 질문에 대해서 대답해 주는 사람.
 · 컨설턴트(consultant) : 특정 문화에 대해서 정보를 제공하거나 수정하는 사람.
 '인포먼트'를 '정보제공자' 등으로 번역하려고도 했으나 이 경우 '컨설턴트'와의 차이가 애매해지기 때문에 그대로 '인포먼트', '컨설턴트'로 두기로 했다.

게 됩니다. 19년 전에는 상상도 하지 못한 행동이라는 것이 저의 결론입니다."

터넌봄은 미국의 갱과 일본인의 성격구조의 유사점에 대해서 적었으며, 후일 미드에게 원고를 보냈다. 28항목에 이르는 유사점이란, 세계를 상대로 싸우고 있다고 언제나 생각한다는 점, 외지인은 잠재적 혹은 실제의 적이자, 또한 장래의 '봉'이기도 하다는 점, 그리고 상징적인 것이나 이름에 커다란 의미를 부여한다는 점, 동료 갱이 다른 지역 갱에게 패하면 적대하는 상대편의 습관이나 자기들의 것과 상반되는 사회습관을 받아들일 수 있다는 점, 상대방이 자기를 정중하게 대하거나 상대방의 알랑거림에 대해서는 놀라움을 보이고 도덕적으로 굴복하게 된다는 점, 갱이 아닌 일반 범죄자들조차 뒤에서 갱인 자기를 손가락질하고 비난하기 때문에 명예를 잃으면 결코 고향으로 돌아갈 수 없다는 점, '다 가지느냐 아니면 무(無)냐'는 태도는 실패하면 전멸로 이어진다는 점, 용감한 행동에 커다란 가치를 두고 비겁한 자를 경멸하는 점 등이 포함되어 있었다.

이 회의에서 거론된 의견 중 흥미로운 것은 일본인과 미국인이 청년기에 보이는 특징적 행동의 비교였다.

이 주제에 관한 토론을 시작한 것은 정신분석학자인 로렌스 큐비였다. "이 자리에 참석한 정신분석학자들에게 가장 바람직한 방법은 아마도 이 일기에 대해서 어떤 반응을 가졌는가를 먼저 이야기하고, 그 다음에 질문을 하는 순서라고 생각합니다. 저의 첫인상은 작자의 미숙함입니다. 물론 적어도 그는 다른 어떤 청년보다도 자기 감정을 분명하게 표현하고는 있지만, 이는 그가 동료 병사들과 매우 밀접한 관계를 유지하고 있었기 때문입니다. 죽음을 비롯해서 고통을 가져다 주는 모든 것을 부정하기 위해서 그는 노력하고 있습니다. 이러한 행동에 우리는 익숙하지 않습니다. 죽음과 힘겨운 현실을 부정하는 데에 그의 노력이 집중되어 있는 것처럼 보이지만, 문제는 이런 노력이 어느 정도 효과가 있었는가, 또는 그 목적에 저항할 힘이 어느 정도 있었는가 하는 점입니다."

정신분석학자 핸드릭스는 "죽음뿐만 아니라, 모든 점에서 미성숙합니다. 일본인은 우리가 청년기의 미숙함이라고 부르는 것에 상응하는 성질을 가지고 있는 것 같습니다. 쉽게 변하는 태도, 상대에 따라서 달라지는 감정표현, 환상에 빠지는 것 등은 퍼스낼리티(personality) 형성이 아직 성숙하지 못하다는 점을 나타내고 있습니다. 일본의 아이들은 7살까지는 애정을 가득 받고 자라지만 그후로는 갑작스럽게 의무나 책임을 엄격하게 강요받습니다" 라고 이야기하고, 나아가서 죽음에 대한 복종이라는 일본인의 위대한 힘은 일본인의 약점이기도 하다고 지적한다.

일본인의 행동과 집단생활과의 관계를 지적한 사회학자 탈고트 파슨즈의 소견은 중요하다. 그러나 이 문제에 대해서는 제프리 고러도 1942년에 발표한 논문에서 지적하고 있다. 파슨즈는 다음과 같이 기술한다. "일본에서는 그룹의 결속구조가 거기에 속한 개인을 지키기는커녕, 그 사람을 비난의 대상으로 삼습니다. 이러한 구조에서 볼 수 있는 극히 강압적인 상황은 개인에게 막대한 영향을 미치게 됩니다. 비교적 단순한 농촌 사회에서는 경쟁은 별로 많지 않습니다. 서양 사회에서 개인은 자신의 능력으로 인정받지 않으면 안 됩니다. 일본 사회가 요구하는 것은 개인의 완벽한 성취도인 것입니다. 그 사람은 어떤 희생을 감수하더라도 성공해야만 한다고 생각하게 됩니다. 자기가 속하는 그룹의 결속을 파괴하는 일 없이 자기 자신의 개인적 행위나 활약은 한층 더 중요해지는 것입니다. 계속해서 증가하는 위험과 부담 앞에서 그는 결국은 무릎을 꿇게 되고 나아가서는 더 나쁜 결과를 가져오게 되는 것입니다."

핸드릭스는 '국민의 성격구조의 차이는 인간의 발달단계의 차이'를 나타내며, '일본인의 집단 형성 단계'는 '소년기 특유의 발달단계'이기도 하다고 말한다. 나아가서는 "사회구조가 변하면 그에 대응해서 재빠르게 변하는 일본인의 특성은 청년기의 발달단계 특유의 것"이라고 설명한다.

일본인은 과연 변할 수 있는가

언스트 크리스는 계속 논의를 진행시킨다. "어떻게 하면 일본인의 생각을 바꿀 수 있을까요? 일본인의 신념은 어느 정도 견고한 것일까요? 이 일기의 작자의 신념에는 매우 희박한 부분이 있는 것 같습니다. 그건 바로 청년기의 임상증상(臨床症狀)을 나타내는 그런 것입니다. 문제는 만약에 정신적 압박이 제거된 사회적 환경에 갑자기 직면했을 때 어떤 저항을 할 수 있을까 하는 점입니다."

이 문제는 일본에 대해서 미국이 취할 전후정책의 방향과 연관된 문제였다. 일본인에게 패배란 무엇을 뜻하는가, 이에 대한 처리는 과거에 어떻게 해 왔는가를 둘러싸고 논의가 계속되었다. 프렌치가 "실패는 국가에 불명예를 가져오기 때문에 패배자는 주위로부터 따돌림당한다"고 말하자 마가렛 미드는 "일본인 사이에서 변명은 통하지 않습니다. 성공하기 위해서 온갖 압박에 억눌려 있습니다. 그 무거운 압박 바깥에서는 그들은 도대체 어떻게 행동하는 것일까요?"라고 묻는다. 베네딕트가 "일본에서는 어떤 실패한 일을 수습하기 위해서 무언가를 시작할 때, 그 실패를 설명하는 정부의 상투적인 문구는 '천황의 성지(聖旨)를 실행하지 못했다'는 것입니다"라고 발언한 내용을 받아서 교육학자 헤리 오버스트리트는 이렇게 보충설명한다. "베네딕트 박사는 실패에 대해서 천황의 성지를 실행하지 못했다고 설명하셨습니다만, 그 이유는 일본인의 인생관이 원인과 결과라는 당연한 도리를 중심으로 전개되는 것이 아니라, 오히려 자기보다 위대한 무언가에 대한 체념과 같은 것이라고 생각합니다."

일본인이 보이는 행동의 배경에 있는 '미우치(身內)와 요소모노(よそ者)'[165]라는 사고방식과 일본인에게 '패배'가 뜻하는 바를 존 마키는 다음과 같이 설명한다. "일본에서는 미우치와 요소모노라는 기준은 매우 중요합니다. 서양인은 일본인이 매우 예의바르다고 생각하고 있습니다. 물론 미우치라는 관계 내에서는 제대로 소

---

165) * '身內とよそ者'는 쉽게 말하면 '내부자(內部者)'와 '외부자(外部者)', 'insider'와 'outsider' 등으로 설명할 수 있다. '身內'의 원뜻은 '친인척'이고 'よそ者'는 '외지인(外地人)'이란 뜻이다.

개를 받고 예의바른 대접을 받지만, 요소모노인 경우는 형식이나 정중함은 완전히 무시되고 인간으로서의 감정이 결여된 관계가 됩니다. 사회적으로 정중한 언동이라는 개념은 일본인에게는 존재하지 않습니다. 미우치와 요소모노라는 개념은 바깥 세계에서 오는 사람은 잠재적으로 적이거나 스파이라고 생각하던 17∼19세기의 강한 향토애에 기초를 둔 지방주의로까지 거슬러 올라갑니다. 가족은 최소 단위의 미우치이며, 친구, 급우, 동향인, 같은 나라 사람이라는 단위의 미우치로 그 범위는 넓어집니다. 그리고 요소모노는 모두가 열등하며 그렇기 때문에 경멸의 눈으로 바라보게 됩니다. 일본인은 자기들에게 패배한 적은 경멸받아야 하고 또 그렇게 대우해야 한다고 믿습니다."

형으로서 미국의 역할

계속해서 패배의 영향에 대한 이야기가 이어진 후, 허링은 미국이 일본에 대해서 취해야 할 구체적인 방법을 제안한다.

"일본인을 다룰 때 유교적인 가족에서의 형, 동생이라는 관계를 도입할 수는 없을까요? 이러한 태도를 취함으로써 지금의 전쟁을 가족 사이에서 일어난 다툼으로 인식하고, 우리의 강경함을 정당화할 수 있습니다. 또 동시에 일본인도 이러한 관계라면 안도감을 느낄 것입니다."

정신분석학자 프렌치는 허링을 지지하면서 그와 동시에 그 어려움 또한 지적한다. "패배는 일본인에게 마음의 상처가 될 것입니다. 패배는 일본인의 퍼스낼리티 구조의 파괴라든지 자살과 같은 극단적인 가능성을 의미하게 될 것입니다. 국가라는 가족 안에서 일본인에게 그들이 있을 자리를 마련해 주기 위해서 뭔가를 하지 않으면 안 됩니다. 형−동생이라는 관계는 바로 건설적인 방법이라 할 수 있으며, 가능성을 엿볼 수 있는 패턴이자, '전이(轉移)'를 활용할 수 있는 훌륭한 방법이라고 생각합니다. 그러나 그 역할을 다하기 위해서는 우리가 막대한 부담을 감당해야 할 것입니다."

베네딕트는 그런 어려움을 극복하는 방법으로 일본인의 특성인 알지 못하는 미지의 세계에 대한 공포심을 이용할 것을 제안한다. "일본인은 근대 세계의 모든 노하우를 갖고 싶어했습니다. 우리는 발명이나 노하우에서 그들보다 뛰어났기 때문에 전쟁에서 승리할 수 있었던 것입니다. 그렇기 때문에 이 승리를 강조해서 무조건 항복을 이끌어내고 그 대가로 그들에게 지식을 제공할 수 있다고 생각합니다."

미국의 프로퍼갠더

그러나 미국이 '형'으로서 그 역할을 다하기 위해서는 커다란 장애가 있었다. 그것은 그 동안 미국이 해 온 '선전'에 기인하는 것이었다.

정치학자 언스트 크리스는 "만약 미국이 형의 역할을 맡게 된다면, 프로퍼갠더에 의해 계속해서 일본인을 인간 이하의 존재로 묘사하는 것은 적절치 않다고 생각합니다. 미국 여론에서는 일본인은 인간 이하의 존재로 인식되고 있습니다. 따라서 일본과 미국이 지금에 와서 친한 관계로 변한다는 것은 도저히 있을 수 없는 일입니다"라고 호소했다.

얼마 동안 '형-동생' 관계를 둘러싼 의견이 교환된다. 미클은 "칭찬에 약한 일본인에게는 당근하고 채찍을 잘 구분해서 써야 합니다. 일본이 흘리는 프로퍼갠더에 의해서 일본인은 스스로를 인류와 동떨어진 존재라고 생각하고 있습니다. 사실은 어딘가에 '속하기'를 그들은 원하고 있습니다."

보그는 "태평양전쟁의 전후 문제의 해결, 예를 들면 일본의 공업을 관리하거나 식민지의 처리 문제를 위해서 맏형(長兄) 관계를 실제로 적용할 수 있을까요? 이러한 상황하에서 마음의 상처를 최소한으로 하기 위해서는 어떻게 하면 좋을까요?"라고 물었다.

영국의 인류학자 제프리 고러는 "우리가 일본을 동생으로 여기지 않는 한, 우리를 형으로 여기라고 일본인에게 요구할 수는 없습니다"라고 강조한다.

마가렛 미드는 "일본에 존재하는 맏형 관계는 미국에는 존재하지 않습니다. 일본인처럼 이해할 수 없을 경우, 미국인은 이 역할에 어떻게 적응하면 되는 겁니까?"라고 질문한다. 그러나 명확한 대답을 찾지 못한 채 논의는 계속되었다.

심리학자 앤드류 메도즈는 "미합중국이 맏형 역할을 하는 것은 바람직한 일일까요? 일본인을 동생으로 여기는 일은 일본인의 체면에 먹칠하는 일이 될 겁니다. 그렇게 되면 일본인은 우리가 그들을 지배하는 것을 언짢게 생각할지도 모릅니다".

오버스트리트도 미국이 맏형 역할을 하는 것에 대해서 반대를 표명했다. "미국인이 맏형 역할을 제대로 할 수 있다고는 생각하지 않습니다. 왜냐면 그건 미국적인 생각이 아니기 때문입니다."

베네딕트는 이런 찬반양론의 의견을 경청하고 있다가 따끔하게 한 마디 했다. "평화를 얻기 위해서 서로가 사랑할 필요는 전혀 없다고 생각합니다."

허링은 "일본에서는 동생은 형을 존경하고 형의 말에 따르지만 기본적으로 형을 싫어합니다. 그런데 실제로 1939년까지 우리는 일본의 형이었습니다. 일본을 근대 세계에 참여시키기 위해서 우리는 그들을 지원했던 것입니다. 그렇지만 일본인과 미국인은 아마도 이 문제에 대해서 다른 설명을 해야 할 것입니다. 지금 일본은 독재적인 사회이기 때문에 민주적인 역할을 맡는 것보다는 공산주의와 같은 전체주의적인 체제 안에 들어가는 것이 일본에게는 쉬울 것입니다. 독재적인 가족제도가 있는 한, 일본에 민주주의가 찾아올 리가 없습니다"라고 주장하였다.

헬렌 미어즈는 일본인이 자국의 문화를 어떻게 생각하는지, 자칫 잘못하면 일본의 억압적인 면이 지나치게 강조되는 경향이 있는 점에 대해서 다음과 같이 말한다. "일본 문화는 힘들고 엄격하다고 생각하는 일본인에 관해서입니다만, 서양화된 일본인 중에는 그렇게 생각하는 사람이 있을지도 모릅니다. 그러나 대다수의 일본인은 그렇게 생각하지 않습니다. 자기가 속해 있던 집단에서 쫓

겨난 사람이 새로운 환경에 적응 못하는 경우에는 그렇게 느낄지도 모릅니다. 일본인은 자기들과 다른 방법을 배우거나 그 집단과의 관계가 끊어졌을 때 갈등을 느낍니다."

제프리 고러는 미어즈가 제기한 의문에 대해서 가까운 예를 들면서 설명했다. "미어즈 씨가 지적한 이야기는 사실은 모순되는 일이 아닙니다. 조건은 개선할 수 있는 것이라는 사실을 알지 못하는 경우에는 지금의 조건을 아무 비판 없이 그대로 받아들일 수 있습니다. 우리의 할머니들은 코르셋 없이 살 수 있다는 생각조차 할 수 없었습니다. 그러나 코르셋이 매우 불편한 것이라는 생각은 모두가 하고 있었을 겁니다. 일본인은 자기가 속해 있는 문화에 대해서 불편하다고 생각하지만, 어찌할 수 없는 것으로 받아들이는 것도 바로 그런 이유 때문입니다."

허링은 일본인을 전체적으로 '노이로제'라는 말을 사용해서 특징지웠다. "카렌 호나이의 『현대의 신경증적 퍼스낼리티』(*The Neurotic Personality of Our Time*)에서 노이로제에 관한 장을 오랫동안 일본에서 생활한 일본 관계 전문가에게 읽어 주었습니다. 단 호나이가 사용한 '노이로제'라는 말을 '일본인'으로 바꾸어서. 그 전문가의 반응은 지금까지 읽은 것들 중에서 가장 완벽하게 일본인을 잘 기술하고 있다는 것이었습니다." 이 이야기를 듣고 있던 한 사람은 '노이로제' 대신에 '미국인'을 대입해도 거의 같은 결과를 얻을 수 있는 건 아니냐고 틈을 주지 않고 말했다.

일본인을 '노이로제'라든지 '집단적 신경증' 또는 '강박관념'이라고 특징지운 연구자는 많았다. 위에서 언급한 것처럼 '노이로

제'를 '미국인'으로 바꾸어도 마찬가지 결과를 얻게 될 것이라는
비꼬는 듯한 발언은 그 자리에서는 매우 소수였다. 그러나 이 회의
에서는 이처럼 자기 자신을 비판적으로 바라보는 정신적, 시간적
여유마저 있었다는 점을 알아야 한다.

뉴욕에서 열린 IPA회의는 이틀 동안에 걸쳐 진행된 토론을 기
초로 앞으로 연구회 형태로 토의를 계속하기로 확인하고 모든 일
정을 마쳤다. 이 회의에서 주제로 거론된 '일본인은 청년기'의 근
거가 된 일본인의 행동패턴은 언스트 크리스가 말한 '신념 없는
순응'에 있으며, 이 점에 관해서는 참가자들 사이에서 견해 차이는
별로 없었다. 그리고 이 회의가 미친 영향은 매우 컸으며, 더글래스
맥아더로 하여금 일본인을 가리켜, 그들의 정신연령을 '12살'로
발언하게 할 정도였다. 그러나 베네딕트에게는 미국이 품고 있는
문제의 심각성을 확인하는 좋은 기회가 되었다. 미국인에게는 일
본인의 행동은 모순으로밖에 비치지 않는다. 그 모순 때문에 일본
인은 '노이로제'라든지 '집단적 신경증'으로 간주되는 것이다.
이러한 일본인의 행동의 배경에 있는 일본의 윤리기준을 설명하지
않으면 일본인의 행동은 도저히 이해할 수 없을 것이라고 베네딕
트는 생각했다. 켄트도 지적했지만, 일본에 대해서 전혀 지식이 없
었던 베네딕트가 1944년 6월에 전시정보국 해외전의분석과
(Foreign Morale Analysis Division-FMAD)에서 일본 연구를 명령받
은 것은 어떤 선입견도 없이 자유로운 입장에서 일본을 연구할 필
요가 있었기 때문이다. IPA회의에서는 몇 가지 흥미로운 논의가
있었으나, 구체적인 어떤 성과로 이어지지는 못한 채, 일본 연구 학

자(Japanologist)들은 자신의 주장을 펴는 것으로 일관했다. 베네딕트는 발언 자체는 많지 않았지만, 그녀의 "평화를 얻기 위해서 서로가 사랑할 필요는 전혀 없다고 생각합니다" 는 발언은 이 회의의 상황을 잘 나타내고 있다.

「일본인의 행동패턴」

탄생하게 된 경위

베네딕트는 연구를 정리하여, 보고서 「일본인의 행동패턴」을 국무성에 제출했다. 「No. 25」로 명명된 이 보고서는 1945년 9월 15일자로 되어 있지만, 일본이 항복하기 전에 이미 원고 상태로 배포되었다. 『국화와 칼』은 「일본인의 행동패턴」을 기초로 일반독자를 대상으로 쓴 것이다. 내용에 대해서는 나중에 따로 언급하기로 하고, 여기서는 「일본인의 행동패턴」이 탄생하기까지의 경위에 대해서 조금 설명하겠다.

전시정보국에서 베네딕트가 구체적으로 어떻게 작업을 했는지, 당시 베네딕트의 일을 도왔던 로버트 하시마의 기술을 통해서 엿볼 수 있다. 로버트 하시마는 미국에서 태어나 일본에서 자랐지만, 중간에 미국에 돌아와서는 외국인 격리수용소에 억류된 경험을 지닌 '귀국자' 였다. 하시마가 베네딕트를 보좌하기 위해서 그녀의 직속 부하로 일하게 된 것은 1945년 1월의 일이었다. 하시마는 해외전의분석과에 근무한 당시의 일을 회상하여 다음과 같이 적고 있다.

　…그때까지 여사에게는 한 명의 타이피스트 외엔 특별한 연구조수도 없이 혼자서 자료를 읽고, 수집하고, 그리고 카드를 하나하나 작성하고 있었다. 나는 여사의 참고가 될 만한 자료를 모든 방법을 동원해서 적극적으로 수집해서 나의 의견을 첨부하여 여사에게 제출했다. 내가 일본에서 생활한 경험이 있다는 사실 때문에 항상 이런 저런 문제를 나에게 질문하셨고, 그 상담역이 되기도 했다. 방대한 자료를 계속 수집하던 여사는 그 자료를 토대로 일본 문화의 형(型)을 어떻게 그릴 것인가에 대해서 상상도 할 수 없을 정도로 고심하는 것 같았다.

　베네딕트는 어릴 적 앓은 병 때문에 난청이었다. 그렇기 때문에 현지의 언어를 구사하는 필드워크(fieldwork)는 듣기에 많은 시간이 필요한데다가 조사방법에도 많은 제약이 있었기 때문에 적극적으로 하지 못했던 것은 아닐까 생각한다. 그러나 자료를 읽고 분석하는 방법은 그녀에게는 매우 익숙한 것이었고 게다가 그녀의 재능을 최대한 살릴 수 있는 방법이었다.

　난청이었기 때문에 대학에서 가르칠 때도 베네딕트는 많은 고생을 해야 했다. 학생의 질문을 제대로 알아듣지 못하거나 잘못 이해하는 경우도 있었다. 많은 시행착오 끝에 얻은 방법은 교단에서 내려와 학생들 속으로 들어가서 강의하는 방법이었다. 그렇게 함으로써 학생의 질문을 제대로 알아들을 수 있게 되었으며, 게다가 학생이 잘 정리하지 못한 문제점을 그대로 반복하는 것이 아니라, "다시 말해서 학생이 문제로 삼고 있는 것은 이러한 점입니까?"라고 바꾸어 표현해서 정리해 줌으로써 그녀의 핸디캡이 마이너스로 나타나지 않고, 도리어 학생 입장에서도 문제점을 명확하게 할 수 있었다. 베네딕트는 매우 뛰어난 독해력의 소유자였다. 그녀의 뛰어난 파악력에 대해서 하시마는 다음과 같이 말한다.

어느 날, 10여 페이지에 이르는 보고서를 단 한 절(節)의 보고문으로 축소하는 데에 고생하던 상사 한 명이 여사의 도움을 청했더니, 여사는 한 번 읽어 보더니 5분 후엔 아무렇지도 않게 요약해 버렸다.

전시정보국의 해외전의분석과 시절, 베네딕트는 일본인을 연구하기 위해서 미국 귀국자와 재미일본인을 상대로 인터뷰하기도 하고, 선(禪)이나 화도(華道)[166] 다도(茶道), 그리고 경제 관련 영역서(英譯書), 그리고 일본인 포로의 일기나 수필 등도 참고로 했다. 그 결과, 일본에 대한 이미지를 단편적으로 파악할 수는 있었지만, 그것을 하나로 융합시키고 일본인의 행동양식으로 나타내기까지는 이르지 못했다. 그것을 결실로 이끌게 된 계기의 하나가 나쓰메 소세키(夏目漱石)의 『坊っちゃん』(도련님)이었던 것 같다. 도련님은 야마아라시(山嵐)로부터 얻어먹은 1전 5리짜리 빙수를 둘러싸고 〈恩〉을 받았느니 안 받았느니 하는 문제를 놓고 결국 얻어먹은 빙

---

166) * '華'는 '꽃(花)'. 華道는 꽃꽂이를 말한다.

수값을 돌려줌으로써 이 문제를 깨끗하게 끝내려고 했다. 이 사고 방식이 그때까지 무질서하기만 했던 일본에 관한 자료를 결정화(結晶化)시키는 출발점이 되었던 것이다.

『未完の占領改革』(油井大三郎 저, 東京大學出版會, 1989)에 베네딕트의 일본 연구 방법에 대해서 설명한 부분이 있다. "전시중의 미국 사회에는 적극적으로 일본의 군국주의나 파시즘과 싸우려 한 재미일본인이나 일본계 2세가 존재하고 있었다. 게다가 그들 중 일부는 루스 베네딕트 등 연구자들이 관여하던 전시정보국이나 전략국(戰略局) 등의 정보기관에서 일본측 문서의 영역이나 대일본 선전문의 작성을 담당하고 있었는데, 루스 베네딕트 등이 일본인의 성격분석을 할 때 이들과 같이 매우 가까이에 있었던 '투쟁하는 일본인'은 그 시야에 넣지 않았다…."

베네딕트가 어떤 경위로 전시정보국과 관계를 가지게 되고, 어떤 연구를 했는지에 대해서는 켄트의 논문에 상세히 나와 있다. 특히 흥미로운 것은 1944년 8월에 공식으로 독립, 탄생한 해외전의 분석과에서 실시한 일본인의 심리분석 연구이다. 이 해외전의분석과가 정식으로 발족하기 전에 뉴욕 시절 심리학의 동료인 해군 중령 알렉산더 레이튼(Alexander L. Leighton) 밑에서 소규모 연구그룹이 형성되어, 일본인 수용소에서 정보수집을 하였다. 이 작업에서 중심적인 역할을 한 것이 일본계 2세였다고 한다. 이들 2세들에 대해서, 그리고 그 작업의 구체적인 내용에 대해서는 켄트의 논문을 참조하기 바란다.

이야기가 약간 본론에서 벗어나지만, 베네딕트에 대해서 조사를 하거나 연구를 하면서 전혀 예상도 못한 이름을 문헌에서 발견할 때가 가끔 있다. 이시가키 아야코(石垣綾子)도 그랬다. 자세한 내용은 후술하겠지만, 앞서 언급한 '투쟁하는 일본인'이라는 관점에서 말하면, 전시정보국이 창설된 1942년 6월부터 일하고 있던 이시가키 아야코는 바로 그 '투쟁하는 일본인'이었다고 할 수 있다. 그녀가 전시정보국에 몸담고 있었을 때, 해외부(海外部)의 일본인 부서는 계장이었던 그녀를 포함해서 모두 5명이었다고 하는데, 그녀를 제외한 나머지는 모두 남성이고 그중 한 사람은 조선인이었던 것 같다. 일본인 남성은 모두가 미국 여성과 결혼해서 미국을 영주의 장(場)으로 하고 있었던 것 같다. 그녀의 일은 일본을 향한 반전(反戰) 유인물이라든지 소책자를 작성하거나 번역하는 일이었다. 당시 이미 반전활동을 하고 있었던 이시가키 아야코에게 전시정보국에서의 일은 언제나 시간에 쫓기는 힘든 작업이었지만 충족감을 느낄 수 있었던 시기였던 것 같다. 그러나 이시가키 아야코가 인포먼트(informant)로서 직접 관여했는지는 알 수 없다. 다만, 베네딕트가 찾던 자료는 서양인의 눈에는 분명히 모순되는 행동으로 보이는 그런 행동을 보인 전시중의 일본인에 관한 자료, 특히 일본 병사들의 행동을 이해하기 위한 것들이었다.

전시중에 베네딕트는 다른 프로젝트에도 참가하였다. 극동관련 과제라든지 장래의 위기적 문제를 토의하는 모임이 열렸다. 그녀는 일본 역사를 통해서 미국이 평가할 만한 여성에 대해서 연구해서 일본 여성을 교육하기 위한 프로젝트를 개시했다. 베네딕트는 목록을 작성해서 연구에 착수했다. 그 목록에는 호소카와 가라시야,[167] 가게야마 히데코,[168] 오쿠니,[169] 시모다 우타코[170] 등과 같은 이름이 나열되어 있다. 안타깝게도 이 프로젝트는 완성되지 않았다. 이 프로젝트가 계속되고, 그리고 이시가키 아야코의 참여가 허용되었다면, 이시가키 아야코도 어떤 역할을 맡았을지도 모른다.

'일본인' 과 '미국인'

일본인이 보이는 행동의 배경에 있는 윤리기준을 통해서 결국 '일본인은 변할 수 있을 것인가' 하는 점을 검토하는 것이 베네딕트에게 주어진 연구테마였다고 할 수 있다.

베네딕트는 일본의 윤리와 서양의 윤리를 다음과 같이 설명한

---

167) *細川ガラシヤ. 1563~1600. 호소카와 다다오키(細川忠興)의 아내. 아게치 미쓰히데(明智光秀)의 여식. 기독교 신자. 세키가하라(關ガ原)의 전투에서 이시다 미쓰나리(石田三成)가 군사를 일으켰을 때, 인질로서 오사카성(大阪城)에 들어갈 것을 거부하여 자살함.

168) *景山英子. 1865~1927. 여성 운동가. 결혼하여 후쿠다(福田)로 개성. 자유민권운동에 참가하였으며, 후에 사회주의운동에 참여. 1907년에 『世界婦人』을 발간

169) *阿國. 이즈모노 오쿠니(出雲阿國). 오쿠니 가부키의 창시자. 원래 이즈모 다이샤(出雲大社)의 무녀(巫女)였으나 교토(京都)에서 넨부쓰오도리(念佛踊り)라는 춤으로 유명해졌으며, 후에 이것이 지금의 가부키의 원형으로 발전하게 됨. 1607년 이후에 사망함.

170) *下田歌子. 1854~1936. 교육자. 황족 자녀의 교육에 전념함. 짓센(實踐) 여학교를 창립. 가쿠슈인(學習院) 여학생부장. 애국부인회 회장.

다. 구미의 윤리를 기준으로 일본인의 행동을 이해할 수는 없다. 구미인은 오해를 거듭해 왔다. 특정 상황에서 일본인이 보이는 유순함 때문에 일본인을 '유순' 한 민족으로 분류하고, 일본인이 갖는 규율 때문에 그들의 불복종의 패턴을 간파하지 못한다. 또한 일본인이 때때로 보이는 숙명론적인 구도 때문에 일본인을 숙명론자로 여겨 왔던 것이다.

이러한 일본인의 행동에 의해서 드러나는 역설(paradox)이 서양인에게 공포심을 갖게 하고, 일본인을 이해할 수 없는 국민으로 결론짓도록 유도한 것이다. 그러나 그 배경에 있는 일본인의 도덕규범이라든지 책무에 관한 생각은 결코 서양인에게 위협이 되는 것들은 아니다, 라고 베네딕트는 말한다. 오히려 앞으로 크게 필요하게 될 것들이라고까지 말한다. "일본은 다른 나라로부터 존경받는 것을 중요시하기 때문에 진정한 평화가 찾아오면 그 상황에 맞는 방침을 세울 가능성이 높다. 일본에서는 기본적으로 방법이 변해도 그 '정신' 은 변하지 않는다는 것을 그들의 윤리로 가르치고 있다. 여기서의 '정신' 이란 책무를 다하는 일과 다른 사람으로부터 존경을 얻는 일이다."

책무나 예절에 관한 규칙을 보면 알 수 있듯이, 일본의 윤리기준은 형식적이며 선악의 판단은 주변 상황에 의해 좌우된다. 그렇기 때문에 일본인은 상황이 변해도 아무 고통 없이 너무나 쉽게 새로운 상황에 적응할 수 있었던 것이다. 서양인은 그러한 행동을 보이는 일본인을 '신념 없는 순응' 이라고 여기고 모방자로 본다. 그러나 그것은 서양인이 절대적인 윤리 속에서 자랐기 때문이라고 할 수 있다. 서양인에게는 그것이 선의에서 나온 것이라고 할지라도 거짓말을 하는 것 그 자체가 악이며, 도덕적으로도 결코 옳은 일로 보지 않는다. 그러나 일본인에게는 그것은 선이 될 수도, 악이 될 수도 있다. 서양의 윤리기준으로는 이러한 일본인의 행동을 제대로 인식할 수 없다고 베네딕트는 말하고 있다.

그리고 베네딕트는 일본인은 '변할 수 있다' 고 결론짓는다. 그러나 미국이 일본의 패전에 관한 처리를 제대로 하지 못하면 커다란 비극으로 이어질 수도 있다는 점을 지적한다. 베네딕트는 천황에 대한 처우를 포함해서 결코 패배가 '모욕' 이나 '일본을 우습게 보는' 식이 되어서는 안 된다고 경고하고 있다.

「일본인의 행동패턴」의 마지막 장에는 "위험한 줄타기"라는 제목이 붙어 있다. 이 장에서 한꺼번에 그 전모가 드러나는 일본인의 행동이 보이는 패러독스는 동시에 미국에 대한 경고이기도 해서, 나중엔 독자는 '줄' 을 타는 것이 '일본인' 인지 '미국인' 인지 알 수 없게 된다. 물론 그것이 바로 베네딕트가 의도한 바였을 것이다.

베네딕트의 기술을 통해서도 그녀가 의도한 바를 엿볼 수 있다. 그것은 『국화와 칼』에서도 마찬가지인데, '일본인' 과 '미국인' 을 되풀이함으로써 양자의 차이를 담담하게 설명하고 있다.

일본의 저술가나 정치가들은 '생명, 자유, 행복의 추구' 와 같은 미국이 추구하는 목적을 공개적으로 비하하고 있다. 스스로의 문화에 충실한 그들은 그 대신에 '충성', '의무', '자제', '책임' 등을 옹호하며, 이런 것들을 추구하는 과정에서 '개인의 행복' 에는 전혀 미련을 갖지 않는 것이야말로 훌륭한 덕이라고 말한다.

    이처럼 일본의 윤리기준은 개인에게 막대한 손실을 요구하기는 하지만, 그래도 장소만 잘 가린다면 육체적인 충족감을 가지는 것을 허용하며, 또한 장려도 한다. 퓨리턴(청교도)의 엄격한 규범처럼 육체의 쾌락을 죄로 여기고 질책하는 일도 없으며, 자유주의적인 기독교에서의 가르침처럼 쾌락의 박탈을 신의 의향에 대한 복종으로 보지도 않는다. 예를 들면 기독교도의 기도 중에 "주님의 뜻이 이루어지도록 하옵소서"라는 말이 있는데, 이는 일반적인 기독교 해석에 의하면, 신의 의향은 인간의 자연스러운 의지와는 다르지만, 신에 복종함으로써 사람은 정신적으로 자기 자신을 높은 경지로 올릴 수 있다는 내용을 담고 있다.

    일본의 규범은 이런 종류의 복종을 요구하는 것이 아니다. 그것이 아니라, 육체적 쾌락에는 그에 적절한 장소가 있으며, 그러한 쾌락과 진실한 생활을 혼동하는 것은 적절치 못하다고 인식시키는 데에 중점을 둔다. 이를 암암리에 나타내는 말에 "세상일에는 적절한 장소와 때가 있는 법"이라는 것이 있다.

    예를 들면, 〈마코도〉가 있는 사람은 이기적이지 않다는 말은 일본에서는 전통적으로 영리 추구가 비난받는다는 것을 반영한다. 감정에 치우치지 않는다는 것은 일본인의 자기단련에 대한 관념을 나타낸다.

    일본어에서 〈마코도〉가 이렇게 사용되는 것은, "구미 제국은 '성실' 하지 않다"는 일본 외교관들의 상투적인 비난이 미국이나 영국이 본심을 숨기고 겉과 속이 다른 행동을 한다고 비난하는 것은 아니라는 뜻이 된다. 그리고 위선적이라고 말하는 것도 아니다. 그런 세세한 의미의 비난이 아닌 것이다.

〈마코도〉가 결여되어 있다는 일본인의 발언은 구미 제국의 목적은 착취이다, 혹은 일본에 대해서 적절한 경의를 보이지 않는다, 는 말을 하는 것이다.

(「일본인의 행동패턴」 중에서)

이처럼 반복되어 사용되는 'We'와 'Japanese'는 예상도 못한 효과를 주게 되어, 어느샌가 독자로 하여금 도대체 어느쪽이 이상한 국민인가라는 착각에 빠지게 만든다. 실제로 출판을 앞두고 베네딕트가 생각하고 있었던 제목은 『국화와 칼』이 아니라, *We and the Japanese*였다.

『국화와 칼』

1945년 10월에 베네딕트는 전시정보국 시절에 축적한 일본 관련 지식을 한 권의 책으로 출판하고 싶다는 뜻을 담은 편지를 호턴 미플린(Houghton Mifflin)사에 보냈다. 보통 미국 시민에게 일본인이란 어떤 국민인가를 알리려는 것이 목적이었다. 보고서 「일본인의 행동패턴」의 성공으로 얻은 자신감이 베네딕트를 그렇게 이끌었다고 봐야 할 것이다. 출판에 즈음해서 베네딕트는 출판사에 전문용어를 되도록 사용하지 않고 '가능한 한 인간적으로' 쓰고 싶다는

뜻을 전했다. 처음에 베네딕트는 *We and the Japanese*를 제목으로 생각하고 있었는데 출판사측은 제1장에 붙인 *Assignment Japan*이라는 제목이 좋겠다고 회답하였다. 그 후에 여러 제목이 거론되었지만, 편집회의에서 제안된 것이 『연꽃과 칼』이었다. 결국 베네딕트의 희망에 의해서 '연꽃(蓮)'을 '국화(菊)'로 바꾼 *The Chrysanthemum and the Sword*(『菊と刀―日本文化の型』: 『국화와 칼―일본 문화의 형』)로 결정되었다. 그러나 그 결과, 베네딕트는 출판하기 직전에 '국화'와 '칼'에 관한 내용을 추가해야만 했다. 1장과 12장이 바로 그 부분이다.

일본인의 행동을 역설적으로 기술해서 강한 충격을 준 제1장은 '국화'와 '칼'에 관련된 부분이 추가됨으로써 보다 강렬한 인상을 지니게 되었다.

> 아름다움을 사랑하고 배우나 예술가를 존경하고 국화 가꾸기 비법에 몰두하는 국민에 대한 글을 쓸 때, 같은 국민이 칼을 숭배하고 무사(武士)에게 최고의 영예를 돌리는…
>
> (『국화와 칼―일본 문화의 형』 중에서)

12장에 추가된 '국화'와 '칼'은 1장과는 다른 효과를 지니고 있다. 12장 「아이는 배운다」는 영국의 인류학자 제프리 고러의 논문을 기초로 하였다. 이 12장 후반에 '국화'와 '칼'에 관한 부분을 덧붙이기 위해서 베네딕트는 미국에서 1926년에 발표되어 베스트셀러가 된 스기모토 에쓰고(杉本鉞子)의 『武士の娘』(*A Daughter of the Samurai* : 『무사의 딸』)을 사용했다. 인습을 등에 업고 사는 무사의 딸의 모습을 그려서, 일본 여성의 이미지를 미국인에게 강하게 인상지운 이 작품은 베네딕트가 사용하기에 너무나도 적절한 것이었다고 할 수 있다.

스기모토 에쓰고는 니가타(新潟)의 나가오카(長岡)번의 가로(家老)[171]인 이나가키가(稻垣家)의 딸로 1873년에 태어나, 무사의 딸로서 엄격한 가르침 아래에서 자랐다. 1898년에 미국으로 건너가서 무역상이었던 스기모토 마쓰오(杉本松雄)와 결혼하는데, 남편의 갑작스러운 사망으로 하는 수 없이 두 딸의 교육을 위해서 뉴욕에 살면서 글을 써서 수입을 얻으려고 생각했다. 그 결과 탄생한 것이 『武士の娘』이었다. 『武士の娘』(*A Daughter of the Samurai*)은 1923년 12월부터 1924년 12월까지 잡지 『アジア』(『아시아』)에 연재되어, 1925년에는 단행본으로 Doubleday, Page & Co.에서 출판되었다. 그리고 그녀는 1928년에 일본에 귀국할 때까지 7년간 컬럼비아대학에서 일본어와 일본 문화를 가르쳤다. 쓰노다 류사쿠(角田柳作) 이전에 스기모토 에쓰고가 컬럼비아대학에서의 초대 일본어 담당자였다는 사실은 최근까지 알려지지 않았다.

스기모토 에쓰고는 미국에 살면서 항상 기모노를 입고 있었다. 물론 컬럼비아대학에 다닐 때도 그랬다. 기모노를 입은 아담한 일본 여성이 컬럼비아대학을 왕래하는 모습은 강렬한 일본의 인상을

---

171) *에도 시대에 다이묘(大名)의 신하 중 제1인자로서 다이묘 산하의 무사를 통솔하고 정무를 총괄하는 자리. 번에 몇 명씩 있으며 세습하는 것이 보통.

주변 사람들에게 심어 주었을 것이다. 베네딕트가 컬럼비아대학에 들어간 것은 1921년의 일이다. 한두 번은 에쓰고가 기모노를 입은 모습을 본 적이 있을지도 모른다고 생각해 보는 것은 그렇게 불가능한 일만은 아닐 것이다.

베네딕트는 스기모토 에쓰고의 작품을 상당히 열심히 읽었던 것 같다. 『국화와 칼』에서 인용된 것은 당시 베스트 셀러였던 『武士の娘』뿐만이 아니라, 1932년에 출판된 『成金の娘』(『벼락부자 딸』)이라든지 1940년에 출판된 『お鏡祖母さま』(『'오카가미' 할머님』)도 인용하고 있다. 이들은 일본에서 집필되어 미국에서 출판된 작품들이다.

베네딕트의 '국화'에는 때로는 '사무라이의 딸'의 얼굴이, 또 때로는 작자인 스기모토 에쓰고 자신이 겹치면서 일본인의 이미지가 그려지고 있다. 『武士の娘』을 인용함으로써 '고려의 12장'에서 벗어날 수 있었으며, 그 결과 베네딕트는 이 장에서 자기 스타일을 찾을 수 있었던 것은 아닐까.

이 국화에 끼워진 철사 고리를 떼어 내는 기회를 얻었을 때의 스기모토 부인의 흥분은 행복하고 순수무구한 것이었다.

국화는 철사 고리를 떼어 내고 저렇게 철저한 손질을 하지 않아도 꽤 아름답게 꽃 피울 줄 안다.
（『국화와 칼 — 일본 문화의 형』 중에서）

『국화와 칼』의 바탕이 된 「일본인의 행동패턴」에는 딱 한 번이

지만 '국화'에 대한 언급이 있다. "V. 위험한 줄타기"는 『국화와 칼』의 12장과 마찬가지로 고러의 논문을 인용하고 있다. 베네딕트는 "이 문화의 전승자가 되기 위해서 일본의 어린이들이 어떻게 양육되는가, 라는 기본적인 문제는 이미 고러가 그의 연구에서 논했기 때문에 따로 언급하지 않겠다"고 말하면서도 기본적으로는 고러의 연구에 따르고 있다. 베네딕트의 목적은 일본인의 행동패턴을 통해서 그 행동의 배경에 있는 윤리의 형(型)으로 전개시키는 데 있었다. 그러기 위해서는 고러가 쓴 '世間の目',[172] 즉 자기가 속하는 세간(세상)뿐만이 아니라, 바깥 집단으로부터도 인정받지 않으면 안 된다고 언급한 내용이 필요했던 것이다. 그렇게 해서 베네딕트는 다른 사람으로부터 인정받지 못하는 일본인을 그리기 위해서 가엾은 '국화'를 등장시킨 것이다.

그 규칙을 지키지 않으면 손실이 커진다는 것도 구속력으로서 작용한다, 고. 이 경우는 주변 사람들로부터 인정받지 못할 뿐만 아니라, 그들이 결속해서 '나'를 응징하는 상황에 직면하게 될지도 모른다. 일본인이 자기 자신을 다룰 때, 이미 잘 알려진 것처럼, 뿌리를 절단한 분재를 다룰 때라든지 관람객이 많은 꽃 전시회에서 꽃이 움직이지 않도록 작은 철사로 고정한 국화를 다룰 때와 같은 태도를 보이는 것도 그러한 이유 때문이다.

그렇다면 베네딕트는 '칼'에 대해서 어떤 이미지를 품고 있었

---

172) * '世間'은 '세간', '세상' 등으로 이해하면 되고, '世間の目'는 '세간·세상의 눈' 즉 '세상의 평판(reputation)'을 뜻한다.

는가? 『국화와 칼』에서 '칼'에 대해 이렇게 말하고 있다.

칼은 공격의 상징이 아니라, 이상적이고 훌륭한 자기 행위에 대해
책임을 지는 사람을 묘사하는 비유가 된다.

(『국화와 칼―일본 문화의 형』 중에서)

서양적인 의미의 칼을 버리겠다고 일본인은 말했다. 그러나 그들
일본인은 이렇게 시들어 버리는 것은 아닌가, 하고 언제나 두려워하
는 마음속의 칼을 지킴으로써 부동의 항구적인 힘을 얻는다.

칼은 보다 자유로운, 보다 평화로운 세계가 도래하여도 일본인이
항상 지닐 수 있는 상징이다.

좀 추상적이긴 하지만, 「일본인의 행동패턴」과 비교해 보면 베
네딕트가 가지고 있는 이미지가 선명하게 드러난다.

과거 10년간 상징으로서의 천황이 갖는 힘은 침략을 추진하기 위
한 주요전략으로 사용되었다. 그러나 이 힘은 다른 목적으로도 사용
할 수 있다. 본래 이 힘은 히틀러 정권하에서 독일의 타민족 정복이
나 강제수용소와는 다른 것이다. 천황에 대한 일본 신민의 〈忠〉은 평
화로운 세계와도 전란(戰亂)의 세계와도 모순되지 않으며, 언젠가는
일본 사회의 목적이 변하면 매장될 수도 있다. 이러한 천황 숭배와
지금의 군사적 목적을 위한 이용을 서양인은 구별할 수 있어야 한다.

문화는 사람이 만든 것이고 일단 문화의 영향력을 깨닫게 되면 사회는 사회의 요구에 맞는 수정을 문화에 요구하게 되며, 그렇게 해서 사회가 원하는 세계로 가기 위한 열쇠와 같은 역할을 하는 것이 문화라고 베네딕트는 생각했다. 그리고 다른 사람에게 그 문화가 아무리 비정상적(abnormal)으로 보이더라도 다른 문화를 해치지 않는 한, 그 문화가 스스로의 길을 가도록 두어야 한다, 는 것이 베네딕트의 문화에 대한 입장이자 기본 자세였다.

천황의 처우에 관해서는 켄트 논문에 상세한 내용이 있기 때문에 여기서는 요점만을 소개하지만, 베네딕트의 제언은 일본인이 마음속의 칼을 가지지 않으면 전후의 복구는 힘들 것이라는 결론으로 마무리하였다.

일본의 엄격한 종교적 교의인 황실 숭배는, 다른 교의를 신봉하는 나라들을 크게 분노시키지만, 일본인에게는 강한 충성을 요구한다. 그렇기 때문에 전후 복구작업은 배후에 천황에 의한 강제력이 뒷받침되면 그만큼 수월해질 것이며, 미국이 천황제를 폐지하도록 요구하면 그만큼 일은 어려워질 것이다.

베네딕트는 「일본인의 행동패턴」에 앞서 천황의 처우에 관한 비망록을 제출했다. 이 비망록은 전후정책을 수립하는 데 가장 큰 영향력을 발휘한 것으로 생각된다. 「일본인의 행동패턴」에서 비망록에서 말하는 천황의 처우에 관한 내용은 대부분 언급하고 있지만, 이 책에서는 일부러 비망록을 따로 포함시켜 출판하기로 했다.

그렇게 함으로써 베네딕트의 생각을 일련의 흐름 속에서 파악할
수 있다고 판단했기 때문이다.

　일본의 패전이 결정된 1945년 8월 15일, 베네딕트는 전시정보국
시절에 그녀를 도와준 로버트 하시마에게 편지를 한 통 썼다. 베네
딕트는 휴가중이었으며, 고향인 샤탁농장에 머물고 있었다.

　어젯밤 7시에 라디오 옆에서 방송을 들으면서 나는 내내 밥(Bob :
로버트 하시마)에게 감사의 전보를 치고 싶었습니다. 이제 더 이상
많은 사람들이 죽지 않아도 되는 것을 얼마나 행복하게 느꼈는지, 또
한 일본이 택한 방법이 얼마나 자랑스럽게 생각되었는지, 그리고 천
황의 역할에 대해서 얼마나 감사의 마음을 가졌는지, 나는 밥에게 전
하고 싶었습니다. 이런 나의 마음을 이해할 수 있는 사람은 당신 외
엔 생각할 수 없기 때문입니다. '천황 폐하가 직접 국민에게 라디오
로 말씀하셨다'는 보도를 아나운서가 전했을 때, 나는 눈물이 났습
니다.

　어떻게 표현하면 되는지 적당한 말이 떠오르지 않지만, 전쟁에서
패하면서 일본만큼 위엄과 유덕의 마음을 보인 나라는 서양에는 없
습니다. 그리고 일본이 전쟁을 종결시킨 그 명예로운 방법은 영원히
역사에 남을 것입니다. 이 휴가가 끝나고 내가 업무에 복귀했을 때는
내가 이 마음을 제대로 전할 수 있도록 도와주세요…

　『국화와 칼―일본 문화의 형』은 미국에서 1946년 11월에 출판
되었다. 그로부터 50년이 지난 지금도 만화경(萬華鏡)처럼 빛나는

베네딕트의 메시지를 찾아 다양한 연구가 계속되고 있다. 페미니스트로서의 베네딕트의 모습도 간과해서는 안 된다. 베네딕트는 다양한 문화의 형을 능수 능란하게 표현하였고, 그 글은 신기한 설득력을 지니고 절대적인 가치규범에 도전했던 것이다. 아마도 문화인류학자로서의 그녀에게 주어진 '기쁨의 순간'이었다고 생각한다.

끝내는 말을 대신해서

몇 번째 조사 때였던가, 컬렉션[173])에 포함된 베네딕트의 친필 편지를 볼 기회를 얻었다. 그녀의 작은 수첩에는 비망록 같은 것들밖에는 적혀 있지 않았지만, 1947년의 'addresses' 안에는 낯익은 이름이 있었다. 그 주소록은 수첩 맨 마지막 부분에 적혀 있었기 때문에 언제 기록했는지 그 날짜는 알 수 없었으나, 다음과 같이 적혀 있었다.

Ishigaki Ayako

219 W14 Wa 9-2596

(interviewed me)

이 219 W14는 이시가키 아야코(石垣綾子)가 전시정보국에서 근무를 시작했을 무렵, 새로 이사한 아파트 주소이다. 아주 우연한 일

---

173) *미국 Vassar대학의 Benedict collection을 뜻한다.

이지만, 운이 좋게도 1996년 2월 22일에 『石垣綾子日記』(岩波書店, 1996年)가 발간되었다. 이 일기에 의하면 1947년 7월 1일에 이시가키 아야코는 베네딕트를 만난 적이 있다. 일기가 발행된다는 일을 전혀 몰랐던 필자는 1995년 여름에 이시가키 아야코가 베네딕트를 인터뷰한 것이 사실인지 확인하고 싶어서 이시가키 아야코 가족에게 확인을 부탁했다. 당시 이시가키 아야코 본인은 뇌경색으로 병상에 있었으나 분명히 만났다고 긍정했다는 대답을 들었다. 그러나 안타깝게도 이 원고를 집필중인 1996년 11월 12일에 돌아가셨다는 사실을 보도한 신문을 접하게 되다니, 너무나도 뜻밖의 일이었다.

『石垣綾子日記』에 의하면 그녀는 베네딕트를 두 번 만났다. 7월 1일과 7월 10일이다. 흥미로운 것은 7월 10일 일기로, 다음과 같은 내용을 담고 있다.

　　　루스 베네딕트와 관련된 원고, 대부분 삭제당하다. 예상은 하고 있었지만… "미국인은 여행을 좋아하고…"부터 마지막 "전쟁으로 번질 위험"까지 전부 말살. 끝머리의 "미국식 데모크라시를 세계에 강요하지 말라"라는 그녀의 말도 전부 말살.

일기에 의하면 이시가키 아야코는 1946년 11월 13일에 육군성(陸軍省)의 면접을 받았으며, 그 후 육군성의 의뢰로 원고를 썼다. 육군성은 독일과 일본에 파견된 주둔군을 위해서 필요한 자료를 보내고 있었다. 1946년 11월에 미국에서 『국화와 칼』이 출판된 것을 받아서 이시가키 아야코는 베네딕트와 만나기 위해 컬럼비아대학에 간 것이다. 베네딕트와의 인터뷰를 정리한 원고를 육군성에 제출하고 언제나처럼 검열을 받은 결과, 예상했던 대로 가장 중요한 부분은 모두 삭제당하고 만 것이다. 역시 베네딕트답다고 수긍이 가는 "미국식 데모크라시를 세계에 강요하지 말라"는 말을 베네딕트가 어떤 원고에서 사용했는지, 필자는 안타깝게도 아직 찾지 못했다.

7월에 베네딕트를 만나기 전에 이시가키 아야코는 마가렛 미드(Margaret Mead)를 인터뷰했다. 1946년 5월 20일의 일이다. 당시 이시가키 아야코는 반전운동에 적극 참여하면서 아시아에 시점을 둔 강연활동을 하면서 미국 전역을 돌고 있었다. 그리고 정보를 찾아서 정력적으로 다양한 분야의 사람들과 만나고 있었다. 이시가키 아야코는 여성의 지위향상을 위해서 무엇을 해야 하는가를 미드에게 물었던 것이다. 그때 당시 미드의 이름은 이미 알려져 있었으며, 미드는 이시가키 아야코에게 강렬하게 새로운 여성이라는 인상을 심은 듯하다.

마지막으로 베네딕트와 미드의 관계에 대해서 언급하지 않을 수 없다. 마가렛 미드는 베네딕트가 아낀 제자였다. 미드에 관한 일화는 1995년에 필자가 컬럼비아대학을 방문했을 때 그때까지도 회자될 정도로 전설적이며, 실제 이상으로 위대한 인물로 인식되어 있다.

미드가 대학을 졸업하자마자 베네딕트와 미드는 매우 친밀한 관계가 되었다. 대학에서 일을 하게 되고, 삶의 의미를 커리어에서 발견하기 시작한 베네딕트였으나, 남편과의 사이는 점점 나빠져서 결국 별거하게 된다. 그러나 이혼하지는 않았으며, 루스는 죽을 때까지 Mrs. Benedict였다.

미드는 정열이 넘쳐 흐르는 여성이었다. 자기의 역할을 소중히 여겼으며, 자기가 동성연애자라는 사실이 사회적으로 알려져서 자기에게 불이익이 되는 일에는 철저하게 반대했다. 미드에게는 영국인 인류학자 그레고리 베이트슨과의 사이에서 태어난 외동딸 메어리 캐슬린 베이트슨이 있다. 그 딸이 젊었을 때 동성연애로 기우는 듯한 시기가 있었는데, 미드는 "나의 사회적 입장은 어떻게 되니?"라고 하며 결코 딸을 인정하지 않았다. 미드는 한 사람과 교제하는 것에 가치를 두지 않았으며, 남성에게도 여성에게도 끌렸으며, 섹스란 관계의 친밀도를 나타내는 당연하고 자연스러운 행위라고 생각하고 있었다.

모든 점에서 미드와 베네딕트는 대조적이었다. 베네딕트는 조용하고 신비스러운 긴장감을 지니고 있으며, 침사적(沈思的)이고 우울해지기 쉬운 성품이었다. 이에 대해서 미드는 활기차고 시원시원하고 합리적이고 꾸밈이 없는 성품이었다. 그리고 무엇보다도 베네딕트는 미드보다 15살 연상이었다. 이렇게 서로가 정반대였기에 서로에게 끌렸던 것이다. 각각의 지성에 끌리고 서로의 생각에서 어떤 중요한 것을 발견했던 것이다.

베네딕트는 미드와는 달리, 영속성을 바라고 있었다. 미드와는 마지막까지 친구로서의 관계는 계속되지만, 미드 다음에 친밀한 관계가 된 상대도 여성이었다. 베네딕트는 사회적으로 비정상으로 간주되는, 소위 말하는 버려진 입장에 놓인 자기와 직면하지 않을 수 없었다. 베네딕트는 『문화의 형』에서 말하고 있다. "정상적인 (normal) 사람이란, 일반에게 인정된 행동이나 제도상의 문화적 울타리 안에 맞아떨어지는 사람이고, 비정상적(abnormal)인 사람이란 맞아떨어지지 않는 사람을 뜻한다. 그러나 다른 문화에서는 완전하게 정상으로 받아들여질지도 모른다." 문화인류학자로서의 베네딕트의 투쟁은 여기에 그 출발점이 있다.

「일본인의 행동패턴」부터 『국화와 칼』까지의 궤적을 추적하는 기본작업을 통해서만 베네딕트 연구의 새로운 출발을 할 수 있다는 믿음으로 이 책의 출판은 실현되었다. 일본인 연구는 베네딕트가 남긴 마지막 작품이었다. 그러나 베네딕트는 『국화와 칼』의 결과를 일본에서 확인해 보지 못한 채 1948년 9월 17일에 사망하고 만다. 61세의 너무 이른 죽음이었다.

뉴욕주 푸킵시(Poughkeepsie)에 있는 배서대학(Vassar College) 도서관 귀중도서 관장인 낸시 맥케크니 씨에게는 자료수집과 관련해서 많은 도움을 받았다. 감사한다.

Benedict, Ruth. 1954(original 1946) *The Chrysanthemum and the Sword : Patterns of Japanese Culture.,* reprint ed. Tokyo : Charles E. Tuttle Company. 長谷川松治 역, 1972年 『菊と刀―日本文化の型』社會思想社.

Caffrey, Margaret. 1989 *Ruth Benedict : Stranger in this Land.* University of Texas Press. 福井七子, 上田譽志美 역, 1993年 『さまよえる人 ルース・ベネディクト』關西大學出版部.

Dower, John. 1986 *War Without Mercy : Race and Power in the Pacific War.* New York : Pantheon Books. 齋藤元一 역, 1987年 『人種偏見』TBS ブリタニカ.

Sugimoto, Etsu Inagaki. 1996 (original 1925) *A Daughter of the Samurai.* Tokyo : Charles E. Tuttle Company. 大岩美和 역, 1994年 『武士の娘』筑摩書房.

石垣綾子, 1996年 『石垣綾子日記』岩波書店.

─────, 1982年 『我が愛 流れと足跡』新潮社.

御厨貴, 小鹽和人, 1996年 『忘れられた日米關係』ちくま新書.

ハシマ ロバート(Hashima, Robert), 1950年 「ルース・ベネディクト女史の追憶」, 『民族學研究』15(1), 68~69.

油井大三郎, 1985年 『未完の占領改革』東京大學出版會.

ベイトソン M. C. 저, 佐藤良明, 保坂嘉惠美 역, 1993年 『娘の眼から』國文社.

〈해설 ❷〉

베네딕트의 인생과 학문

폴린 켄트(Pauline Kent)

시작하는 말

루스 베네딕트의 『국화와 칼』은 1948년에 일본어로 번역되어 많은 사람들이 읽었다. 그러나 많은 비평이 지금까지 있었지만 집필의 배경에 대해서는 거의 연구되지 않았다. 『국화와 칼』의 원형이 되는 「리포트 25─일본인의 행동패턴」의 존재조차 지금까지는 알려지지 않았다. 여기서는 그 번역과 함께 베네딕트의 인생과 연구에 대한 전체상을 밝힘으로써 『국화와 칼』이라는 고전에 대한 이해를 도모하는 디딤돌이 되었으면 한다.

루스 베네딕트는 한 인간으로서 많은 장애를 극복하고 그 역경을 독자적인 이론으로 소화해서 고전이 된 연구성과를 남겼다.

베네딕트는 빅토리아 왕조의 문화가 농후했던 시대에 태어나, 61년의 짧은 생애에 두 번의 세계대전과 대공황이라는 사회의 격동을 경험했다. 게다가 그녀의 개인적인 가치관이나 행동은 시대의 기준과 맞지 않는 경우가 많아서, 자기의 사회적 위치를 찾기 위해서 여러모로 고민해야만 했다. 이런 사회적, 개인적 체험이 베네딕트의 사상에 커다란 영향을 미쳤다. 즉 그녀는 연구를 통해서 평화를 희구하였고, 개인적으로는 정상적인 행동이 왜 사회적으로는 비정상적인 것으로 간주되는가를 생각했다. 또한 이문화(異文化)를 바라보듯이, 남성 중심 사회에 그녀가 몸담고 있었기에 아웃사이더의 눈으로 남성 중심 문화를 관찰할 수 있었으며, 그리고 실제로 그녀 자신이 아웃사이더로서의 차별을 받은 적이 있었기 때문에 일본을 연구할 때도 '편견'을 배제하는 문제를 특히 의식하고 있었다.

전시중에 적국인 일본을 연구하면서, 이런 베네딕트의 의식이 당시 미국의 히스테릭한 견해에 제동을 걸었다. 그녀의 연구는 휴머니즘을 기저에 두고 있다. 그리고 베네딕트가 특히 강조한 것은 인간이 보이는 행동의 대부분은 문화적으로 습득된 것이며, 교육에 의해서 개인은 자신의 가치관과 행동을 새로이 획득할 수 있다는 점이었다. 그녀는 일본에 대해서 사람들이 보다 넓은 지식을 가지고 편견을 없애고 관대해지면 전후의 새 세계에서 일본은 부흥하고 세계에 공헌하게 될 것이라고 믿고 있었다.

여기서는 베네딕트의 개인사를 살펴면서 문화패턴 이론을 제시한 『문화의 형(型)』과 인종차별주의의 메커니즘을 명확하게 밝힌 『인종(人種)』에 언급하면서, 그녀가 『국화와 칼』의 바탕이 되는 연구를 한 전시정보국에 대해서 소개하고자 한다. 그리고 전시정보국 시절의 그녀의 연구를 자리매김하는 것이 이 논문의 목적이다. 베네딕트는 그녀의 인생을 통해서 언제나 문화를 객관적으로 이해하려고 했는데, 이 해설에서는 그녀를 본받아, 『국화와 칼』이라는 복잡한 저서를 가능한 한 객관적으로 이해하고 그 결과 새로운 해석이 가능했으면 하고 바란다.

베네딕트의 개인적 배경

대학시절까지의 베네딕트

루스는 1887년 6월 5일에 뉴욕에서 태어났다. 조상은 메이플라워호로 미국으로 건너온 성실한 침례교(Baptist)파의 신자였고, 어머니는 배서대학(Vassar College) 졸업생이었다. 그녀의 아버지는 동종요법(同種療法)[174]이라는 새로운 치료법으로 기대를 모은 의사였는데, 당시는 수술을 할 때 위생 상태가 나빠서 그녀의 아버지도 주사 바늘을 통해 병원균에 감염되어 루스가 2살이 되기 전, 그러니까 여동생이 겨우 생후 2개월이었을 때 돌아가셨다(Caffrey 1993 : 23).

홀로 남게 된 어머니는 재혼하지 않고 교사를 하면서 두 딸을 키웠다. 어머니가 뉴욕주, 미주리주, 미네소타주로 전근함에 따라 딸들도 따라가서 루스는 고등학교를 버펄로시에서 다녔다. 그러는

---

174) *Homeopathy. 건강체에 사용하면 환자와 똑같은 증상을 일으키는 약제를 환자에게 투여해서 치료하는 방법.

동안에 자매는 같은 학년이 되어 둘은 1905년에 우수한 성적으로 고등학교를 졸업하고 함께 장학금을 받아서 어머니가 졸업한 배서 대학에 입학했다. 그와 동시에 어머니는 대학 도서관 직원이 되었다. 배서대학은 명문 여자대학으로, 일반적으로는 상류 가정의 여식을 소수로 교육, 단련해서 많은 문학자, 저널리스트, 사회활동가를 배출한 개명적(開明的)인 교풍으로 잘 알려져 있다.

미국이기는 하지만 빅토리아 왕조적인 인습을 고수하려는 풍조속에서 루스 모녀에 대한 눈초리는 매우 차가웠다. 게다가 유년기에 앓은 귀가 난청이어서 그녀는 가족 내에서도 자기를 이질적인 존재로 느끼고 있었다. 밝은 성격의 여동생과 비교해서 루스는 까다로운 아이로 인식되었다. 난청인 루스는 그 후 효과적인 커뮤니케이션 수단으로서 '쓴다는 것'을 발견하게 된다. 문장을 씀으로써 어머니의 이해를 얻게 되고 자기 감정도 표현할 수 있게 되어, 내면적인 갈등도 완화시킬 수 있었다. 루스에게는 '문자'의 힘이 무엇보다도 중요했으며, 배서대학에서는 그 힘을 발휘해서 대학신문의 문학평론을 주도하는 존재가 되었다.

대학졸업 후 인류학자가 되기까지

루스는 1909년에 대학을 수석으로 졸업하고 1910년에는 대학후원자의 지원으로 다른 두 명의 여학생과 함께 1년간 유럽을 여행했다. 루스는 거기서 처음으로 '다른 문화'와 만났고, 유럽의 분위기와 그 신선한 사조에 감동한다. 그곳에서는 '상식'이 절대적인 것이 아니라 다양한 가치관이 공존하고 있었다. 미국에서 그녀를 괴롭힌 습관이 유럽에서는 인정되고 있는 사실을 발견하고는 그때까지 '비정상(abnormal)'이라고 생각하고 있었던 자신의 생각에 자신감을 가질 수 있었다. 귀국한 후에 생계를 위해서 루스는 사회사업 관련 단체에서 일했으며, 곧 여동생이 결혼해서 살고 있던 캘리포니아로 어머니와 함께 이사했다. 그곳에서 여학교의 영어교사도 경험했지만 어느 직장도 그녀에겐 만족할 수 없는 것이었다.

1913년 여름, 그리운 어머니의 친정인 샤탁농장으로 돌아왔을 때, 배서대학 시절 친구의 오빠로부터 코넬대학의 젊은 화학자인 스텐리 베네딕트를 소개받았다. 그들은 얼마 동안 교제 후, 1914년에 결혼했다. 결혼 후 뉴욕시에 살면서 루스는 주부로서 살았다. 당시 미국에서는 여성참정운동이 한창이었고 1918년에는 여성참정권이 인정되었다. 한편 안타깝게도 아이를 낳으면 루스에게 위험이 있을 거라는 사실을 알았을 때, 스텐리는 아이를 갖는 것을 단념했다.

제1차 세계대전 후, 참정권을 획득한 미국의 여성들 사이에서는 평화를 위한 새로운 데모크라시를 만들자는 분위기가 팽배했다. 전쟁에서 많은 희생자를 낸 사회를 바꾸지 않으면 안 된다는 흐름 속에서 교육을 통해 사회개혁을 지향하던 베네딕트는 컬럼비아대학에서 강의를 받고 있었다. 그러던 중 그녀는 1919년에 개교한 New School for Social Research에서 인류학과 만나게 된다. 그리고 다시 컬럼비아대학으로 옮겨서 프란츠 보아즈(Franz Boaz) 교수 문하에서 본격적으로 인류학을 배웠다. 그녀는 겨우 3학기 만에 박사과정을 수료하고 1923년 36세에 학위를 받고 연구조수가 되었다.

당시, 문화인류학은 전혀 새로운 분야로서, 보아즈 문하에 모인 연구자들도 '개척자'였다. 그들 대부분은 '주변인(marginal man)', 예를 들자면 외국으로부터의 이민자, 여성 등의 문화의 중심이 아닌 주변에 있던 사람들이었다. 그들에게 공통되는 점은 미국을 '바깥'에서 관찰하고, 이질적인 것에 대해서 관대한 태도를 보이고, 선택의 자유를 권하고, 모든 보수성에 대항하는 것이었다. 보아즈 자신이 독일로부터의 이민자였고, 그 문하의 인류학자들은 데이터를 중시하는 연구방법을 배우고, 그때까지 '자명한 이치'라고 생각했던 많은 것들을 파괴하고, 새로운 지식과 이론을 구축하려 노력했다.

베네딕트는 이 '이질성'을 이해하려는 분위기 속에서 드디어 자기가 하고 싶은 일을 찾은 것이다. 그러나 스승인 보아즈는 그녀를 쉽게 정규 교원으로 채용해 주지 않았다. 기혼 여성이라는 이유 때문이었다. 그 후, 남편과 별거하게 된 그녀는 컬럼비아대학에서 조교수부터 부교수까지 승진하고 연구실 주임까지 역임했으나 여성이라는 이유 때문에 정교수가 된 것은 사망하기 직전인 1948년의 일이었다.

베네딕트는 난청이고 여성인데다가 동성연애자였다. 그래서 항상 사회의 이질적인 존재에 민감하고 인류학자로서 '이질성'을 문화와의 관계라는 시점에서 접근했던 것이다. 1920년대에 잇따라서 미국 인디언의 여러 부족에 대한 조사를 한 그녀는, 30년대에 그 성과를 하나씩 출판하게 된다.

『문화의 형』

1934년, 후에 베네딕트를 가장 유명하게 만든 『문화의 형』
(*Patterns of Culture*)을 발표하였다. 『문화의 형』에서 그녀는 세 부
족을 비교하여 그 문화적 차이가 왜 생기는가, 또한 문화가 어떤
식으로 각 사회를 통합하는가를 분석하고 있다. 그리고 문화는 그
것을 구성하는 사람들의 퍼스낼리티의 투영이라는 발상이 여기서
태어났다. 이렇게 해서 베네딕트는 1930~40년대의 미국 문화인
류학의 주류인 '문화퍼스낼리티학파'의 중심적인 한 사람이 되었
다. 또한 『문화의 형』에 의해서 그녀는 문화상대주의의 제창자로
서도 알려지게 되었다. 즉 모든 문화는 주어진 환경에 대한 적응에
의해서 역사적으로 형성된 것이고, 서로 상이한 생활양식의 형을
대등하게 인간의 영위로 생각하고, 그것을 비교하고 이해하려는
문화론을 제창한 것이다.

이 생각은 우열이라는 기준에 의해서 문화를 파악하는 '자민족
(自民族) 중심주의'와 대립하는 것으로, 문화를 과학적인 방법에
의해서 객관적으로 이해하려는 시도이다. 당시 유럽에서는 사회,
정치불안이 재연되었는데 베네딕트는 다른 문화도 평화적으로 공
존할 수 있다는 이상에서 『문화의 형』을 펴낸 것이다. 그러나 이
저서가 출판된 1934년에는 독일에서 히틀러가 독재체제를 완성시

켜 게르만민족의 우월과 반유대인주의를 표방하던 시기로, 대세는
전쟁을 피할 수 없는 상황으로 흐르고 있었다.

Race : Science and Politics

히틀러는 인종주의에 입각한 전쟁을 정당화하기 위해서 그의
정책에 불리한 모든 정보를 말살하려고 분서운동(焚書運動)을 일
으켰다. 불태워진 서적 중에는 보아즈의 저서도 포함되어 있었다.
보아즈는 1933년부터 독일에서 사상의 자유를 외치며 대학에서 나
치 어용학자들의 강의를 금지하도록 요구했다. 그리고 독일에서
미국으로 인종주의, 반유대인주의가 침투하지 못하도록 모든 운동
에 참가, 협력하고 나치독일에 전면적으로 반대하는 태도를 취했
다(Caffrey 1933 : 412).

베네딕트는 당초 순수한 과학적 접근에 의한 지식의 보급이 연
구자의 임무라고 믿고, 정치적 운동에 직접 참여하는 일은 30년대
후반까지는 거의 없었다. 그러나 독일에서 사태가 심각해지고 위
기가 닥치자 베네딕트는 더 이상 중립적인 입장에 머물 수 없게 되
었다.

출판사로부터 인종에 관한 책의 집필 의뢰를 받아들인 것은 아
마도 사회적인 정의감과 함께 보아즈에 대한 공감이 있었기 때문
이기도 할 것이다. 보아즈가 제자들에게 남긴 학문적 유산은 인종
차별을 결코 용납해서는 안 된다는 것이었다. 그와 연구생활의 많

은 부분을 함께한 베네딕트는 이 신념을 승계해서 책을 집필하게 되었다.

1939년 여름, 그녀는 연구년에 들어가, 캘리포니아에서 인종에 대한 집필을 시작했다. 편집자는 독일에서 전개된 아리안민족 대 비아리안민족이라는 문제 제기와 관점에 대해서 인류학적 접근을 취하면서 인종차별의 비과학성을 밝힌다는 방침을 세웠고, 그녀도 그에 따라서 일반독자를 대상으로 한 계몽서를 쓰려고 했다(RFB 1). 개별적인 사실에 관해서는 다른 사람의 연구결과를 사용할 경우가 많아서 베네딕트에게는 따분한 일이라, 그만두고 싶은 생각이 든 적도 있었지만, 완성된 책은 편집자의 기대를 만족시키는 것이었다.

1940년에 이 책은 미국에서 *Race : Science and Politics*라는 제목으로 출판되었다. 이 책은 대단한 반향을 일으켜 1943년에는 이 책을 기초로 컬럼비아대학의 동료인 진 웰트휘슈와 함께 어린이들도 이해할 수 있도록 어린이용 책으로 만들었다. 이 작은 책은 시민그룹이나 학교, 나아가서는 미군의 교육에서도 이용되었다. 그런데 미국 남부와 북부의 교육수준이나 사회적 환경의 차이에 의해서 북부 흑인이 남부 백인보다 더 좋은 생활을 하는 경우도 있다고 적혀 있는 부분이 문제가 되어, 남부 국회의원이 이에 분노하여 군대에 대한 소책자의 배포에 제동을 걸었다. 그러자 이번에는 배포가 금지된 사실을 언론이 전국적으로 보도하면서 동시에 이 소책자의 객관적인 연구방법(approach)과 알기 쉽게 만들어져 있다는 점도 선전했다. 그 결과, 100만 부 이상이 시민단체 등으로 넘어갔다.

그러나 후에 이것이 원인이 되어 베네딕트는 전시정보국(Office of War Information)에 들어간 다음에 공산주의자로 의심받게 되어 조사를 받았다. 의혹이 풀린 것은 1년 후였다(RFB 2).

더 아이러니한 것은 맥아더 신봉하에서 반공감정이 높았던 전후 1952~53년에도 공저자인 웰트휘슈는 두 번이나 상원 국가보안위원회에서 '파괴활동을 한 프로퍼갠더'라고 낙인찍힌 이 소책자에 대한 심의에 응해야만 했다. 베네딕트의 정치신조도 이때 다시 문제가 되었으나, 이미 작고한 뒤인 그녀에게 피해는 없었다.

이러한 점도 있어서, 베네딕트는 전시정보국에서의 프로퍼갠더나 기타 정보의 분석이나 해석을 할 때 신중해질 수밖에 없었던 것이다.

대학에서의 갈등

1943년에 베네딕트에게는 전시정보국 해외정보국으로부터 이야기가 있었다. 그녀로서는 둘도 없는 기회였다. 보아즈가 1937년에 컬럼비아대학에서 퇴임하자, 그때까지 편안하고 좋았던 환경은 돌변했다. 보아즈의 후임자를 찾을 때까지 베네딕트는 학과주임 대리를 맡았다. 보아즈로부터 오랫동안 신뢰를 받고 누구보다도 인류학과의 사정에 밝은 그녀도 물론 보아즈의 후임으로 추천은 받았으나, 그 추천이 결정되기 전에 학장이 사망하는 바람에 인사 자체가 백지화되었다. 그녀가 주임 대리를 2년간 맡은 후에 결국 시카고대학의 랄프 린튼이 주임으로 임명되었다. 당시는 여성해방 운동이라는 말도 개념도 존재하지 않는 시기로, 여성이기 때문에 베네딕트가 차별을 받은 것은 분명한 사실이었다.

이러한 대학에서의 갈등으로부터 벗어나기 위해서 베네딕트는 1939년 여름부터 1년간 연구년을 신청해서 보아즈로부터 부탁받은 『인종』을 완성시켰다. 당시의 편지를 통해서 베네딕트는 별로 대학으로 돌아가고 싶어하지 않았다는 점을 읽을 수 있다. 실제로 그녀와 린튼은 성격이 맞지 않아서 대립하는 경우가 잦았다. 그리고 1942년에는 보아즈가 사망하고 대학에서의 인간 관계도 잘 풀리지 않아서 베네딕트는 실의에 빠져 있었다. 그러던 중에 "이윽고 해방될 유럽 문화를 연구할 부서를 맡아 주기 바란다"는 편지를 전시정보국으로부터 받았을 때 베네딕트는 주저 없이 '예스'라고 대답했던 것이다.

전시정보국(戰時情報局)

전시정보국의 형성과정

미합중국 전시정보국은 대통령령에 의해서 1942년에 설립되어 국내정보국과 해외정보국으로 편성되었다. 전시중에 국내정보국이 보도검열의 실패나 국(局) 내부의 조직과 관련된 문제로 자주 비난받은 반면, 해외정보국은 중요한 역할을 수행했다는 평가를 받았다. 해외정보국에서는 라디오나 소책자를 통해서 해외에서 적과 아군 양쪽에 전쟁이 무의미하다는 것을 설득했고, 또 동시에 연합국측의 합법성과 성실한 의도를 알리려 했다.

적국의 프로퍼갠더는 연합군을 냉혹한 식인귀와 같은 비인간적인 이미지로 그리고 있었기 때문에, 우선은 이를 부정하고 사실을 전할 필요가 있었다. 미국 국내에서는 소책자를 준비하는 것이 해외정보국의 중요한 일 중 하나였다. 동시에 적국, 연합국 및 중립국 각각의 문화를 연구하는 일도 중요한 임무였다. 이 연구는 각각의 국민성을 조사하고 심리전(psychological warfare)의 전략을 수립하고 전후의 재건기에 그 문화에 알맞은 정책을 세우기 위한 기초적인 연구였다(Winkler 1978).

베네딕트의 등장

베네딕트는 1943년 6월 28일에 전시정보국 해외정보국의 문화연구 기초분석 책임자로 공식으로 부임했는데, 그전부터 다양한 전시 관련 기관으로부터 자문을 의뢰받고 있었다. 예를 들면 1942년 말에 그녀는 이미 프로퍼갠더에 대한 조언이나 행정기관 연구직에 적임자를 소개하기도 했다(RFB 4).

그녀가 지명받은 이유는 명확하지 않지만, 이전에 전시정보국에서 일하던 제프리 고러(Geoffrey Gorer)라는 영국인과 아는 사이였기 때문에 그의 추천이 있었던 것으로 생각된다. 그러나 그것만은 결코 아니었다. 당시 베네딕트는 이미 『문화의 형』으로 문화인류학자로서 저명했으며, 1940년에 출간한 『인종』도 호평을 받고 있었기 때문에 그녀의 이름은 널리 알려져 있었다. 1943년 3월, 국제연합 구제부흥기관(United Nations Relief and Rehabilitation Administration — UNRRA)은 해방된 유럽 각국에서 부흥에 종사할 사람을 교육하기 위해서 베네딕트의 협력을 요청했다. 그녀는 전시정보국에 근무하는 동안에도 또 전후에도 그 일을 계속하였다(RFB 5). 그리고 전시정보국에 부임하기 전에 문화교류회의(Council of International Relations)에 참가해서 미국에 거주하고 있는 인포먼트(informant : 특정 문화에 대한 질문에 대해서 대답을 해 주는 사람)의 협력을 얻어 중국, 노르웨이, 덴마크 문화에 대해서 보고서를 작성했다(Mead 1974 : 57). 즉 베네딕트는 전시정보국에서 시작하려던 연구를 이미 그전부터 계속하고 있었으며, 이 연구 수행에 가장 적합한 인물이었기 때문에 미국의 국책과 관련된 일을 위임받은 것이다.

전시정보국으로의 초빙에 대해서 마가렛 미드는 제프리 고러가 고러 자신의 후임자로 베네딕트를 지명했다고 기록하고 있다(Mead 1974 : 58). 물론 고러는 전시정보국에서 문화와 퍼스낼리티에 관한 연구를 하고 있었지만, 영국대사관에서 정부간 교섭의 일을 맡기 위해서 전시정보국을 떠난 것이다. 베네딕트는 그가 떠난 뒤에 전시정보국에 들어왔지만, 단순히 고러를 대신해서 들어온 것만은 아니었다.

문화와 퍼스낼리티 연구

실제로 베네딕트는 새로운 연구섹션을 신설하기 위해서 초빙되었다. 그녀는 그곳에서 문화와 퍼스낼리티에 대한 연구를 응용해서 유럽의 각 문화의 패턴을 유추하고 장래 미국 정부의 국제 관계를 촉진할 정책에 도움을 줄 예정이었다.

전시정보국에 들어가기 전에 베네딕트는 상사에게 보낸 편지에서 루마니아에 대한 연구를 이미 시작하려 한다고 보고하고 있다. 편지에서는 그토록 멀리 떨어진 지역의 문화연구를 그녀가 매우 기대하고 있었다는 점을 읽을 수 있다(RFB 6).

해외정보국은 각 점령지에 설치된 국(局)으로부터 그 지역의 상황에 관한 정보를 항상 수집하고 있었다. 전시정보국에 들어간 일주일 후에 베네딕트는 수집된 정보를 효과적으로 사용하기 위한 비망록을 상사에게 제출하였다. 그 비망록에서 그녀는 수집한 정보를 여행기, 민화, 의례, 소설이나 극(劇)과 같은 것으로 보완하자고 제의하고 있다. 즉 "어떤 문화에서도 '습관, 좋고 싫음'은 그 지역 사람들의 총체적인 생활체험을 통해서 생성되기 때문"에 앞서 말한 연구재료를 가지고 조사를 더욱 확대하면 "지금 해외 각 지역에 설치된 국(局)에서 들어오는 정보를 보완하게 되어, 그 결과 해외정보국이 심리전을 위한 중요한 역할을 수행하게 될 것이다" (RFB 7)라고. 베네딕트는 일본의 국민성을 연구하기 위해서 전시정보국에 부임했다고 자주 거론되지만, 이 주장은 사실과 맞지 않다. 일본 연구에 착수하기 전부터 그녀는 여러 문화에 대한 연구를 수행하면서 연구방법론을 발전시켜 왔다. 그럼 그녀는 일본을 연구하기 전에 전시정보국에서 어떤 연구를 진행하였는가? 당시 베네딕트의 전시정보국에서의 임무 명세가 남아 있다. 적극적으로 자신의 임무를 기록한 베네딕트는 다음과 같은 항목을 들고 있다 (RFB 7).

• 국민성에 관한 문헌적 연구를 진행하고 이에 해외에서 입수한 전보, 뉴스, 기타 기관이 수집한 정보, 컨설턴트(특정 문화에 대해서 정보를 제공하거나 수정하는 사람)와 인포먼트로부터 얻은 정보를 더해서 보강한다.
• 위에서의 기초적 연구를 실시한 다음, 각 문화에 관한 데이터를 분석하고 리포트를 작성, 보고한다.
• 보고서에 입각해서 심리전을 위한 전술의 제안을 리포트 말미에 첨가한다.

베네딕트는 문화인류학의 응용에 대해서 특히 전시정보국에 들어간 다음부터 열심히 생각하게 되었다.

연구대상

태국

베네딕트는 유럽의 각 문화를 연구하기 위해서 전시정보국에 들어갔는데, 맨 처음에 주어진 과제는 태국에 대한 문화적 프로필을 작성하는 일이었다(RFB 8). 전임자인 고러는 전시정보국에서 이미 독일과 버마(지금의 미얀마)에 대한 모범적인 연구를 완료하였고, 또한 전시정보국에 들어오기 직전에 1942년에 예일대학에서 일본인의 성격 특질에 대해서 연구보고서를 완성하기도 했다(「Japanese Character Structure」). 그의 실적은 후에 심리전에서 사용된 문화와 퍼스낼리티 연구의 의미를 분명히 했다는 점에서 전시정보국의 많은 연구자들에게 강렬한 충격을 주었다.

그래서 베네딕트도 태국 연구에서는 고러가 사용한 방법을 그대로 차용하였다. 우선 역사와 지리적 배경부터 시작해서 다음에 어른들의 생활양식과 국민성과의 관계에 대해서 논하고, 마지막에 그 국민성의 특징을 드는 순서였다. 이 보고서 부록으로서 「Basic Report」라 불리는 심리전과 관련한 항목과 제안을 덧붙였다.

태국 리포트에서는 '인생의 기쁨', '남성지배', '냉정한 마음'의 세 가지가 주요 테마였다(Caffrey 1993 : 464). 또한 이 리포트의 구성은 『국화와 칼』과 유사점이 있다. 그러나 『국화와 칼』의 원형이 되는 전시정보국의 보고서는 이러한 구성을 취하지 않는다.

루마니아

두 번째로 쓴 루마니아 리포트를 태국 리포트와 비교해 보면 베네딕트가 국민성의 분석방법을 더욱 세련되게 발전시킨 사실을 알 수 있다. 그녀는 자료나 정보의 수집, 분석, 리포트 작성 등의 연구 방법을 조금씩 발전시켜 갔다. 더욱이 이 시기에는 연구 관련 동료 여러 명이 워싱턴에 머물면서 바쁜 와중에도 불구하고 연구회를 열었다. 거기서 그녀는 국민성 모델 만들기에 대해서 활발하게 의견을 나누었다. 전시중에 많은 미국의 사회과학자들이 워싱턴을 중심으로 전쟁과 관계있는 일에 종사하고 있었다. 베네딕트의 경우도 전혀 특별한 경우는 아니었다(Mead 1958 : 353).

독일

1943년 말에 베네딕트는 「전쟁 5년째 초겨울의 독일인의 패배주의 : German Defeatism at the Beginning of the Fifth Winter of War」라는 리포트를 작성했다.

이 리포트는 항복에 관한 문제를 다루고 있는데 항복 후의 점령기간까지 언급하고 있다. 많은 독일인은 연합군의 점령에 의해 자기들에게 가혹한 복수가 가해지는 것이 아닌가 하고 걱정하고 있었다. 그래서 독일의 일반국민에게 점령군의 정책에 대해서 이해를 구하고, 그들의 불안을 불식시켜 준다면 장기적인 평화를 유지할 수 있을 것이라고 베네딕트는 말하고 있다.

기타 여러 나라

그녀는 앞의 보고서에 이어서 거의 모두가 몇 페이지에 불과하지만 핀란드, 덴마크, 노르웨이, 네덜란드, 프랑스, 폴란드 그리고 이탈리아의 문화에 대해서 연구했다. 그녀는 문화인류학자로서 끊임없이 연구대상의 시점에서 각 문화를 분석하려 했으며, 미국의 관점에서 판단하거나 승자 입장에서 내려다보는 일은 하지 않았다. 예를 들면 루마니아인은 죄의식을 언제 느끼는가, 이는 미국인, 태국인의 죄의식과는 어떻게 다른가, 죄악감에 대한 보상은 어떻게 다른가 등이다. 또한 제재(制裁)와 보수(報酬)가 각각의 문화에서 하는 역할을 비교하고 각각의 문화적 행동양식의 독자성과 공통성을 찾으려 했다.

해외전의분석과(海外戰意分析課)

전쟁의 초점이 이탈리아, 아프리카, 독일에서 태평양으로 옮겨졌을 때, 일본의 위협에 대응하기 위해서 미국은 필연적으로 일본을 이해할 필요성이 생겼다. 미국은 일본의 프로퍼갠더와 장렬한 전투, 그리고 "결코 항복하지 않으리!"라는 전의에 대응하지 못하면 전쟁은 오래갈 것이고 그만큼 희생자가 많아질 것이라는 점을 걱정했다. 전시정보국의 아시아부 내에 이미 일본과(日本課)가 존재하고 있었지만, 이 과는 한정된 연구만 하고 있었다. 그래서 새로운 일본연구과의 증설이 주저 없이 승인되었다.

그전에도 군의관 알렉산더 레이튼(Alexander L. Leighton) 해군 중령은 가까운 장래에 점령지역에서 일본인을 관리하기 위해서 포스튼 일본인수용소(Poston Japanese Relocation Camp)에서 작은 그룹을 만들어서 정보를 수집하고 있었다. 그는 1943년 봄에 이 연구반을 해군점령정부 아래에 두도록 진언했다. 그러나 이 그룹에서 일본계 2세가 중추적인 구성원으로 활약하고 있었기 때문에 2세를 고용하지 않는다는 해군의 방침과 충돌하여 계획은 실행이 중지되었다. 결국 이 연구반은 조지 E. 테일러(전시정보국, 극동과 부〈部〉차장)의 제안으로 다민족적(Multi-Ethnic)인 분위기였던 전시정보국 안에 일단 두기로 했다.

전시정보국은 1944년 4월에 군사정보국(MIS) 극동부 일본과에 이 연구반을 제공해서 일본인 포로의 심문기록이라든지 비밀정보 분석작업을 자진해서 맡았다. 이 임무는 대충 2개월 걸릴 것으로 예상되었으나, 1944년 7월에 연구반의 업적이 전시정보국뿐만 아니라 국무성으로부터도 좋은 평가를 받게 되어, 레이튼 연구반은 공식적으로 인정되기에 이르고 막대한 예산까지 책정되어 스태프도 조금씩 늘어났다(NARA 1). 이 연구반은 1944년 8월 상순에 정식으로 해외전의분석과(Foreign Morale Analysis Division)로서 독립, 출범하게 되었다.

연구반의 목적은 일본 병사와 일본 국내의 전의를 파악해서 그들을 격퇴할 방법을 제안하는 일이었다. 그래서 해외전의분석과는 다음과 같은 문제에 대한 해답을 찾기로 했다. 왜 일본인은 전의가 그렇게도 강한가? 어딘가에 약점은 없는가? 그들은 변할 것인가, 아니면 바꿀 수 있는가? 변화가 가능하다면 심리전을 기대할 수는 있는가? (Leighton 1949 : 11, 43)

레이튼과 공동으로 연구를 맡았던 일본계 2세인 이와오 이시노 (후에 미시건대학에서 인류학을 가르치게 된다), 요시하루 마쓰모토, 도시오 야쓰시로라는 세 명의 구성원으로 초기의 해외전의분석과는 출범했다.[175] 그리고 설립 후 얼마 지나지 않아서 MIS로부터 조지 맥짐지(George McJimsey)가 들어왔다. 그들은 이윽고 「일본인 포로의 심문기록이라든지 비밀정보에 나타난 일본 병사들의 전의 상태에 관한 분석방법의 개발」에 착수해서 보고를 하기 시작했다 (NARA 2). 이러한 기초 데이터로 일본인은 어디까지 싸울 뜻이 있는가 하는 점을 예상하려 했고, 또한 심리전의 전략을 세우기 위해서 중요한 자료를 수집하고 그 자료를 알기 쉽게 보고하는 임무를 맡고 있었다. 그리고 또 하나 일본인의 '심리'를 보다 정확하게 묘사하는 일이 그들에게 주어진 과제였다.

왜 그런 필요가 있었는가 하면, 일본인에 관한 정보가 너무나도 빈약했기 때문이다. 소문이나 뉴스에서 보도되는 일본군은 '두려워할 줄 모르고, 적군을 한 명이라도 더 죽이기 위해서 스스로 목숨까지 내놓는다'는 식의 이미지였기 때문이다. 이런 이미지는 '가미카제(神風)'에 의해서 더욱 증폭, 강화되었고 그 결과 항복하

---

175) * '이와오 이시노', '요시하루 마쓰모토', '도시오 야쓰시로'는 모두 이름 – 성명 순으로 표기되어 있다.

려 했던 일본 병사까지, 전의를 불태우는 다른 일본 병사에게 살해되는 경우가 많았다. 그러나 소문만으로 전략을 세울 수는 없기 때문에 구체적인 자료가 필요했다.

일본인을 '알기' 위해서, 보다 폭 넓은 지식과 분석력이 필요했다. 해외전의분석과는 초창기의 4명이 마지막에는 30명으로 인원이 보강·강화되었다. 구성원의 전공은 문화인류학, 심리학, 정신의학, 사회학, 정치학, 일본 문화와 언어로 매우 폭 넓었다. 그중에는 '커뮤니티 분석' 전문가로서 일본인 수용소에서 연구를 했던 사람도 있었고, 캠프에 수용된 일본계 2세도 있었다. 해외전의분석과의 기록에 의하면, 이러한 일본계 미국인이 전시정보국에서 어떤 차별도 받지 않고, 거꾸로 구성원의 한 사람으로서 중요한 역할을 수행했다고 한다. 그들은 일본어 문장을 번역만 하는 것이 아니라, 다른 연구자와 마찬가지로 수많은 자료를 정리하고, 분석을 하고, 보고서를 작성하는 매우 바쁜 하루하루를 보내고 있었다.

보고서는 정책에 영향을 줄 수 있도록 읽기 쉬운 것이어야 하기 때문에 프로 저널리스트였던 드워프링거(Doeflinger)가 완성된 보고서를 체크하고 불필요한 전문용어나 난해한 문장을 삭제하고 읽기 쉽게 첨삭하였다.

해외전의분석과는 그 규모가 점차 거대해져서 두 곳으로 나누어 일을 하게 되었다. 원래 그룹은 국방부(The Pentagon) 안에 배치되고, 여기서는 주로 포로의 심문기록과 비밀정보의 분석을 맡고 있었다. 다른 하나는 Social Security Building 안에 있는 전시정보국에 배치되어, 번역이나 일본에서 보도된 정보의 분석, 보고서 작성에 주력하고 있었다. 그들이 취급한 자료에는 심문기록, 병사의 편지와 일기, 공문서, 일본 신문이나 라디오방송이 포함되었다. 또한 자료는 문헌자료, 예를 들면 역사서, 소설, 여행기 혹은 일본의 영화와 같은 자료에 의해서 보완되었다. 그리고 수용 캠프에서 수집한 데이터, 일본인이나 일본에 정통한 사람들과의 면접조사, 멤버 자신의 지식이나 일본에서 수집된 제1차 자료(존 엠브리⟨John Embree⟩의 자료 등)도 분석을 보완하기 위해서 사용되었다.

베네딕트의 일본 연구

베네딕트가 레이튼으로부터 해외전의분석과에서 일하도록 권유받은 것은 1944년 6월이었다. 그러나 레이튼의 권유는 겸임으로, 원래 과에서 일을 하면서 일본 연구까지 하는 것이었다. 실제로 베네딕트가 해외전의분석과에 처음으로 얼굴을 보인 것은 여름 휴가가 끝난 다음이었다(RFB 9). 해외전의분석과의 기록에 의하면 레이튼은 그녀의 전시정보국 사무실을 1944년 9월 4일에 방문하였다. 그리고 그녀가 펜타곤에서 열린 해외전의분석과 스태프 미팅에 처음 참가한 것은 9월 9일이었다(NARA 3). 그리고 일본이 항복하기까지 베네딕트의 연구기간은 겨우 1년 남짓이라는 계산이 된다.

해외전의분석과의 구성원을 선발할 때, 레이튼은 일부러 '일본학(Japanology) 전문가'를 고르지 않았다. 전문가는 자기 지식을 공유하기를 꺼리는 경향이 있어서 자기의 일본관이 옳다고 믿는 경향이 있기 때문이라고 레이튼은 적고 있다. 그런 이유로 주로 일본에 대해서 선입견이 적은 사회과학자들이 선발된 것이다(Leighton 1949 : 177). 기본적으로 해외전의분석과에서 중요시한 데이터는 사회과학에서의 방법과 테크닉에 의해서 얻은 데이터이고, 직감보다는 과학적 방법이 우선시되었다.

베네딕트에게 일본 연구는 미지의 대상이었으나, 전시정보국에서 이미 발전시킨 연구방법을 적용할 수 있었기 때문에 일본에 관한 데이터에 대한 접근에도 그녀는 자신감을 가지고 있었다.

해외전의분석과에서는 심리전을 위해서 일본인의 심리 상태를 파악할 필요가 있었다. 베네딕트는 우선 일본인의 심리를 연구하던 정신과 의사를 위해서 일종의 지침서와 같은 것을 썼다. 바로 「정신과 의사가 검토해야 할 일본인의 전의에 관한 여러 문제 : Problems in Japanese Morale Submitted for Study by Psychiatrists」 (1944년 10월 26일)라는 비망록이다. 서양적인 견지에서 일본인의 행동을 보면 대부분의 행동은 이상(異常), 혹은 노이로제로 간주하기 쉽다. 그러나 일본 문화 안에서는 이 '노이로제'적인 행동은 일관성이 있는데다가 일반에게 용인되는 행동이기 때문에 이를 '이상'으로 진단하는 것은 잘못이라는 것이다. 뿐만 아니라 베네딕트는 더 나아가서 종래의 방법을 어떻게 개선해야만 하는가 하는 문제까지 제시했다. 예를 들면, 어떤 식으로 일본 문화는 일본 국민에게 영향을 미치는가? 어떤 프로퍼갠더에 의해서 일본군의 항복을 유발시키고, 생명을 희생하지 않게 할 수 있는가? 전후의 세계질서

속에서 적극적으로 적응할 수 있도록 일본인의 생각을 변화시킬 수 있을 것인가? 또한 모욕 등에 대한 일본인의 강한 〈하지(恥)〉에 의해서 일본군의 포로 혹은 전후 일본에 심각한 상처를 줄 가능성이 있는데, 일본의 적대의식을 최소한으로 줄이고 포로가 절망에 빠지지 않게 하기 위해서 어떤 조언을 하면 되는가? 등과 같은 과제에 대한 지적이다.

베네딕트는 고향으로 돌아갈 수 없다고 굳게 믿고 있는 포로 문제에 관해서는, 대담한 리포트를 10월 27일에 제출하였다(RFB 10). 그녀는 전쟁이 끝난 후에 일본 이외의 나라에서 새롭게 안정된 생활을 보낼 수 있다는 사실을 알게 되면 자발적으로 항복하는 일본 병사들이 많아질 것이라고 적고 있다. 이 불안의 원인은 바로 〈하지(恥)〉였다. 즉 천황을 위해서 마지막까지 싸워야 하는 군인이 적군의 포로가 되면 그것은 천황에 대한 충효를 다할 수 없게 되는 일이고, 그렇게 되면 그것은 일본에 있는 가족이나 친구 얼굴을 다시는 볼 수 없는 〈하지(恥)〉인 것이다. 결과적으로 고향으로 돌아갈 수 없다고 생각한 그들이 선택할 길은 자살이었다. 게다가 일본군이 흘린 프로퍼갠더는 '야만'적인 연합군은 붙잡은 포로를 토막내고 그 시체를 증기 롤러로 밀어 버린다는 것이었다. 아마도 이러한 엉터리 선전이 많은 일본군 병사를 자살로 몰게 한 것이 틀림없다. 이런 상황 때문에 연합군은 일본인을 어떻게 항복하도록 납득시킬 것인가에 대해서 고심하고 있었다.

반대로 미국에서는 매일같이 신문에 목숨을 아끼지 않는 일본 병사 이야기가 실리고 있었으며, 특히 '가미카제'에 관한 이야기가 대서특필되고 있었다. 이런 이야기 때문에 일본인은 전반적으로 이치와 상식이 통하지 않는 무서운 민족이라는 이미지가 심어졌다. 또한 일본군에 대한 온갖 소문이 연합군 내에서도 돌아서 한 명이라도 일본인을 살려두면 내 목숨이 위험하다는 극단적인 이미지가 확산되었다. 그래서 해외전의분석과는 정확한 정보를 제공하면서 그와 동시에 일본인의 행동에 대한 세미나를 적극적으로 개최했다.

자살론

연합군 입장에서 가장 신중해야 할 문제 중 하나는 일본군 병사의 자살이었다. 베네딕트는 이 문제에 관해서 1944년 12월부터 1945년 1월에 걸쳐서 「일본인의 자살행위에 대해서 : A Note on Japanese Suicide」를 썼다. 베네딕트는 다음과 같은 질문을 던지면서 이 글을 시작한다. "이번 전쟁에서 일본군 당국은 자기 병사들이 연합군의 포로가 되는 것보다는 오히려 스스로 죽음을 선택해야 한다는 입장을 취하고 있다. 이런 태도가 최근의 새로운 발상인지, 아니면 일본 역사 속에 깊이 뿌리 내린 전통적인 배경을 가진 발상인지 조사할 필요가 있다"(RFB 11). 일본에서는 자살은 갈등에 대한 하나의 전통적인 선택의 기능이었는데, 일본의 군국주의자들은 이런 생각을 조작하여 적군의 포로가 되는 병사에게 자살을 유도한 것이다.

전통적으로 일본인은 언제나 '선택지'를 가지고 있었으나, 그 선택은 본인 스스로 결정하는 것이 원칙이었다. "우리는 언제나 그들(일본인)은 운명론자이고 유순한 태도를 취한다고 생각하는 경향이 있다. 그러나 이런 인식은 진실과 거리가 있다. 전통적으로 일본에서 자살은 어디까지나 선택 중의 하나였다. 그 유일한 예외는 사형 대신에 스스로 '셋부쿠(할복)'를 할 때이다"(RFB 11). 예를 들면 병사들의 '신중한 선택' 권이 박탈당하고 사실상 일본 정부가 병사에게 사형을 선고하고 있다는 사실을 프로퍼갠더를 통해서 알리면, 일본군 병사들은 다시 '선택'에 대해서 생각하게 되고 불필요한 죽음을 줄일 수 있을 것이라고 그녀는 마지막에서 적고 있다.

이 자살문제는 일본이 절대로 항복하지 않겠다고 한 방침과도 맞물려서 연합군에게는 중대한 문제였다. 그렇기 때문에 해외전의 분석과 이외의 일본 관련 연구기관에서도 이 문제에 진지하게 임했으며(NARA 4), 일본군의 심리 상태를 밝히려고 한 리포트가 다수 작성되었다.

이러한 정보를 모두 구사해서 일본인에게 항복을 권하는 효과적인 인쇄물(leaflet)을 작성하는 것이 해외전의분석과의 중요한 임무 중 하나였다. 일본인 포로에 대한 심문을 통해서 베네딕트는 연합군이 만든 인쇄물이 별효과가 없다는 사실을 알게 되었다. 그래서 단순한 항복 권고를 그만두고 일본인의 감수성에 호소하는 새로운 전략을 비망록을 통해서 제안하였다. 베네딕트는 인쇄물의 접근태도가 독일이나 유럽에서 사용했던 것과 동일하다는 점을 깨달은 것이다.

베네딕트의 비망록이나 리포트에 공통되는 점은 일본인의 관점에서 사물을 바라보려 했다는 점이다. 이는 문화상대주의적인 접근태도인데, 단순히 일본의 가치관을 독특한 것으로 인정하려는 접근태도가 아니다. '문화상대주의자'로서 베네딕트가 비판받는 경우가 있는데, 그녀는 항상 문화의 상대성 안에서 공통성을 찾았으며, 인간의 생활 향상을 지향했다. 이러한 입장에서 일본을 바라보았기 때문에 서양적인 선입관·편견(bias)에서 자유롭게, 그리고 비교적 냉정하고 객관적인 시점을 확보할 수 있었던 것이다.

기타 일본 연구

고려에 의한 일본인의 행동에 관한 1942년 리포트나 존 엠브리(John Embree)의 『일본인』(The Japanese, 1943), 혹은 웨스턴 라바(Weston La Barre)라는 인류학자가 일본인 수용소에서 수집한 데이터에 기초한 연구(1945) 등에 공통되는 점은 일본인들은 강박적 관념에 지배되고 있다는 점이다. 베네딕트의 동료인 스피처(Herman Spitzer) 박사도 학회에서 「일본인의 성격」이라는 제목으로 행한 발표에서 프로이트가 설명한 강박적인 신경증환자와 일본인 사이에 공통성이 있다고 보고하고 있다(NARA 5). 또한 베네딕트의 연구를 도와준 레이츠(Nathan Leites)는 일본인의 성격 특성을 '강박적'이라고 여러 번 강조하고 있다(RFB 12).

1944년 12월, 미국의 저명한 사회과학자가 대일본정책을 담당하는 정부의 전문가와 일본 연구자와 함께 일본인의 퍼스낼리티와 문화에 대해서 심포지엄을 열었다. 마가렛 미드는 그 내용을 다음과 같이 요약하였다.

일본인을 사람의 청년기에 비유하는 설명이 매우 새로운 통찰이라고 생각된다. 이 '통찰'은 연구자가 연구할 수 있는 틀(framework)을 설정하고, 그 안에서 미국 사회의 청년과 비교할 수 있게 한다. 미국의 심리학이나 정신병학의 지식에서는 이 청년이라는 대상에 대해서 잘 이해하고 있기 때문이다(RFB 13).

참고로 이 회의에서는 일본인과 '갱'에게는 공통점이 있기 때문에 갱을 비교대상으로 하면 일본인을 잘 이해할 수 있는 건 아닐까, 라는 의견도 제시되었다(상세한 내용은 후쿠이 나나코 해설을 참조).

5년 후에 엠브리도 학회지에서는 이 회의의 자민족 중심적인 경향과 객관성 결여를 호되게 비판하였다(Embree 1950 : 430). 그러나 일본인의 정신연령은 12세라는 맥아더의 유명한 발언에서 알 수 있듯이, 이 회의에서 주장된 의견이 상당히 받아들여진 것이 사실이다.

베네딕트는 이 회의에 참석했으나 이 회의가 낳은 연구회에는 참가하지 않고 일본인에 관한 연구를 혼자서 진행하였다.

「리포트 25―일본인의 행동패턴」

전쟁이 끝나감에 따라 해외전의분석과에서는 조금씩 전후의 복구준비에 들어갔다. 1944년 12월에 모리스 오플러(Morris Opler)가 일본 문화의 입문적인 리포트 작성이 필요하다고 지적하여, 베네딕트가 그 리포트를 작성하게 되었다. 이 리포트가 바로 『국화와 칼』의 원형이며, 진수라고 할 수 있는 것이다.

「리포트 25―일본인의 행동패턴」(Report 25 : Japanese Behavior Patterns)은 1945년 5월 초에 집필을 시작해서 적어도 1945년 8월 6일부터 11일 사이, 즉 원자폭탄이 투하되기 직전에 초고를 마쳤다. 다시 말해서 약 3개월 만에 이 리포트는 완성된 것이다. 베네딕트는 5월 둘째 주에 일본인의 윤리시스템과 그 갈등에 대해서 강의를 했으며, 거기서 자기 연구에 대해서 "현재 일본의 이데올로기적인 교화(敎化)의 문화적 배경에 관한 비망록"이라고 말했다(NARA 6). 즉 전후에 일본을 다시 서방세계로 끌어들이기 위해서 지금의 반일본 프로퍼갠더를 우선 덮어두고 일본인의 행동을 '정당화' 할 필요가 있었다. 전시중에 일본인의 모순된 행동에 관해서는 언론이 널리 보도하고 있었다. 예를 들면 *Fortune*의 1944년 4월호는 일본특집호였다. 거기에서 일본과 일본계 미국인에 관한 기사 '신(神)의 길' 이 있는데, 이 기사는 일본인의 역설적인(paradoxical) 행동이 역사적으로 어떻게 전개되어 왔는가에 초점을 맞추고 있다. 베네딕트는 이 기사처럼 널리 알려진 일본인에 관한 고정관념(stereotype)을 우선 없앤 다음에 일본인의 행동을 새로이 설명하려고 했다. 당시 가장 문제시되었던 일본인의 '이리저리 변하는 변덕스러운 행동'을 설명함으로써 '이해 불가능'한 일본인을 인간답게 묘사하는 데 성공했던 것이다.

일본인의 행동에는 도덕적인 원리 혹은 윤리적인 규정은 아무 것도 없다고 생각했는데, 윤리가 없어서 그런 것이 아니라, 일본인이 그러는 것은 윤리적 기준이 서양인들의 그것과는 다르기 때문에 이해하기 힘든 것이라는 점을 베네딕트는 설명했던 것이다. 그리고 일본인의 윤리시스템 이해의 열쇠가 되는 것이 〈恩〉과 〈義務〉와 〈義理〉라고 깨달은 것은 나쓰메 소세키(夏目漱石)의 『坊っちゃん』(도련님)을 읽었을 때였다고 한다(하시마 1950 ; Suzuki 1992 ; 福井 1996). 〈恩〉과 〈義理〉의 갈등에 대해서는 베네딕트도 그때까지 읽은 자료에서 여러 번 조우하고 있었지만, 그것이 일본인에게 얼마나 중요한 의미를 갖는지에 대해서는 알지 못했는데 『坊っちゃん』(도련님)을 읽고 이해했던 것 같다. 그녀는 이런 윤리시스템이 일본인의 행동을 크게 규정하고 있다고 생각하고 리포트의 주제로 선택한 것이다.

천황을 어떻게 할 것인가?

다음에 그들의 이 복잡한 윤리시스템 안에서 천황을 어떻게 자리매김할 것인가가 중요한 문제가 되었다. 연합국의 지도자들 대부분은 천황을 독일의 히틀러나 이탈리아의 뭇솔리니(Benito Mussolini)

와 동일하게 인식하고 전쟁책임자로서 제재할 필요가 있다고 주장하였다.

그러나 친일파나 전시정보국은 이에 반대했다. 고러는 이미 1942년에 천황은 상징적인 존재이며, 천황과 일본 국민을 조정하는 것은 군국주의 지도자라고 지적했다. 이 문제를 둘러싸고 격렬한 논쟁이 종전 직전까지 계속되었고, 연합국 중에서 천황의 사형을 강하게 요구한 것은 오스트리아와 러시아 정부였다. 최종적으로 맥아더가 천황의 운명을 결정했는데 그가 이 결정을 하기까지 적어도 1년 이상 전쟁 관계기관이 수집한 정보를 읽고 그 내용을 검토한 뒤에 그 결정을 내렸다는 사실은 잘 알려져 있지 않다.

맥아더를 이러한 결단으로 이끈 요인은 하나가 아닐 테지만, 전시정보국에서 정리한 의견에 무게가 가해진 것은 틀림없다.

전시정보국에서는 1944년 5월부터 프로퍼갠더에 의해서 천황의 명예를 더럽히지 말도록 지시하고 있었다. 해외전의분석과에서 몇 천 명에 이르는 일본인 포로의 심문기록과 비밀정보를 분석한 결과, 일본인에게 천황이란 무한한 의미가 있다는 사실을 알게 되었다. 게다가 천황에 대해서 상세히 서술한 3000이 넘는 자료 중에서 천황을 완전히 부정하고 천황제를 반드시 폐지해야 한다고 주장한 것은 7건밖에 없었다(NARA 7). 해외전의분석과에서는 천황을 군국주의자가 조정하는 꼭두각시라고 판단했다. 그러나 그와 동시에 일반 국민이나 일본군 병사에게는 천황은 존경의 대상이었기 때문에 전후 복구기에 좌절 직전의 국민을 천황이 하나로 뭉치게 하고, 사회를 전진시키는 상징이 될 것이라고 결론내렸다. 이런 결론에 대한 반론도 있었다. 일본의 군국주의를 상징하는 천황에게 책임을 묻지 않는 것은 지금까지 싸운 목적을 배신하는 일이라는 반론이었다. 그러나 최종적으로는 전시정보국 전체 의견으로 제출된 보고서의 결론은 해외전의분석과에서 정리한 것과 같은 내용이었다(RFB 14).

그래서 이 결론에 이르는 과정에 베네딕트도 어떤 역할을 한 것이 아닌가 하고 일본에서 논의되는 경우가 있는데, 천황의 운명과 그녀는 도대체 어떤 관계에 있었는가?

베네딕트 연구의 중요성

베네딕트는 전시정보국에서 근무하는 동안 전후의 복구를 지도할 인재양성코스의 강사도 맡고 있었다. 여기서 전후 일본에 대해서 가장 중요한 문제가 된 것은 "천황을 어떻게 해야 하나?"라는 점이었다. 일본에서는 천황에 대한 종교적 신앙이 문화적 가치로서 전체에 자리잡고 있었다. 반면에 미국에서는 천황을 무너뜨려야 한다는 생각이 절대적인 문화적 가치로 정착되어 있었다. 그러나 미국의 문화적 가치를 관철시키면 일본의 복구가 늦어질 뿐이기 때문에, 당시의 일본인이 유일하게 신용할 수 있는 천황의 입장을 이용할 것을 베네딕트는 권했다. 그렇게 하면 전쟁에 경주하고 있던 에너지를 그대로 평화 사회를 구축하기 위해서 사용할 수 있을 것이라고 그녀는 비망록에서 논하고 있다(이 책, 〈비망록에서〉

천황은 어떻게 처우해야 하는가, 참조).

이에 관해서는 물론「일본인의 행동패턴」에서 상세히 논하고 있다. 베네딕트는 일본에서 천황이란 무엇인가라는 문제에 대해서 남태평양의 어느 섬에 있는 신성한 수장과 말하는 수장이라는 이중적인 수장제도에 비유하면서 천황과 군국주의자들과의 관계를 밝히려 하였다.

그리고 윤리시스템 안에서 이전에는 중요시되던 〈義理〉의 위치가 군국주의자들에 의해서 천황에 대한 〈忠〉으로 대체되어, 종래의 일본의 도덕관념과 상당히 다른 시스템이 근년에 들어서 만들어졌다는 사실을 증명하였다.

해외전의분석과에서는 1945년 5월부터 일본의 항복은 시간문제라고 자신있게 인식하고 있었다. 경우에 따라서는 전쟁이 11월까지 갈지도 모른다는 생각도 있었지만, 5월부터 해외전의분석과의 목적은 서서히 종전 후의 복구를 위한 정책수립으로 바뀌어 갔다. 이 시기부터 전시정보국에서는 천황의 입장에 대한 연구와 논쟁이 활발하게 전개되었다. 해외전의분석과의 의견은 전시정보국 사람들 대부분에게 받아들여졌지만, 그래도 전시정보국은 결국 정보를 수집하고 분석과 연구의 결과를 상부에 보고하는 곳에 불과했다. 그렇게 모아진 의견은 전략을 결정하는 전체회의에서 다른 기관에서 제출한 의견과 함께 어디까지나 제안으로서 토론되었다. 이 회의에 각 기관의 대표자나 정책 조정관들이 매일 모여서 전쟁의 행방을 좌우하게 되는 많은 지령을 결정하고 있었다.

천황문제에 대해서는 전시정보국에서 레오날드 두브(Leonard

Doob)가 출석해서 전시정보국 의견을 제안했다. 회의 전에 그는 베네딕트에게 상의했다. 마침 「리포트 25」를 정리하던 때였기 때문에 베네딕트는 두브에게 알기 쉽게, 그리고 설득력있는 설명을 할 수 있었다. 전시정보국 내에서 천황제 폐지에 반대한다는 쪽에 의견이 모아질 무렵이기는 했지만, 미국인의 입장을 이해하면서 일본인에게는 천황의 존재가 중요하다는 내용을 잘 설명할 수 있는 베네딕트가 천황의 운명에 얼마간의 영향을 미쳤다고 할 수 있다. 후에 *Time*은 다음과 같은 제목으로 베네딕트의 역할을 크게 평가했다. "그녀는 천황을 구했다"고(하시마 1950 : 69 ; Suzuki 1950 : 9). 그리고 당시 일본에 대한 정보가 극히 적었기 때문에 전후에 「일본인의 행동패턴」이 일본을 이해하기 위한 배경 정보로서 점령군 사이에서 널리 참고되었다. 또한 『국화와 칼』이 1946년에 출판된 후에는 이 책이 폭발적으로 읽혀서 일반인부터 점령군 사령관까지, 그리고 미국에서도 일본에서도 널리 읽혀서 천황의 상징적인 의미에 대한 이해가 널리 확산되었다.

『국화와 칼』

점령군 통역으로 일하던 한 청년이 일본에서 귀국해서 바로 『국화와 칼』을 읽고 감동했다는 내용을 베네딕트 앞으로 편지로 알려왔다. 그는 일본인 친구를 돕기 위해서 식량 등을 가끔씩 보내고 있었는데, 어느 날 그 친구는 "더 이상 〈義理〉를 거듭할 수는 없기 때문에 이제는 더 이상 당신으로부터 도움을 받을 수 없다"고 원조를 거절하고 말았다. 청년은『국화와 칼』을 읽고 비로소 그 뜻을 잘 이해할 수 있어서 감동했다는 것이다. 장기간에 걸쳐 일본을 관찰할 수 있었던 그 청년에게도 베네딕트의 이론은 일본 문화를 충실하게 파악하고 있으며, 대단한 설득력을 가지고 있었던 것이다. 이 청년의 이름은 '도널드 킨(Donald Keene)'이었다(RFB 15). 그는 후에 일본 문학 연구를 대표하는 대단히 유명한 인물이 되었다. 그와 같은 세대의 일본 연구자들은 모두『국화와 칼』을 읽었고, 다음 세대 학생들에게 읽힘으로써 해외 일본 연구에서『국화와 칼』은 점점 고전으로서의 자리를 확보하게 된 것이다.

일본인도『국화와 칼』에 대해서 대단한 관심을 보였다. 쓰루미 가즈코(鶴見和子)는 일본어로 번역되기 전인 1947년에 비평을 썼다. 또한 번역본이 나온 뒤에는『민족학연구』(民族學研究, 1949)라는 학회지에 합동서평을 발표하였다. 그 멤버는 일본을 대표하는 가와시마 다케요시(川島武宜), 미나미 히로시(南博), 아루가 기자에몬(有賀喜左衛門), 와쓰지 데쓰로(和辻哲郎), 야나기다 구니오(柳田國男)였다. 이 이례적인 서평은『국화와 칼』의 영향력을 예언한 것이라고 볼 수 있다.

『국화와 칼』은 지금부터 50년이나 전에 출판된 책이며, 그 동안에 냉엄한 비판도 많이 받았다. 예를 들면 방법론에 관해서 역사가 변하고 있음에도 불구하고 일본인의 특징을 그대로 변하지 않는 것으로 그리고 있다는 점, 참고자료의 한계, 그리고 '시인(詩人)의 직감' 같은 접근방식 등과 같은 의견이 있었다(켄트 1997). 이 문제에 대해서는 찬반 양론이 있으나, 여기서 자세히 언급하지는 않겠다. 그리고 『국화와 칼』은 일본을 〈하지(恥)〉의 문화라고 규정한 책이라고 널리 알려져 있기 때문에 〈하지〉에 대한 정의라든지 〈하지〉의 문화를 재고하는 의견들이 많다(島田 1994). 물론 애독자도 많기 때문에 이 책은 지금도 많이 팔리고 있다. 비판하는 쪽, 애독하는 쪽 모두가 놀라는 것은 베네딕트가 한 번도 일본에 간 적이 없음에도 불구하고 일본에 대해서 상당히 높은 수준에서 파악하고 있다는 점이다.

일본을 방문하지 못한 점을 베네딕트 자신도 후회하고 있었다. 물론 전시중에는 일본을 방문할 수는 없었다. 종전 후, 점령군이 전시정보국의 일본 연구 전문가로서 한 번 일본으로 초대한 적이 있다. 연합군의 한반도 및 일본의 교육프로그램에 협력을 의뢰하는 내용이었다. 그러나 다른 임무가 있어서 금방 갈 수 없었기 때문에 베네딕트는 가고 싶은 마음을 억누르고 연기를 요청했다. 예산 관계상 베네딕트는 1947년 4월까지 출발하도록 되어 있었다(RFB 16). 그런데 같은 해외전의분석과에서 남성 동료의 파견이 순조롭게 진행되었는데도 불구하고, 점령군은 베네딕트의 일본 방문계획을 더욱 늦추었다. 엉뚱하게도 일본 전문가인 그녀에게 GHQ는 "당신은 여자이기 때문에 지금 일본에 오면 아마도 일본 남자한테 성폭행 당할 것이다"라고 설교를 했던 것이다. 물론 그녀는 이 '설교'의 부조리함에 항의했다. 그러나 GHQ가 허가를 낼 때까지 몇 개월이 흘렀고, 결국 다른 일로 더 바빠진 베네딕트는 결국 그 초대를 거절하지 않을 수 없는 상황으로 몰리게 되었다(Sargeant 1970 : 139).

마지막으로

베네딕트는 실제 그녀의 인생에서 적지 않게 차별을 겪었다. 그래서 그녀는 반대로 차별이나 편견을 꿰뚫어 볼 수 있으며, 이 차별을 바로잡는다는 뜻에서 차별의 메커니즘을 분석하고, 일반독자에게 편견의 어리석음을 납득시키려 노력했다. 특히 『인종』에서는 차별 그 자체를 직접 거론했지만, 전쟁이 끝난 후에 아직 일본인에 대해서 적의를 품고 있는 대부분의 일반 미국인을 대상으로 일본인을 같은 인간으로 묘사한다는 목적에서 『국화와 칼』을 출간하게 되었다. 일본인에 대해서 설명을 하고 그것을 미국의 경우와 비교함으로써 '인간 이하'라고 생각되던 무서운 일본인도 실은 미국인과 마찬가지로 이성적인 행동을 하는 인간이라는 점을 지적했다. 『국화와 칼』은 일본 문화를 설명하기 위해서만 쓰인 것이 아니라, 일본인에 대한 편견까지 제거하고 베네딕트가 이상으로 그리던 평화로운 세계에 공헌하기 위해서였다.

그러나 그녀는 이 책이 권위있는 텍스트가 되리라고는 생각도 안 하고 있었다. 전후에 그녀는 서신에서 "앞으로 필드워크를 해서 일본을 직접 관찰하고 내 의견 중에서 잘못된 부분을 수정해 주는 연구자가 가까운 장래에 나타날 것입니다"라고 쓰고 있다(RFB 17). 그리고 그녀 자신의 예상으로 『국화와 칼』의 수명은 한 10년쯤일 것 같다는 이야기를 출판사 책임자와 나누었다고 한다.

『국화와 칼』 출판으로부터 2년 후, 베네딕트는 병환으로 61세의 나이에 생을 마감했다. 50년 후에 일어판만으로도 100판(版)을 거듭하게 되고 230만 권 이상이 팔렸다는 사실을 알게 되면 아마 본인이 가장 놀랄 것이다(*Newsweek* 96. 12. 31 :19). 그만큼 일본인이 즐겨 읽은 외국인이 쓴 저작은 없다. 그런 뜻에서 『국화와 칼』이라는 고전의 시발점이 되는 이 보고서의 번역이 『국화와 칼』을 보다 깊게 이해할 수 있는 길로 이어지기를 바란다.

참고문헌

飯塚浩二, 磯田進, 幼方直吉, 川島武宜, 鶴見和子, 1948年 「日本人の
　　　　解剖」, 『知性』 Ⅱ—4(4月號), 2～19.

川島武宜, 1951年 「義理」 『思想』 9月號, 759～766.

ケント・ポーリン, 1995年, 「文化—社會と自分の間で考える」 三木英, 藤本
　　　　憲一 共편 『社會を見る12の窓』 學術圖書出版社, 101～114.

————, 1997年 「ルース・ベネディクトの實像と虚像」 濱口惠俊 편,
　　　　『世界の中の日本型システム』 新曜社, 1997年 出版 예정.

作田啓一, 1964年 「恥の文化再考」, 『思想の科學』 4月號, 2～11.

————, 1967年 『恥の文化再考』 筑摩書房.

————, 1972年 『價値の社會學』 岩波書店, 295～331.

島田裕巳, 1994年 「恥の文化としての日本—『菊と刀』への反發と受
　　　　容—」, 『日本という妄想』 日本評論社.

鶴見和子, 1947年 「『菊と刀』—アメリカ人のみた日本的道德觀」, 『思想』
　　　　4月號, 221～224.

Newsweek 1996年1月31日 「日本人論は日本をどう語ったか」, 18～22.

Hashima, Robert S. 1950年 「ルース・ベネディクト女史の追憶」, 『民俗學
　　　　研究』 15(1), 68～69.

福井七子, 1996年 「『菊と刀』と『坊っちゃん』」, 『This is 讀賣』 3月號,
　　　　230～235.

『民族學研究』 特集, 1949年 「ルース・ベネディクト 『菊と刀』 の與えるも
　　　　の」 14巻 4號. 川島武宜・南博・有賀喜左衛門・和辻哲
　　　　郎・柳田國男.

米山俊直 1970年 「ルース・ベネディクト — その生涯と學說」, 『人類學』 1~3, 192~217.

라미스 D. 1981年 『內なる外國「菊と刀」再考』(加地永都子 역) 時事通信社.

Benedict, Ruth. 1934 *Patterns of Culture.* New York : Houghton Mifflin. 尾高京子 역 『文化の諸樣式』 中央公論社, 1951年, 米山俊直 역 『文化の型』 社會思想社, 1973年.

————, 1952 (orig. September, 1943) *Thai Culture and Behavior.* Data Paper No.4, Southeast Asia Program Ithaca : Cornell University.

————, 1943 (November) *Rumanian Culture and Behavior.* New York : Institute for Intercultural Studies.

————, 1950 (orig. 1940) *Race : Science and Politics.* New York : Compass Books Edition, Revised 1959. 志村義雄 역 『民族』 北隆館, 1950年.

————, 1970 Synergy : Some Notes of Ruth Benedict, *American Anthropologist*, 72 : 320~33.

————, 1974 (orig. 1946) *The Chrysanthemum and the Sword : Patterns of Japanese Culture.* Tokyo : Charles E. Tuttle Co. 長谷川松治 역 『菊と刀—日本文化の型』 社會思想社, 1948年.

Bennett, J. W. & Nagai, M. 1953 The Japanese Critique of Methodology of Benedict's Chrysanthemum and the Sword, *American Anthropologist,* 55 : 404~11.

Caffery, Margaret M. 1989 *Ruth Benedict : Stranger in this Land*. Austin : University of Texas Press. M. カフリー『さまよえる人』福井七子, 上田譽志美 역, 關西大學出版部, 1993年.

Doob, Leonard W. 1947 (August) The Utilization of Social Scientists in the Overseas Branch of the Office of War Information, *The American Political Science Review*, XLI, 4 : 649〜667.

Dower, John. 1986 Primitives, Children, Madmen, pp. 118〜146, in *War Without Mercy : Race and Power in the Pacific War*. New York : Pantheon Books. J. ダワー『人種偏見 : 太平洋戰爭に見る日米摩擦の底流』, 齋藤元一 역, TBS ブリタニカ, 1987年.

─────, 1993 *Japan in War and Peace*. New York : Viking Press.

Embree, John F. 1943 *The Japanese*. War Background Studies, No.7, Washington : Smithsonian Institution.

─────, 1950 A Note on Ethnocentrism in Anthropology, *American Anthropologist*, 52 : 430〜2.

Fukui Nanako & Ueda Y. 1995 From 'Japanese Behavior Patterns' to 'The Chrysanthemum and the Sword' 『關西大學文學論集, 文學部創設70周年記念特輯』(第44卷1〜4號) 555〜580.

Geertz, Clifford. 1998 Us/Not-us : Benedict's Travels, pp.102〜128, in *Works and Lives : The Anthropologist as Author*. Stanford : Stanford UP.

Gorer, Geoffrey. 1942 Japanese Character Structure and Propaganda. Committee on Intercultural Relations.

─────, 1943 Themes in Japanese Culture, *The New York Academy of Sciences*, 5 : 106〜124. Reprinted in Haring, Douglas,

ed., 1948 *Personal Character and Cultural Milieu*,
pp.273~290, New York : Syracuse University Press.

Handler, Richard. 1990 Ruth Benedict and the Modernist Sensibility, pp.
163~180, in M. Manganaro, ed., *Modernist Anthropology*.
Princeton : Princeton University Press.

Haring, Douglas, ed. 1948 & 1956 (Revised edition) *Personal Character
and Cultural Milieu*. New York : Syracuse University Press.

Kent, Pauline. 1994 Ruth Benedict's Original Wartime Study of the
Japanese, *International Journal of Japanese Sociology*, 3 :
81~97.

————, 1995 An Appendix to *The Chrysanthemum and the Sword* :
A Bibliography, *Japan Review*, 6 : 107~125.

————, 1996 Misconceived Configurations of Ruth Benedict, *Japan
Review*, 7 : 33~60.

Kluckhohn, Clyde. 1949 *Mirror for Man : The Relation of Anthropology
to Modern Life*. New York : Whittlesey House.

La Barre, Weston. 1945 Some Observations on Character Structure in
the Orient : The Japanese, *Psychiatry*, 8. 3 : 319~342.

Leighton, A. L. & M. E. Opler. 1946 Psychiatry and Applied
Anthropology in Psychological Warfare Against Japan, *The
American Journal of Psychoanalysis*, 6 (1946) : 20~27.

Leighton, Alexander L. 1949 *Human Relations in a Changing World :
Observations on the Use of the Social Sciences*. New York :
E. P. Dutton and Co.

Linton, A. & C. Wagley. 1971 *Ralph Linton*. New York and London :

Columbia University Press.

Lummis, C. Douglas. 1982 *A New Look at the Chrysanthemum and the Sword*. Edited with notes by Masayuki Ikeda, Tokyo: Shohakusha.

Mead, Margaret. 1977 (Reprint of 1959 orig.) *An Anthropologist at Work : Writings of Ruth Benedict*. Connecticut : Greenwood Press.

——————, 1974 *Ruth Benedict*. New York : Columbia University Press. 松園萬龜雄 역『人類學者ルース・ベネデイクト―その肖像と作品』社會思想社, 1977年.

Mintz, Sydney. 1981 Ruth Benedict, pp.141~168, in *Totems and Teachers*. S.Silverman, ed., New York : Columbia University Press.

Modell, Judith Schachter. 1983 *Ruth Benedict : Patterns of Life*. Philadelphia : University of Pennsylvania Press.

Parhé, Ruth E. 1988 Gene Weltfish, pp.373~381, in *Women Anthropologists : A Biographical Dictionary*. New York : Greenwood Press.

Sargeant, S. S. & M. W. Smith, eds. 1974 *Culture and Personality*. New York : Cooper Square.

Stocking, Jr., George, ed. 1974 *A Franz Boaz Reader : The Shaping of American Anthropology, 1883~1911*. The University of Chicago Press, Chicago.

——————, 1986 *Malinowski, Benedict, Rivers and Others*. Wisconsin : University of Wisconsin.

Stocking, Jr., George W. 1989 The Ethnographic Sensibility of the 1920s and the Dualism of the Anthropological Tradition, pp. 208~276, in George Stocking, Jr. ed. *Romantic Motives*. History of Anthropology, Vol. 6, Wisconsin : University of Wisconsin.

Suzuki, Peter. 1980 Case Study : A Retrospective Analysis of a Wartime National Character Study [1], *Dialectical Anthropology*, 5 : 33 ~46.

————, 1983 Ruth Benedict, Robert Hashima, and *The Chrysanthemum and the Sword, Interdisciplinary Contributions in Anthropology,* 3 : 55~69. Also in Rikka, XIII, 1 (1992) : 3~14.

Winkler, Allan M. 1978 *The Politics of Propaganda* : *The Office of War Information 1942~1945*. New Haven : Yale UP.

RFB = Ruth Fulton Benedict Papers

(배서〈Vassar〉대학 도서관에 보관된 베네딕트가 남긴 자료)

(1) Modern Age출판사 편집자인 Louis Birk가 베네딕트에 보낸 편지, 1939. 5. 15.

(2) Statement submitted by Mrs. Ruth Fulton Benedict in the Investigations Office on 1943. 10. 12 : to Harold E. Brennan in the Investigation Office, Office for Emergency Management.

(3) 베네딕트가 Dr. M. Brenman에 보낸 편지, 1943. 5. 28.

(4) 베네딕트가 Lt. Commander C. H. Coggins, Navy Dept.에 보낸

편지, 1942. 11. 13 ; Virgilia Peterson, US Government Coordinator of Information이 베네딕트에 보낸 편지, 1942. 12. 8.

(5) 베네딕트가 Mildred Fairchild at Bryn Mawr College에 보낸 편지, 1943. 3. 8.

(6) 베네딕트가 Eugene Katz, OWI에 보낸 편지, 1943. 6. 17.

(7) OWI Memo on Job Description, 1943. 7. 2.

(8) OWI, Bureau of Research and Analysis Assignment Slip No. 327, July 31, 1943. Requested by Bureau staff. For cultural and economic background on Rumania.

(9) 베네딕트가 Andrew Leighton에 보낸 편지, 1944. 8. 10.

(10) Note on Propaganda for Japanese Front-line Surrender, OWI, 1944. 10. 27.

(11) Note on Japanese Suicide, n.d. (circa 1944. 12~1945. 1) (p.5)

(12) Memo "Observations on : Heisaku Kosawa : Psyco-analysis of a case of so-called neurasthenia" from Nathan Leites, OWI, 1945. 4. 13. (p.15) ; Notes provided on Japanese Character from Nathan Leites, OWI. (p.8)

(13) Provisional Analytical Summary of Institute of Pacific Relations Conference on Japanese Character Structure, December 16~17, 1944. Summary prepared by Dr. Margaret Mead. (p.24)

(14) What shall be done about the Emperor?, OWI, n.d. (1945년 상반기?)

(15) Donald L. Keene, Yale에서 베네딕트에 보낸 편지, 1947. 7. 8.

(16) Major Donald D. Klous, War Dept. Personnel and Training

Branch에서 베네딕트에게 보낸 편지, 1946. 12. 26과 1947. 1.
15 ; 베네딕트가 Klous에 보낸 편지, 1947. 1. 10. ; 베네딕트가
Capt. Donald V. McGranahan, AUS, European Theatre, US
Army, Intelligence Section에 보낸 편지, 1945. 9. 12.
(17) 베네딕트가 Mrs. Wayman에게 보낸 편지, 1947. 7. 24.

NARA (National Archives and Records Administration)

(1) Memo to George Taylor from Leighton, 1945. 3. 20. (RG 208, E 378, B 443.)

(2) Memo to Chief of the Bureau of Medicine and Surgery from Leighton, 1944. 8. 27. (RG 208, E 378, B 443.)

(3) FMAD Log : 1944. 9. 4. ; 1944. 9. 9. (RG 208, E 378, B 443.)

(4) "Self immolation as a Factor in Japanese Military Psychology" 1944. 4. ATIS. (RG 208, E 378, B 443)

(5) FMAD Log : 1944. 6. 5. (RG 208, E 378, B 443.)

(6) FMAD Log : 1945. 5. 17. (RG 208, E 378, B 443.)

(7) Interim International Information Service, FMAD, 1945. 10. 31, Report No.27, The Japanese Emperor. (RG 208, E 378, B 445.)

「일본인의 행동패턴」을 읽고

야마오리 데쓰오(山折哲雄)

『국화와 칼』 비판

루스 베네딕트의 『국화와 칼』은 이제는 확고한 위치를 확보한 부동의 고전이라 할 수 있다. 이 점에 대해서 의문을 갖는 사람은 없을 것이다.

미국의 사정은 잘 알지 못하나, 일본에서 이 고전의 판매는 특별한 것이었다. 고전이 된다는 것과 베스트 셀러가 된다는 것은 반드시 일치하는 것은 아니지만, 지금 필자가 보고 있는 하세가와 마쓰지(長谷川松治) 씨가 일본어로 옮긴 번역본(敎養文庫版)은 이미 100판이 넘었다.

하기는 고전 중에 때로는 그 고전을 둘러싼 칭찬의 소리와는 정반대로 어딘지 모르게 믿음이 가지 않는 의혹의 그림자를 품고 있는 작품도 전혀 없는 것은 아니다. 그렇기 때문에 어느덧 신랄한 비판의 대상이 되는 경우도 있다. 어쩌면 『국화와 칼』도 이런 부류에 속하는지도 모르겠다.

간단하게 훑어보아도 야나기다 구니오(柳田國男)나 와쓰지 데쓰오(和辻哲郎), 그리고 쓰루미 가즈코(鶴見和子)나 사쿠다 게이이치(作田啓一)의 비판이 떠오른다.『국화와 칼』의 완성도가 훌륭했기 때문에 그만큼 이 책에 대한 논란의 강도도 그만 열을 띠게 된 것인지도 모르겠다. 역사의 무시, 자료 취급의 자의적인 편향, '죄(罪)의 문화' (서구)와 〈하지(恥)〉의 문화' (일본)라는 너무나도 순진한 이원론… 예를 들면 끝이 없다.

게다가 베네딕트는 한 번도 일본을 방문한 적이 없었다. 일본과 일본인을 실제로 체험한 적이 없었던 것이다. 말하자면 문화연구의 규칙위반이 필요 이상의 반발을 초래했는지도 모른다.

물론 반발이나 논란은 일본 국내에서만 일어난 것은 아니었다. 미국에서도 곧 시작되었다.

예를 들면『국화와 칼』의 명성을 이용해서 그 제목을 도용한 로버트 화이팅의『국화와 배트』(원문, 1977년, 文春文庫판 1991년)를 들 수 있다. 이 책은 일본 프로야구계의 인간 관계를 필드워크를 통해서 일본과 미국의 문화를 비교한 것이다.

이후로 일본에 온 외국 선수들의 '바이블'이 되었다고 하는데,『국화와 배트』에서 저자인 화이팅은 베네딕트의『국화와 칼』을 라이샤워 등의 일본통의 저작과 함께 '지루했다'고 한 마디로 일축하고 있다. 왜냐하면 거기엔 사회, 경제, 정치구조에 관한 해설은 장황하게 실려있지만, 사람 냄새가 나지 않는, 피가 통하는 생생한 인간의 모습이 조금도 그려지지 않았기 때문이었다(p.401).

베네딕트에 대한 비판의 목소리는 당연하지만 문화인류학 내부에서도 일어났다. 그녀의 또 하나의 유명한 대표작에『문화의 형』(米山俊直 역, 社會思想社, 1973)이 있다. 누가 읽어도 쉽게 이해할 수 있는 문제 제기를 한 저작이었기 때문에 그 결함에 대해서도 또한 지적당하기 쉬웠다.

어떤 문화에도 거기엔 각각 고유한 형(pattern)이 있다고 베네딕트는 생각했다. 이 논문에서는 인디언의 두 문화와 트로브리안드 섬의 도브족 문화를 비교조사하여 문화에는 '아폴로(Apollo)' 적인 문화의 형과 '디오니소스(Dionysos)' 적인 문화 형이 있다는 이원론적인 유형화를 시도했던 것이다.

문화를 아폴로형과 디오니소스형으로 나누는 가설을 세우게 된 배경에는 분명히 니체(Friedrich Wilhelm Nietzsche)의『비극의 탄생』을 연상케 하는 그림자가 보이며, 딜타이(Wilhelm Dilthey)의 유형학(類型學)에 의한 영향을 엿볼 수 있다. 유형화라는 발상 자체가 이미 차용된 것이었던 것이다. 서구 신화에서 볼 수 있는 이원론의 재탕이었다고 할 수 있다.

이와 같은 서구신화의 이원론은 미개지의 민족지(ethnography)를 기술할 때 무의식적으로 떠오르는 '우화(allegory)', 즉 '민족지적 우화' 라고 지적한 것은 제임스 클리포드였다(James Clifford and George E. Marcus (eds.) *Writing Culture : The Poetics and Politics of Ethnography*, University of California Press, 1986).

그 논지를 간단히 설명하자면 엄정성과 객관성을 자랑할 수 있는 민족지는 애당초 이 세상에 존재할 수가 없다는 것이다. 민족지에는 여러 겹으로 짜여진 우화(allegory)의 그물이 쳐져 있으며, 거기엔 저자의 속죄나 회한, 교훈적인 것으로 흐르는 편향 같은 것이 요술의 비밀장치처럼 장착되어 있다. 하나의 텍스트로서의 민족지는 각각의 방식으로 과학주의라든지 객관주의를 전면에 내세우면서 그 뒤에서는 이미 시대의 은유(metaphor)에서 벗어날 수 없는 운명을 짊어지고 있는 것이다….

그는 이렇게도 말한다.

'서구'의 저자들은 세상의 권위를 방패삼아 이미 더 이상 '비 (非)서구인'들의 초상을 그릴 수는 없다. 문화를 표현하는 과정은 이제는 항상 우연의 결과이며, 그 자체가 이미 역사적인 제한과 온갖 논쟁에서 자유로울 수 없다. 즉 이러한 포스트 모던의 시대에 가능한 민족지는 결국은 하나의 '정치학', 하나의 '시학(詩學)'일 수밖에 없다.

지극히 온당한 지적이라고 생각된다. 그렇다면 베네딕트도 A의 인디언에게 아폴로적인 문화의 형을 할당하고, B의 인디언에게 디오니소스적인 문화의 형을 상상함으로써, 문화의 상대적인 자립성이라는 우화적인 줄거리를 그리려 했다는 이야기가 된다. 이 이야기를 베네딕트 입장에서 설명한다면 어떻게 되는가? 그녀는 당시의 미국이라는 '복합' 사회의 모순에 어떻게 해서든 자기 눈높이를 맞추려고 했고, 그렇게 함으로써 자유로운(liberal) 다원주의자로 변신하려 했던 것이다.

미국 사회에서는 이미 권위있는 전통이 후퇴하고 있었으며, 다양한 가치관이 서로 부딪치는 상황을 보이고 있었다. 그런 위기 상황 속에서 인간의 유연성에 대한 몽상가적인 신뢰(아폴로적인 소망)를 품게 되는 한편으로, 사회의 붕괴에 대한 공포(디오니소스적인 불안)가 잠재하고 있었다. 신뢰와 공포의 공존상황이라고 설명해도 된다. 베네딕트의 '문화의 형'에 관한 논쟁은 바로 이러한 미국의 갈기갈기 찢어진 문화적 상황에 대응해서 제출된 인류학적 비전이었던 것이다. 아마도 그 이유일 것이다. 그녀의 '문화'에 거는 마음은 어느 정도 교육적인 절박감으로 채색되어 있으며, 윤리적인 지향성(志向性)으로 메워져 있다고 볼 수도 있을 것이다.

'정치문학', '정치논문'

그러나 그것은 그렇다고 치고, 앞에서 언급한 논쟁의 바탕에는 『국화와 칼』이라는 작품이 인류학의 성과로 어느 정도 유효성을 갖느냐는 문제의식이 깔려 있었다. 루스 베네딕트를 어쨌든 문화인류학자로서 보고 있었던 것이다. 그러나 그에 대해서 『국화와 칼』은 원래 인류학적 연구성과인가, 아닌가라는 의문이 제기되고 있다. 상당히 아픈, 종이로 된 팔매질을 당했다고 해도 될 것이다. 그 팔매질을 한 사람 중의 하나가 예를 들면 C. 더글래스 라미스다. 『內なる外國—「菊と刀」再考』(加地永都子 역, 時事通信社, 1981)가 바로 그것이다.

『內なる外國—「菊と刀」再考』에서 그는 『국화와 칼』은 뛰어난 한 시인에 의해서 씌어진 '정치문학'이며, 인류학 연구의 저작이라기보다는 거의 한 편의 '정치논문'이라고 딱 잘라 말한다

(p.89, 158).『국화와 칼』에는 인상적인 '수사적 표현'이 가득 차 있으며, 동시에 그 표현은 전후 미일 양국의 정치적 관계에서 나타난 이데올로기 형성에 결정적인 역할을 했다(p.89). 또한 그 완성도는 일본인조차도 그 이야기가 일본에 관한 이야기라고 속았을 정도로 훌륭했다고 말한다. 그러나 여기서의 이야기는 단순히 픽션화된 일본의 이미지에 불과하며, 베네딕트에게 마지막 남은 '산 너머에 있는 먼 나라'에 대한 환상인 것이다라고 주장하고 있다(p.158).

라미스의 지적은 일리가 있으며 날카롭다. 그 논점 또한 상당히 설득력이 있다. 몇 가지 함축있는 추론을 소개해 두고자 한다.

우선 시인으로서의 베네딕트. 1909년에 배서여자대학을 졸업한 그녀는 결혼하기까지의 3년간 영문학을 가르치고 있었다. 그녀가 인류학을 공부하게 되는 것은 그 후 컬럼비아대학에 들어간 다음부터였다.

베네딕트는 셰익스피어 연구만 하고 있었던 것이 아니다. 앤 싱글턴이라는 필명으로 시를 쓰고 출판까지 하였다. "시를 충분히 음미할 수 있을 정도로 불어나 러시아어를 알고 있다면 얼마나 좋을까"라는 그녀의 발언도 기억해 두어야 할 것이다. 이 시의 세계야말로 '미지의 나라'에 대한 끝없는 동경의 염(念)을 발동시키는 촉매 역할을 했던 것이다.

이 시인으로서의 감성이 인류학자로서 그녀의 능력을 특별한 능력으로까지 끌어올렸다고 이해하면 된다. 베네딕트의 저작을 읽은 사람이 빠짐없이 거기서 환기된 이미지를 잊을 수 없다고 말하는 것도 그 이유다. 『국화와 칼』이라는 작품이 지니고 있는 잠재력의 일단(一端)도 바로 거기에 있다(pp.98~109).

그 다음, 정치 이데올로그(ideologue)로서의 베네딕트. 그녀의 인류학은 때때로 문화의 상대성을 주장하는 입장을 고수했다고들 한다. 그러나 그것은 거의 정치사상 혹은 정치교육의 역할을 했다고 라미스는 말한다. 이러한 관심은 '군국주의'와 '부정'을 정말로 증오하는 심정에 그 뿌리가 있었다. 히틀러가 대두하면서부터 스승인 프란츠 보아즈와 함께 연구를 하면서 적극적으로 반인종주의, 반파시즘 선전활동을 하였다. 이러한 일련의 일들의 연장선상에 『국화와 칼』이 탄생했던 것이다.

앞서 언급한 클리포드 등의 인류학자들이 반은 자조적으로, 반은 반성의 뜻을 품고 말하듯이, 문화를 기술한다는 행위가 여지없이 시학(詩學)과 정치학 영역에 속하는 일이었던 것이다. 라미스의 말을 빌리자면, 베네딕트의 『문화의 형』이나 『국화와 칼』은 조너선 스위프트(Jonathan Swift)의 『걸리버 여행기』(Gulliver's Travels)의 전통을 잇는 정치문학의 한 작품이다. 나아가서 플라톤(Plato)의 『공화국』, 토마스 모어(Sir Thomas More)의 『유토피아』, 그리고 조지 오웰(George Orwell)의 『1984년』에 그려진 그 어느 사회도 실제로 한 번도 존재한 적이 없었던 것처럼, 베네딕트가 말하는 '문화의 형'도 존재하지 않았으며, 『국화와 칼』에 묘사된 일본 사회도 현실로는 존재하지 않았다.

그렇다고 생각한다. 아마 그럴 것이라고 생각한다. 그런데 만약에 그렇다면 오늘날 '고전'이라고 일컬어지는 인류학의 대부분의 작품이 이런 운명을 피할 수 없다는 이야기가 되는 것은 아닌가?

그런 불안감이 조금 남기는 하지만, 어쨌든 『국화와 칼』이 "일본 문화의 형을 통일된 예술작품으로 묘사한 미술평론"이라고 한 라미스의 진단을 일단 승인하겠다. 그러나 라미스도 말했듯이, 이 작품이 무엇보다도 미국의 전시정보국을 위한 정책연구였다는 성격은 움직이지 않는 사실이다. 즉 인류학자에 의한 전쟁관여라는 문제가 있는 것이다.

그런 점에서 『국화와 칼』에서는 『문화의 형』과 비교해서 문화의 상대성이라는 '자기비판적 정신'이 완전히 상실되었다. 그 대신에 표면에 나타난 것이 '자신에 찬 정복자의 태도, 즉 관용의 태도'가 아니었던가? 이 관용의 태도야말로 곧 일본인의 〈하지〉의 문화'를 조정하기 위한 '미묘한 솜씨'를 낳게 한 것이다….

거리낌없고 스스럼없는 추론과 단정이라고 말할 수 있다. 필자는 이러한 논쟁이 일본인 인류학자 사이에서 나온 것이 아니라, 미국의 인류학자측에서 제출되었다는 점에 놀랐다. 듣고 보면 수긍하지 않을 수 없는 이야기들인데, 그렇기 때문에 오히려 복잡하고 미묘한 감개에 젖게 된다.

'책무체계'와 '자기단련'

『국화와 칼』의 명성이 너무나도 높았기 때문인지 실은 이 작품을 낳은 모태가 된 작품의 존재가 마치 『국화와 칼』의 그늘에 가려지듯이 잘 알려지지 않았다. 전시정보국의 의뢰에 의한 노르마로 작성된 「리포트 25 ─ 일본인의 행동패턴」이라는 논문이 바로 그것이다. 이번에 처음으로 일본어로 번역판이 나오게 된 보고서이다. 이 「리포트 25」는 1945년 5월 초에 쓰기 시작해서 같은 해 8월, 즉 원자폭탄이 히로시마에 투하되기 직전까지의 약 3개월 만에 완성되었다(이 책, 켄트 해설).

베네딕트는 제2차 세계대전의 종결을 기다렸다가 전쟁이 종결되자 신속하게 행동을 개시했다. 그 해 10월, 어느 출판사 앞으로 일본인에 관한 책을 내고 싶다는 의향을 편지로 보낸 것이 바로 그것이다. 그 희망이 1년 후인 1946년 11월에 이루어져, 『국화와 칼 ─ 일본 문화의 형』이 되어 출판되었다. 처음에 출판사 편집회의에서 제안된 서명은 『연꽃과 칼』이었으나, 결국 저자인 베네딕트의 의향에 의해 『국화와 칼』로 변경되었다고 한다(후쿠이 해설 참조).

돌이켜보면, 베네딕트가 처음으로 본격적인 일본 연구를 시작한 것이 1944년경이었다. 그 해 9월에 펜타곤에서의 해외전의분석과 회의에 정식멤버로 참가하였기 때문이다. 그때부터 일본의 항복까지 겨우 1년 남짓이다. 그 해 1년간의 연구 성과로 이 「리포트 25 ─ 일본인의 행동패턴」이 완성되었고, 그때부터 다시 1년 후에 『국화와 칼』이 완성되었다는 이야기가 된다.

놀라운 집중력이라고 할 수밖에 없다. 전시중부터 일본점령기에 걸친 심리적 긴장이 이를 가능하게 만들었는지도 모른다. 하여튼 그녀의 지적 완력이 남다르게 뛰어났다는 점을 쉽게 상상할 수 있다.

이 『국화와 칼』의 탄생에 이르기까지의 복잡한 경위에 대해서

는 이 책의 역자인 후쿠이 나나코, 그리고 후쿠이와 함께 해설을
맡고 있는 폴린 켄트의 글에 상세히 묘사되어 있기 때문에 더 이상
반복하지 않겠다.

『국화와 칼』의 원형인 「일본인의 행동패턴」이 여기 처음으로
일본어로 번역됨으로써, 루스 베네딕트의 일본 연구가 앞으로 더
욱 크게 재평가받게 되는 것은 틀림없을 것이다. 『국화와 칼』의 해
석에도 새로운 접근이 시도될 것이다. 앞날이 기대된다. 실제로 후
쿠이와 켄트 해설에는 이미 흥미로운 테마가 여러 개 얼굴을 내밀
고 있다.

내가 「리포트 25 — 일본인의 행동패턴」을 읽고 강하게 인상받
은 것은 거기에 일본인의 '책무체계'와 '자기단련'이라는 두 가
지 주제가 집중적으로 거론되어 있는 점이었다. 책무체계란 구체
적으로는 '〈恩〉', '〈義務〉', '〈義理〉'라는 키워드에 집약되는 관
념적 시스템을 뜻한다. 바꾸어 말하면, 채권적 주장이 없는 채무지
상주의(債務至上主義)를 뜻하며, 나아가서는 채무적 강박관념의 다
른 이름이라고 해도 될 것이다.

이에 대해서 자기단련이란, '수양', '무아' 등의 키워드로 상징
되는 강렬한 자기훈련 지향성을 뜻한다. 이러한 삶은 궁극적으로는
'죽었다고 생각하고 사는' 상태까지 간다. 이런 상태는 어딘지 아
무것도 없는 '무'를 향한 장애물 경쟁을 연상시킨다.

마조히즘(masochism)적 긴장

베네딕트가 「일본인의 행동패턴」에서 앞에서의 두 명제를 추출해 낸 것은 과연 숙고의 결과였을까? 아니면 그야말로 시인적인 직감이 발휘된 결과였을까? 그 경계에 대해서는 알 수가 없다. 그러나 다시 한 번 두 명제 '책무체계'와 '자기단련'을 직선으로 이어보면 거기에는 「일본인의 행동패턴」의 마조히즘적인 긴장이라고도 할 수 있는 심리적 태도가 떠오른다는 점을 깨닫게 될 것이다. 베네딕트가 말하는 책무체계에 채권적 주장이 없는 채무지상주의를 대입해 보는 것이다. 다른 한 편의 '자기단련'에는 금욕적인 자기학대를 대입해 보면 된다. 그러면 거기에 나타나는 심리적 메커니즘이 마조히즘적 긴장에 의해 충족된 것이라는 점을 알 수 있을 것이다.

베네딕트는 정확하게 요점을 제대로 파악하고 있었던 것이다. 왜냐하면 이 마조히즘적 긴장이야말로 다른 사람으로부터의 '모욕'에 대해서 가장 민감하게 반응하는 자장(磁場)이라는 사실을 그녀는 알고 있었기 때문이다. 이런 모욕에 대해서 균형을 회복하기 위한 행동, 즉 '보복'이라는 이름의 정산이 행동으로 발동하지 않을 수 없는 것이다. '아주 엄밀한 보복에 대한 관념'이 분출하는 것이다. 이 경우, 그 보복이 실은 베네딕트가 말하는 '책무체계'의 핵심적 관념인 '이름에 대한 〈義理〉'에 기인하는 것이라는 점에 주목해야 한다. 이 '이름에 대한 〈義理〉' – '모욕' – '복수'라는 세 축이 서로 어떤 관계에 있는가를 베네딕트는 다음과 같은 예를 들면서 설명하였다.

"페리 제독 내항(來港) 때의 수치를 갚는다", 즉 미국의 자존심에
타격을 주어 "워싱턴에서 평화안을 무조건으로 수락하도록 한다"는
경우에도 일본이라는 나라에는 그런 행위를 침범이라고 보는 '사회
의 기준'은 존재하지 않았다. "중국뿐 아니라 전세계가 일본을 모욕
했다"고 일본인이 자주 말하는 그 이면에는 전쟁을 통해서 오명을
씻는다는 의도가 있었다. 무장을 하고 임전태세를 갖추면서, 이만큼
정신면에서 준비를 하면서도 전혀 죄의식을 느끼지 않는 나라는 서
양에는 존재하지 않는다. 그러나 일본의 경우는 '이름에 대한〈義
理〉라는 가르침이 뿌리깊게 자리잡고 있었던 것이다.

'모욕'이 발생했을 때 '보복'이 완료될 때까지 이 세상은 '균
형'을 잃고 잘못되어 있는 상태인 것이다. 즉 정산을 끝낼 때까지
는 '이 세상은 거꾸로 가고' 있다고 일본인은 생각한다. 그렇기
때문에 그 균형을 되찾는 일은 결코 침해가 아닌 것이다. 여기에
'죄의식'이 생길 리는 없는 것이다.

마조히즘적 긴장의 격발(激發)은 결코 '죄의식'에 의해서 발생
하는 것이 아니다. 그게 아니라, 그러한 의지를 고양시키는 것이 바
로 '이름에 대한〈義理〉'에 대한 감각, 즉 일본인이 갖는〈하지
(恥)〉의 의식'이라고 그녀는 말한다. 세상 널리 알려진 베네딕트
테제(Benedict These)의 싹이 여기에서 튼 것이다.

예정된 것처럼 『四十七士物語』를 비롯해서 많은 복수에 관한
이야기들을 예로 들고 있다. '이름에 대한〈義理〉'를 지키기 위해

서 설욕하는 자들의 〈하지(恥)〉의 감각이 설명되고 있다. 명예를 회복하기 위한 복수의 심리와 논리가 추구되고 있다…

그러고 나서 루스 베네딕트는 때가 무르익자 이렇게 말한다. 서양에서는 '죄의식'이 덕의 근간을 이루고 있지만, 일본에서는 '〈하지(恥)〉의식'이 덕의 근간을 이루고 있다고. 이 둘의 대조를 베네딕트는 매우 분명하고 선명하게 그리고 있는 것이다. 앞에서 언급한 페리 제독 내항 사건이 그 다음 문맥에서 거론되고 있다는 점에 주의해야 한다. 그녀는 분명히 〈하지(恥)〉에 입각한 행동패턴을 메이지의 제1차 개국에 이은, 제2차 세계대전 후의 제2차 개국과 연결시켜서 논하려 했던 것이다.

몸높이를 낮추어서 은밀하게 사냥감을 조준하고 있었던 것이다. 그래서인지, 거기에는 죄의 문화, 〈하지(恥)〉의 문화라고 하는 『국화와 칼』에서 나오는 문화유형론, 문화의 형에 관한 논점은 아직 그 모습을 드러내지 않고 있다. 말하자면 인류학적인 이론의 무장을 하기 전의 예리한 정치논문으로서의 숨결이 들려온다. 일본의 '문화'가 인류학 차원에서 객관적으로 기술되고 있는 것이 아니다. 오히려 거기에 전개되는 것은 일본 문화의 기술에 관한 정치학적 시도이며, 시학적 상상력 적응의 문제였다고 해야 할 것이다.

물론 이 문화기술자(文化記述者)로서의 루스 베네딕트의 시점에는 또 하나의 인류학적 착상도 자리잡고 있었다. 왜냐하면 앞서 말한 '모욕'과 '보복'에 관한 심리적 역학이 사실은 일본열도뿐만 아니라 태평양제도에서도 공통적으로 볼 수 있는 문화패턴이라고 지적하기 때문이다. 예를 들면, 멜라네시아나 뉴기니 등지에서는 부족의 축제나 경제적 거래, 매장의식 등은 모두 이런 바탕 위에서 행하여지고 있다고 한다. 이런 부족들은 일본인과 마찬가지로 매우 '신경질적'이며, 빌리고 빌려준 것에 대한 정산에 관한 가르침이 그들의 도덕체계의 기초인 것이다.

베네딕트의 용어를 빌리자면 '타인에 대한 적절한 대우'에 관한 자의식의 체계라고 설명할 수 있다. 마조히즘적 긴장이 타인과의 관계를 다스리는 생활관습으로 자리잡고 있는 것이다. 한 가지 덧붙이자면, 이러한 도덕체계가 일본 특유의 무사도(武士道)의 규범을 이루고 있었다고 그녀는 암시하고 있다. 그렇다면 무사의 '할복' 또한 앞서 말한 마조히즘적 긴장의 필연적 결과였는지도 모른다.

한 가지 더, 문화인류학자로서의 베네딕트가 내린 일본 진단의 요점을 들겠다. 이 진단 또한 태평양제도와 일본열도를 이어서 내린 것이다. 즉 폴리네시아(Polynesia)제도에는 신성한 수장과 말하는 수장이라는 이중수장제(二重首長制)가 존재하며, 전자는 상징적인 권위를 나타내고 후자는 실제 통치자라고 한다. 따라서 말하는 수장은 신성한 수장의 단순한 대변자이자 '조연'인 셈이다.

뉴질랜드의 마오리족(Maori) 사이에서는 신성한 수장은 신성불가침한 존재였으며, 그렇기 때문에 직접 자기 손으로 밥을 먹지 않을 뿐 아니라, 음식물이 든 숟가락조차도 그 신성한 치아에 닿으면 안 된다고 한다. 그 신성한 발이 땅에 닿으면 그 땅이 모두 자동적으로 자기 '영토'가 된다고 하니까 대단한 이야기다.

베네딕트는 이 신성한 수장은 미국의 성조기와 같은 존재라고 말하면서, 그와 동시에 보이지 않는 곳에 은신해서 그 모습을 드러내지 않는 일본의 천황과도 같은 존재라고도 말한다. 문화유형론이 고개를 들기 시작하는 것이 바로 이때다. 왜냐하면 신성한 상징으로서의 천황에 관한 제도야말로, 실은 중국의 권력구조와는 근본적으로 구별되는 중요한 문화의 형을 나타내는 것이기 때문이다. 한편에 태평양제도의 신성한 수장 제도, 또 다른 한편에 중국 등의 아시아제국의 권력체제…. 일본의 '엄격한 종교적 교의인 황실 숭배'를 이러한 문맥에서 분석한 것이다.

일본인을 모욕하지 말라

이렇게 해서 「리포트 25─일본인의 행동패턴」이라는 보고서 안에 봉인되어 있던 전략적 주제가 모든 이 앞에 그 모습을 드러낸다. 그 주제란 단적으로 말하면,

"일본인을 모욕하지 말라"는 정책제언을 논리적으로 전개하는 것이었다. 그 메시지를 그리기 위해서 그녀는 일본의 '책무체계'와 일본인의 '자기단련'이라는 한정된 주제를 선택하였고, 그 주제를 검증하기 위해서 전력을 다했던 것이다.

베네딕트는 목표물을 정확하게 조준하고 있었던 것이다. 그녀는 '책무체계'와 '자기단련'을 내면적으로 결합시킴으로써 거기에 일종의 마조히즘적 긴장이 발생한다고 생각하고 있었던 것은 아닐까? 필자는 나름대로 그렇게 생각해 보았다. 다른 사람을 축으로 하는 민감한 도덕의식이 그 마조히즘적 긴장을 기초로 싹튼 것이

아닌가 하고 말한 것이다. 그렇게 생각하면 베네딕트가 말하는 '모욕'과 '보복'의 상관 관계가 생기를 띠면서 선명하게 그 모습을 드러낸다. 그녀가 어떻게 논리를 세우고 전개하느냐를 자세히 검토하면 이런 결론에 이른다.

사상의 골격이라고 할 수 있는 것이 보인다. 그곳에서 "일본인을 모욕하지 말라"는 메시지가 들려 온다. 그리고 이 경우, 그녀가 무사도적 도덕과 천황 신앙에 정확하게 그 조준을 맞추고 있었다는 점을 간과해서는 안 된다. '죽었다고 생각하고 살아가려는' 무사도와, 무한한 〈恩〉을 느끼는 천황—황실신앙을 무슨 일이 있어도 모욕해서는 안 된다는 확신에 찬 목소리가 들려온다. 무사도가 그녀가 말하는 '자기단련'의 궁극적인 상태를 나타내며, 천황에 대한 신앙이 '책무체계'의 궁극의 자장(磁場)을 상징한다는 점은 말할 것도 없다. 이 '책무체계'와 '자기단련'의 귀추야말로 전후 점령정책에서 간과해서는 안 되는 과제라고 그녀는 주장한다.

루스 베네딕트의 '전쟁관여'가 결코 한시적인 것이 아니었다는 점을 이해할 수 있을 것이다. 「리포트 25」는 이러한 그녀의 '관여'가 현저했던 전과(戰果)였으며, 그야말로 일본의 문화를 기술하는 전투적인 정치학 논문이었던 것이다.

그러나 곰곰이 생각해 보면, 상대(敵)를 모욕하지 말라는 메시지는 그 당사자가 누구든 인간의 보편적인 도덕감정을 환기시키는 울림이 서려 있지 않은가! 이 메시지가 일본과 미국의 관계에서만 적용되는 메시지라고는 그 누구도 생각하지 않을 것이기 때문이다. 그러나 모욕에 대한 보복이라는 문제로 시점을 옮길 때, 거기에 민족의 고유성, 문화의 개성과 같은 문제들이 생길지도 모른다. 베네딕트의 일본 연구가 이 방면의 분석에 깊이 파고들어 있었다는 사실은 당시의 시대상황과 그녀가 처한 연구환경을 고려하면 비록 '적'이기는 하지만 역시 훌륭하다고 인정하지 않을 수 없다.

「리포트 25—일본인의 행동패턴」과 비교하면 『국화와 칼』에는 말하자면 문화인류학적인 분식(粉飾)이 가미되어 있다. 그렇기 때문에 그만큼 이 작품은 때때로 인류학적 비판이나 정치, 사회학적인 비난을 당할 운명에서 벗어날 수 없는 것이다. 분식의 배후에 숨은 본래의 의도를 알아차려서 그 이중구조에 비난이 가해지는 것이다.

그렇다면 그런 『국화와 칼』에 비해서 「리포트 25」는 우리에게 어떤 말을 던지고 있는가? 문화인류학적 분석을 없앤, 말하자면 알몸이라 할 수 있는 『국화와 칼』의 「일본인의 행동패턴」의 앞으로의 운명이 어떻게 될 것인가라는 문제인데, 이 점에 대한 답은 앞으로의 전개에 기대하기로 하자.

그건 그렇고, 베네딕트는 이 리포트에서 문화의 유형을 말하고 있는 것이 아니다. 아마도 문화를 기술한다는 일의 극한 상황까지 자기 자신을 몰고 가서 마지막 단계에서 일본인의 심장부에 육박하려는 것이다.

그 기백과도 같은 것이 뚜렷하게 이 '리포트'에서 느껴진다.

일본어판 역자 후기

이 책은 루스 베네딕트의 보고서 「Japanese Behavior Patterns」 및 비망록 「What shall be done about the Emperor」의 전문 번역이다. 이 보고서는 원래가 출판을 염두에 두고 쓰인 것이 아니다. 그러한 이유로 번역을 함에 있어서 내용에 손상을 가하지 않도록 유념하면서 단락을 늘리고 소제목을 달 것을 허락해 주도록 부탁했다.

번역작업은 어려웠으나 항상 발견이 있었고 마음 들뜨는 나날이었다.

개인적인 이야기이기는 하지만, 이 보고서에 관한 논문을 집필하던 1993년은 어찌할 수 없는 마음과 고독감으로 정신적으로 힘든 시기였다. 그럴 때, 한 통의 편지를 받았다. "저와 비슷한 테마를 연구하고 계시다는 이야기를 들었습니다. 괜찮으시다면 정보교환을 하시지 않으시겠습니까?" 너무 기뻤고 무언가 따뜻한 것을 느낄 수 있었다. 폴린 켄트 씨와는 그 후 연구회를 같이 열고 함께 강연회에도 나가고, 1996년 5월에는 오마하의 네브라스카대학에서 열린 『국화와 칼』 탄생 50주년 기념포럼에도 참석해서 발표할 기회도 얻었다.

연구회를 거듭하면서 베네딕트에 의한 일본인 연구의 루트라고도 할 수 있는 보고서 「Japanese Behavior Patterns」의 중요성을 더욱 통감하게 되었고, 번역을 하는 일이 어느새 공통의 화제가 되었다. 우리는 준비가 부족한 채 일단 출발을 하였고, 일단 문장화하는 작업을 개시했다. 둘이서 같이 내용을 음미하고 베네딕트가 의도하는 뉘앙스를 살리기 위해서 몇 번이고 토론을 거듭했다. 매회 새로운 발견이 있었고, 둘이서 감동했던 것이 어제의 일처럼 생각난다. 즐거운 시기였다. 번역은 켄트 씨의 도움과 조언 없이는 도저히 이룰 수 없었다. 베네딕트가 혼신의 힘을 다한 글을 얼마나 제대로 독자에게 전달할 수 있었는가에 대해서는 불안하기 그지없으나, 이 책이 루스 베네딕트에 접하는 기회가 될 것을 바란다.

마지막으로 일본방송출판협회 학예도서출판부의 辻一三 씨와 日方麻理子 씨에게 많은 도움을 받았다. 이 자리를 빌어서 사의를 표한다.

1997년 3월 21일
후쿠이 나나코(福井七子)

한글판 역자 후기

개인적으로 번역은 별로 좋아하지 않는다. 그 이유는 간단한데, 내용이 재미가 없으면 정말로 고통스럽고, 또 반대로 내용이 재미있으면 번역하다가도 번역은 하지 않고 어느새 내 자신이 독자가 되기 때문에 전혀 진도가 나가지 않아서 그렇다. 그런 뜻에서 보면 이 『日本人の行動パターン』의 번역은 어느 경우에도 해당되지 않는 이상한 번역이었다. 특별히 고통스럽게 느낀 부분도 없는가 하면, 그렇다고 내 자신이 특별히 몰두한 부분도 없는, 상당히 담담한 상태에서의 작업이었던 것 같다. 그런데 그 담담한 느낌이 결코 '무관심'이나 '무감각'에서 오는 것은 아니었다.

그 이유는 크게 세 가지가 있다. 첫째는 베네딕트가 읽은 논문과 서적의 수와 그 정밀함에 동요했고, 둘째는 당시 그렇게도 많은 일본 관련 연구서적이 나와 있을 정도로 일본의 국력이 막강했었다는 사실을 다시 한 번 통감하였고, 셋째는 베네딕트의 글을 읽어 본 사람은 누구나 동감하겠지만, 문장이 결코 쉽거나 수월하지 않다는 점, 그렇기 때문에 나름대로 신경을 곤두세우지 않으면 의미를 정확하게 파악할 수 없는 긴장감을 제공하기 때문이다.

지금까지는 『국화와 칼』이라는 다양한 의미에서 많은 문제를 품고 있는 작품이 우리에게 던져져 있었고, 그 부록 내지는 결과로서 '작가 = 루스 베네딕트' 라는 이름이 딸려 왔을 뿐이었다는 것이 상당히 정확한 표현일 것이다. 즉 베네딕트를 둘러싼 당시의 환경과 베네딕트라는 한 인간을 제대로 보지도 않은 채,『국화와 칼』만을 읽고 베네딕트가 어떻고, 그녀가 말하는 일본 문화는 어떻고 하는 식으로 상당히 편하게 받아들이고 비판했던 것은 아니었나, 하고 반성을 하게 되었다.

언젠가 '에니그마(Enigma)' 를 놓고 벌어지는 영국과 독일의 정보전쟁에 관한 이야기를 접하고 매우 흥분하고 몰두한 기억이 난다. '에니그마' 란 제2차 세계대전 당시 독일군이 사용하던 암호기 이름이다. 상당히 정교하고 복잡한 구조를 가지고 있었기 때문에 경우의 수가 너무 많아서 영국군이 독일군의 통신을 감청하더라도 '에니그마' 를 거친 통신문은 해독할 수가 없었다. 그 '에니그마' 를 해독하고, 독일군이 다시 개량하고, 영국군측이 다시 해독하는 경쟁이 긴박하게 반복되는 실화였다. 역자는 베네딕트가 전시정보국, 해외전의분석과에서 상당한 집중력을 동원하여 일하는 모습을 떠올리면서 '에니그마' 가 자꾸 오버랩되곤 했다. 요즘 유행하는 인터넷이 베트남전쟁에서 미군이 군사목적 통신을 위해서 개발한 기술이었듯이, '에니그마' 와의 전쟁에서 본격적인 컴퓨터가 발명되었듯이, 당시 미국 입장에서는 독일군의 '에니그마' 와도 같은 존재였던 일본인의 '정신세계' , '윤리관' 이라는 암호 체계를 하나하나 해독해 나아가는 과정, 이것이 바로 베네딕트가 전시정보국, 해외전의분석과에서 한 작업이 아니었나, 그리고 이 작업이 존재함으로써 문화인류학이라는 학문에 강한 '시대성' 을 부여하게 되었고, '문화'라는 패러다임이 부각되었고, '일본'이라는 '특이한 존재와 집단'이 주목받게 된 것이라고 역자는 생각한다. 어쩌면 이번 번역을 통해서 역자가 얻은 가장 큰 성과는 루스 베네딕트라는 한 사람에 대한 평가일지도 모른다. 우리는 항상『국화와 칼』을 먼저 논하고, 그 비판적 결과를 가지고 베네딕트라는 저자의 한계성이나 문제점에 대해서 논하지 않았나? 그러나 그것이 과연 정확한 진단일까, 하는 의문이 든다. 베네딕트에 대한 평가가 가장 큰 성과라는 말뜻은, 현재와 과거에서 많은 일본인 학자나 평론가들이 다양한 시점과 방법으로 일본의 문화에 대해서, 일본의 정신에 대해서, 일본적인 것에 대해서 논해 왔으며, 지금 또한 논하고 있다는 것이다. 그러나 그보다도 더 중요한 것은 그들이 보이게 안 보이게『국화와 칼』에서 영양분을 흡수한 것처럼 역자에게는 생각된다는 뜻이다. 그들이 의식을 하든, 안 하든 말이다. 그런 의미에서 보면『국화와 칼』의 단면단면에 나타나는 결함이나 문제점을 지적하면서 스스로의 정당성이나 우월성을 과시하는 사람들에게 말하고 싶다.『국화와 칼』의 완성도에만 신경을 쓸 것이 아니라,『국화와 칼』이 남기고 간, 그리고 지금도 남기고 있는 발자취, 궤적을 제대로 응시할 수 있어야 한다고 말이다. 그런 축적이 바로 문화이고 또한 문화를 제대로 바라보기 위한 '터'를 확보하는 길이 아닌가 생각된다. 그런 의미에서 말하면 베네딕트는 매우 튼튼한 '터'를 확보하고 있었다고 할 수 있다.

베네딕트는 난청이라는 신체적 불편함을 극복하고 그리고 당시 사회의 남성우월주의에 고통받으면서 집필한『국화와 칼』에 대해서 "앞으로 필드워크를 해서 일본을 직접 관찰하고 내 의견 중에서 잘못된 부분을 수정해 주는 연구자가 가까운 장래에 나타날 것입니다"라고 하면서 『국화와 칼』의 수명은 한 10년 정도로 예상하고 있었다는 점을 우리는 명심해야 한다. 약 50년이 지난 지금, 『국화와 칼』의 문제점을 지적하는 퇴보를 그만하고 이제는 전진하는 진지하고 냉철한 일본학 연구가 자리를 잡았으면 한다. 사회적 유행이라든지 정치적 동기가 발동하는, 또는 상업적 손익계산이 모습을 보이는 그런 화려한 연구의 탈을 쓴 저널리즘이 아니라, 누구보다도 일본을 냉철하게 직시할 수 있어야 하는 우리 스스로의 진실한 갈구에 의한 '연구'가 자리를 잡았으면 하고 간절히 바라는 바이다.

마지막으로 배서(Vassar)대학에 가면 Benedict collection이 있다. 홈페이지 주소를 적어두겠다. 이 책을 읽은 다음에 한 번 방문해 보는 것도 좋을 듯싶다.

http://iberia.vassar.edu/vcl/information/special-collections/ special_collections.html

'Registers and Other Research Tools'에 들어가서 'Register of the Other Ruth Fulton Benedict Papers'를 선택하면 된다.

2000년 10월 30일
서정완

저자 / 루스 베네딕트(Ruth Fulton Benedict, 1887~1948)

　　미국 문화인류학자.

　　문화의 심리적 요소에 주목하여 문화 전체를 통합한 패턴으로서 논했다.

　　『문화의 형』(1934), 『인류―과학과 정치』(1940), 『국화와 칼―일본 문화의 형』(1946) 등.

일본어판 역자 / 후쿠이 나나코(福井七子)

　　1946년 오사카 출생.

　　일본 문화론, 루스 베네딕트 연구.

　　간사이(關西)대학 졸업.

　　시드니대학 유학.

　　교토대학(京都大學) 인문과학연구소 연구원 역임.

　　현재 간사이대학 문학부 교수.

　　『さまよえる人ルース・ベネデイクト』, 「『菊と刀』誕生の背景」 등.

해설

　　• 폴린 켄트(Pauline Kent)

　　호주 출생.

　　1986년 지바(千葉)대학 문학부(사회학 전공) 졸업.

　　1989년 오사카(大阪)대학 대학원 박사과정 중퇴.

　　국제일본 문화연구센터 연구부 조수 역임.

　　1996년부터 류코쿠(龍谷)대학 국제문화학부 조교수.

「日本型モデルはどこまで國際的に通用するか」,

"Ruth Benedict's Original Wartime Study of the Japanese" 등.

• 야마오리 데쓰오(山折哲雄)

1931년 샌프란시스코 출생.

도호쿠(東北)대학 문학부(인도철학 전공).

고마자와(駒澤)대학과 도호쿠대학 조교수,

국립역사민속박물관 교수 역임.

1989년부터 97년 3월까지 국제일본 문화연구센터 교수.

『人間蓮如』,『日本人の靈魂觀』,『日本人の心情』,

『日本人の顔』,『死の民俗學』 등.

한글판 역자 / 서정완(徐禎完)

1961년 출생.

한국외국어대학교 졸업.

쓰쿠바(筑波)대학 대학원(중세 무대예술 能〈노, Noh〉전공).

호세이(法政)대학 문학부 객원연구원 역임.

현재 한림대학교 일본학과 교수.

「軍記物語と能ー『通盛』,『淸經』の位置付けを中心にー」,

「ソウル大學藏謠本の基礎的研究(1)(2)」,

「複式夢幻能における山伏と鬼ー對立の構造とその變容を中心
にー」 등.

한림신서 일본학총서 발간에 즈음하여

1995년은 제2차 세계대전이 끝나고 우리나라가 일본 식민지에서 해방된 지 50년이 되는 해이며, 한·일간에 국교정상화가 이루어진 지 30년을 헤아리는 해이다. 한·일 양국은 이러한 역사를 되돌아보면서 앞으로 크게 변화될 세계사 속에서 동북아시아의 평화와 번영을 추구해야 하리라고 생각한다.

한림대학교 한림과학원 일본학연구소는 이러한 역사의 앞날을 전망하면서 1994년 3월에 출범하였다. 무엇보다도 일본을 바르게 알고 한국과 일본을 비교하면서 학문적, 문화적인 교류를 모색할 생각이다.

본 연구소는 일본학에 관한 자료를 수집하고 제반 과제를 한·일간에 공동으로 조사 연구하며 그 결과가 실제로 한·일관계 발전에 이바지할 수 있도록 노력하고자 한다. 그러한 사업의 일환으로 여기에 일본에 관한 기본적인 도서를 엄선하여 번역 출판하기로 했다. 아직 우리나라에는 일본에 관한 양서가 충분히 소개되지 못했다고 느껴지기 때문이다.

본 연구소는 조사와 연구, 기타 사업이 한국 전체를 위해야 한다고 생각하며 한·일 양국만이 아니라 다른 여러 나라의 연구자나 연구기관과 유대를 가지고 세계적인 시야에서 일을 추진해 나갈 것이다. 그러므로 누구나 열린 마음으로 본 연구소가 뜻하는 일에 참여해 주기를 바란다.

한림신서 일본학총서가 우리 문화에 기여하고 21세기를 향한 동북아시아의 상호 이해를 더하며 평화와 번영을 증진시키는 데 보탬이 되기를 바란다. 많은 분들의 성원을 기대해 마지않는다.

1995년 5월
한림대학교 한림과학원 일본학연구소

도서출판 小花   www.sowha.com

한림신서 일본학총서

도서출판 小花   www.sowha.com